비형식 논리학

로버트 바움 지음
전재원 옮김

LOGIC

Fourth Edition

Robert Baum

이문출판사

■옮긴이 소개

옮긴이 전재원은 경북대학교 철학과를 졸업하고(1981) 경북대학교 대학원에서 서양 철학을 전공하여 문학석사 학위와(1983) 철학박사 학위를(1993) 받았으며, 현재 경북대학교 인문대학 철학과 강의교수로 있다. 「아리스토텔레스와 행복한 삶」,「실천적 추론의 연역논리학적 함의」, 「행정수도 이전논의에 대한 논리적 분석」, 「아리스토텔레스의 삼단논법과 보에티우스의 삼단논법」 등을 비롯한 35여 편의 논문과 『10개의 키워드로 이해하는 아리스토텔레스 철학』, 『로고스와 필로소피아』, 『쾌락에 대하여』, 『논리와 비판적 사고』 등의 저서를 집필했고 번역서로는 『사회정치철학』, 『기호논리학』 등이 있다.

비형식 논리학

지은이 · 로버트 바움
옮긴이 · 전재원
원서 제2판 번역 초판 · 1985년 2월 28일
원서 제4판 번역 초판 · 2016년 3월 3일
원서 제4판 번역 2판 · 2018년 9월 1일
발행처 · 이문출판사
발행인 · 지경원
변경등록 · 1994년 6월 3일 제7-20호
주소 · 42425 대구광역시 남구 중앙대로 40길 11-14 101호
03728 서울특별시 서대문구 모래내로 24다길 15-5
전화 · 02)359-8250 053)624-3113 팩스 02-359-8251

ISBN 978-89-7334-167-2 부가기호 93170

비형식 논리학

옮긴이의 말

본 역서는 미국 플로리다 주립 대학의 명예교수로 있는 로버트 바움(Robert Baum)이 1996년에 출간한 『LOGIC』 제4판을 번역한 것이다. 이 책의 초판은 1975년에 출간되었고 제2판은 1980년에 출간되었으며 제3판은 1989년에 출간되었다. 제4판 이후에는 새로운 판본이 없다. 미국 인터넷 서점에 게시된 서평에 따르면, 초판 발행 이후 제4판이 나오기까지 약 20년 동안 미국에서 논리학을 배우고자 했던 수많은 학생들이 이 책을 선호했기에 내용의 보완과 수정이 가능했고 발행부수도 꾸준히 늘어났다고 한다. 저자인 로버트 바움은 이 책에서 논리학이 실제 생활에 응용될 것을 기대하고 있다. 이 책에는 논리학의 기본개념이 모두 다 다루어지고 있으며, 제4판의 가장 큰 특징은 수백 개의 연습문제를 새로이 추가했다는 것이다.

역자는 이미 1985년에 이 책의 제2판을 원서의 제목대로 『논리학』이라고 번역하여 우리나라에 소개한 적이 있다. 미국에서 제2판이 나오고 약 5년 정도 지났을 때였다. 당시에는 우리나라에 논리학 입문서가 별로 없었다. 특히 아리스토텔레스의 정언명제를 벤다이어그램으로 설명하고 정언적 삼단논법의 타당성을 벤다이어그램으로 확인하는 조지 부울(George Boole)의 기법이 소개된 책은 거의 없었다. 제2판의 번역서가 독자들로부터 상당한 호평을 받으면서 지금까지 20쇄 이상 발간되었다. 독자 여러분들에게 진심으로 감사드린다.

원서의 제4판이 나온 직후 원서를 구입하여 제2판과 대조해보니 많은 부분이 수정되어 있었고 새로운 내용도 추가되어 있었으며 목차도 새로이 조정되어 있었다. 곧바로 제4판을 번역하여 독자 여러분들에게 내놓아야 했지만 이런 저런 핑계로 20년 넘게 미루어 왔다. 이제야 그 짐을 벗게 되어 매우 홀가분하다. 그리고 이번에 제4판을 번역하면서 원서의 방대한 분량을 감안하여 『비형식 논리학』, 『삼단논법과 귀납논리학』, 『기호논리학』의 세 권으로 나누어 번역할 예정임을 밝혀 둔다.

대학에서 논리학을 강의한 지 30년이 넘는 세월이 흘렀다. 그동안 수많은 학생들에게 일상적 삶에서도 논리적인 사고와 인문학적인 사고가 중요하다는 것을 역설해 왔다. 본 역서가 많은 도움이 되었다. 최근에는 우리나라에서도 법학적성시험(LEET)이나 공직적성시험(PSAT)에 논리적 사고력을 요구하는 문제가 많이 나오고 있다. 본 역서가 도움이 될 것으로 기대한다.

본 역서에서의 미비한 부분에 대해서는 동학(同學)과 독자 여러분들의 많은 질책이 있기를 바라마지 않는다. 약 30년 전에 로버트 바움의 원서 제2판을 역자에게 소개하면서 우리말 번역을 권유하신 대구가톨릭대학교 안형관 명예교수님과 본 역서가 나올 수 있도록 주선해 주신 이문출판사 지경원 사장님에게 깊은 사의(謝意)를 표한다.

2016년 3월

옮긴이 전재원

지은이의 말

지난 십 몇 년 동안 '비형식' 논리학을 다루는 교재와 강좌가 급격하게 늘어났다. 비형식 논리학을 다루는 교재와 강좌를 지향하는 이러한 추세는 어린애를 목욕물에 내던져 버리는 것과 같을 수도 있다. 비형식 논리학 강좌를 수강하는 학생 중의 대부분은 형식 논리학의 개념들에 접할 기회를 별로 얻지 못하거나 전혀 얻지 못하고 있다. 이것은 매우 심각한 일이다. 마치 영어 강좌를 수강하는 학생이 문법적으로 올바른 문장을 작성할 수 없거나 분사와 부정사를 구별할 줄 모르면서도 학점을 딸 수 있는 것과 마찬가지로, 이 학생들도 논증의 타당성을 검사할 수 없거나 '타당하다'는 말을 정의할 줄 모르면서도 논리학 강좌의 학점을 딸 수는 있다. 그러나 필자는 전통적인 형식 논리학이 매우 중요한 가치를 지니고 있음을 확고하게 믿고 있다. 또한 필자는 형식 논리학이 흥미롭고 유용한 방식으로 '실제 생활'에서 일어나는 논증들과 연관될 수 있음을 확고하게 믿고 있다. 뿐만 아니라 필자는 이 모든 것이 종전의 어떤 교재에서도 찾아볼 수 없었던 미적인 방식으로 만족스럽게 수행될 수 있음을 확고하게 믿고 있다. ……… 이 책(제4판)에서는 학생들이 좀 더 논리학에 흥미를 가지도록 자극하고 그들에게 논리학의 기본개념들과 논증분석방법들을 더 잘 가르칠 수 있도록 하기 위하여 몇 가지 '중요한 변신'을 시도하였다.

이 책(제4판)에서 구성이나 조직상의 변신을 시도한 이유는 대부분

교육적 효과 때문이었다. 책 전체에 수백 개의 연습문제를 추가시켰고, 보조 상자에는 학생들에게 교육효과를 높이는 내용이 들어 있다. 교수자들은 교수자 매뉴얼, 슬라이드 마스터, 전자문제집 등을 요구할 수도 있는데, 이 모든 것들이 이 책과 함께 개발되어 있다.

본서가 햇빛을 보기까지 수고를 아끼지 않은 분들의 이름을 제한된 지면 안에 모두 열거한다는 것은 불가능하다. 필자가 가장 많이 감사해야 할 사람들은 아마도 나의 학생들일 것이다. 왜냐하면 필자가 그들에게 제공할 수 있었던 학습경험의 대부분은 그들이 필자에게 제공해 준 다양한 자료의 덕택이었기 때문이다. 본서와 같은 논리학 입문서에 포함되어 있는 수많은 착상들과 개념들과 방법들의 정확한 출처를 확인한다는 것은 물론 불가능하다. 그러나 그것들의 역사적 기원이 무엇이든 간에 분명한 것은 그것들이 양심적으로 혹은 그렇지 않은 방법으로 필자의 스승들과 필자의 동료들 및 필자가 지난 수년간 사용하고 연구했던 수많은 저서의 저자들로부터 필자에게 전달되었다는 사실이다.

내가 알고 있는 좋은 친구들, 그리고 나와는 일면식도 없는 많은 사람들이 이 책의 제1판, 제2판, 제3판, 제4판의 초고에 대해서 도움이 되는 지적을 해주셨다. 그 중에서도 특별히 다시 한 번 감사를 드릴 분이 한 분 있는데, 그 분은 제1판과 제2판에서 다양한 방식으로 필자에게 도움을 준 데이비드 비크(David Wieck)이다. 나의 문서기록시스템이 깨져서, 그리고 기억이 안 나서 이름을 거명할 수 없는 분들께는 대단히 죄송하지만, 분명히 이름을 언급하고 싶은 분들이 있다. 이 분들은 수년에 걸쳐 건설적인 비판이나 제안을 통해 한 사람이 만드는 것보다 더 좋은 책이 될 수 있도록 이 책을 만드는 데 기여하신 분들이다. 그 분들의 명단은 다음과 같다. 도널드 빈블로섬(Donald Beanblossom) 교수, 도널드 A

크레스(Donald A. Cress) 교수, 마뉴엘 데번포트(Manuel Davenport) 교수, 로버트 엘리스(Robert Ellis) 교수, 제임스 A 굴드(James A. Gould) 교수, 로버트 구르랜드(Robert Gurland) 교수, 앨런 하더(Allen Harder) 교수, 브루스 하우프틀리(Bruce Hauptli) 교수, 제임스 헤퍼넌(James Heffernan) 교수, 조지 아이샴(George Isham) 교수, 윌리엄 F 로헤드(William F. Lawhead) 교수, 존 린코트(John Lincourt) 교수, 로버트 롱(Robert Long) 교수, 러셀 매킨타이어 주니어(Russell McIntire Jr.) 교수, 리처드 올리버(Richard Oliver) 교수, 필립 페코리노(Philip Pecorino) 교수, 요엘 L 피터슨(Joel L. Peterson) 교수, 폴 피터슨(Paul Peterson) 교수, 넬슨 폴(Nelson Pole) 교수, 윌리엄 프라이어(William Prior) 교수, 재닌 S 랜들(Janine S. Randal) 교수, 존 슈마흐(John Schumacher) 교수, 존 세르틱(John Sertic) 교수, 오토 테츨라프(Otto Tetzlaff) 교수. ……… 이 책을 검토할 때 패널로 참여하신 교수님들에게도 감사를 드린다.

언제나 그랬듯이 착오에 대해서, 그리고 판단 때문에 제기되는 여러 문제에 대해서는 그 책임이 전적으로 필자에게 있음을 밝혀 둔다.

로버트 바움

차례

제3장 비형식적 오류 …… 215

서 론

LOGIC LOGIC LOGIC LOGIC LOGIC LOGIC LOGIC LOGIC
LOGIC LOGIC LOGIC LOGIC LOGIC LOGIC LOGIC LOGIC
LOGIC LOGIC LOGIC LOGIC LOGIC LOGIC LOGIC LOGIC
LOGIC LOGIC LOGIC LOGIC LOGIC LOGIC LOGIC LOGIC
LOGIC LOGIC LOGIC LOGIC LOGIC LOGIC LOGIC LOGIC
LOGIC LOGIC LOGIC LOGIC LOGIC LOGIC LOGIC LOGIC
LOGIC LOGIC LOGIC LOGIC LOGIC LOGIC LOGIC LOGIC

서 론

Reprinted with special permission of King Features Syndicate and the cartoonist.

윤정 : 논리학 C학점 받았어. 오빠는 뭐 받았지?
상철 : A학점 받았어. 윤정아, 나는 몇 번의 임시평가와 중간고사에서 줄곧 C학점을 받았거든. 그러나 그때 문득 떠오른 생각이 있었지.
윤정 : 그게 뭔데?
상철 : 논리학 강좌에도 뇌물이 통한다는 거지.

윤정이와 상철이 사이에 오고간 대화의 핵심은 아주 명백하다. 담당교수에게 뇌물을 주면 논리학에서 A학점을 받을 수 있다는 것이다. 그러나 여러분들은 담당교수에게 뇌물을 주면 정말로 A학점을 받을 수 있는지를 거의 본능적으로 **입증하고 싶어** 할 것이다. 그렇게 하고 싶어 한다는 것은 논리학의 가치와 유용성에 대해서 여러분들이 이미 알고 있다는 것을 의미한다. 왜냐하면 어떻게 증명할 것인지, 그리고 증명의 질(質)을 어떻게 평가할 것인지에 대해서 연구하는 것이 논리학이 하는 일의 한 부분이기 때문이다. 그러나 논리학은 입증 이상의 많은 것에 관심을 가진다. 논리학의 본성이 무엇인지, 그리고 논리학의 개념들이 어떻게 사용되는지를 살펴보기 위하여 다른 예를 들어 보기로 하자.

> 만약 여러분들이 이번 논리학 강좌에서 학점을 따게 된다면, 여러분들은 4회의 임시시험에서 모두 60점 이상을 받고 평균 70점을 넘었거나 임시시험에서 60점 이하를 받은 적이 한 번 이상 있더라도 기말시험에서 90점 이상을 받았을 것이다. 그런데 임시시험에서 60점 이하를 받은 적이 한 번 이상 있거나 기말시험에서 90점 이하를 받았더라도 기말시험을 포함한 모든 시험에 응시했다면, 여러분들은 이번 논리학 강좌에서 학점을 따게 될 것이다.

이 글은 이해하기가 약간 어려울 수도 있다. 그러나 아파트임대계약서, 대출약정서, 고용계약서, 보험약관, 연말정산설명서 등에 나오는 글들과 비교해 보면 위의 글은 상대적으로 쉽고 단순하다. 논리학은 아파트 임대계약서 등에 나오는 복잡한 글들을 쉽게 이해할 수 있도록 하거나 그 글들의 논리적 구조를 발견할 수 있도록 해준다.

위의 글의 핵심은 몇 점을 얻든 4회의 임시시험과 기말시험에 응시하기만 하면 논리학 강좌의 학점을 따게 된다는 것인데, 여러분에게는 이것이 **분명하게** 와 닿는지 모르겠다.

제1절 논리학의 가치와 유용성

서양에서는 2천 년 넘게 논리학 공부를 교육의 핵심요소로 삼았지만, 논리학의 가치와 유용성을 회계학이나 의학이나 공학의 가치와 유용성을 설명하듯이 쉽게 설명할 수는 없다. 그렇지만 회계학이나 의학이나 공학에 논리학이 직접적으로 응용되고 있다는 사실이 논리학의 가치를 대변해 준다. 회계학이나 의학이나 공학의 지식을 실무적으로 활용할 적에는 반드시 논리적 분석의 과정을 거쳐야 하기 때문이다. 회계학이나 의학이나 공학뿐만 아니라 문제해결이나 의사결정을 필요로 하는 다른 분야도 논리적 분석의 과정을 반드시 거쳐야 한다. 논리학이 가장 직접적으로 응용될 수 있는 분야는 아마도 컴퓨터프로그래밍과 법학일 것이다. 그러나 이 책에서 필자가 제공하는 논리학의 개념들과 방법들은 우리 모두가 일상생활에서 맞닥뜨리는 수많은 상황을 다루는 데도 상당히 유용할 것이다.

전문분야 모두는 아닐지라도 대부분의 전문분야와 논리적 사고능력이 밀접하게 관련되어 있음을 보여주는 증거가 있다. 그것은 바로 미국의 로스쿨 입학허가시험(LSAT), 메디칼스쿨 입학허가시험

(MCAT), 비즈니스스쿨 입학허가시험(GMAT), 일반대학원 입학시험(GRE) 등에서 논리적 사고능력을 평가하고 있다는 사실이다. 이

The rule about combining that Calvin's dad is trying to teach is actually a fundamental principle of logic. All of the concepts and principles of the elemenary mathematics that we use in everyday life can be derived from the basic concepts and principles of logic. Thus, it is even more true of logic than of mathematics that it is required by *every* job.

아버지 : 처음부터 시작해 보자. 뭔가를 보탤 때 네가 가지고 있는 것이 증가하잖아. 결합시켜 봐.
아　들 : 이것을 배우고 싶지 않아요! 내 인생과는 아무런 상관도 없단 말이예요!
아버지 : 그렇지 않아. 누구나 이것을 알 필요가 있어.
아　들 : 저에게는 필요 없어요! 수학 없이도 잘 살 수 있어요!
아버지 : 어, 그래? 어른이 되었을 때 무엇이 되고 싶니? 모든 직업에는 약간의 수학적 지식이 요구된단다.
아　들 : 그것은 사실이 아니예요! 음, 저는 원시인이 될거예요.
아버지 : 원시인은 실제로 직업이 아니야.

아버지가 아들에게 가르쳐주고자 하는 결합규칙은 실제로 논리학의 근본원리이다. 우리가 일상생활에서 사용하는 기초수학의 모든 개념과 원리는 논리학의 기본개념과 원리들로부터 도출될 수 있다. 그러므로 모든 직업에 수학적 지식이 요구된다고 말하는 것보다 모든 직업에 논리학이 요구된다고 말하는 것이 훨씬 더 참이다.

책에 제시되어 있는 내용을 숙달하게 되더라도 각종 입학허가시험에서 높은 점수를 얻을 것이라고 확실하게 보장할 수는 없다. 그렇지만 지난 수년간 많은 학생들이 필자에게 전해준 바에 따르면, 논리학 강좌를 수강하지 않고 각종입학허가시험에 응시했을 때보다 수강한 후에 응시했을 때의 점수가 훨씬 높았다는 것이다. 이 책에 나오는 많은 연습문제는 각종입학허가시험을 염두에 두고 거기에 나오는 시험문제와 유사하게 만들었다.

논리학 공부가 비교적 직접적인 가치를 지니게 되는 다른 영역이 한 개 더 있다. 바로 개인이 서로 관계하거나 집단(인종집단, 종교집단 등)이 서로 관계하는 영역이다. 현대를 살아가는 인간존재에게는 피할 수 없는 두 가지의 사실이 있다. 첫째는 여러 가지의 갈등에 직면하게 된다는 사실이다. 다시 말해서 개인과 개인, 집단과 집단 간에는 적대감이 팽배해 있으며 심지어는 폭력으로 이어지기도 한다. 둘째는 우리들 자신의 삶과 다른 사람들의 삶에 영향을 미치는 판단과 의사결정을 하기가 쉽지 않다는 것이다. 갈등에 직면하게 될 때, 우리는 어느 편에 가담하거나 갈등을 해소하고자 노력하기 전에 어느 편이 옳은가를 결정하고자 할 것이다. 또 우리들 자신과 다른 사람들에게 중요한 영향을 미치는 어려운 결정을 해야 할 때, 우리는 보통 우리가 궁극적으로 선택해야만 하는 다양한 가능성들을 고려하는 데 온갖 노력을 기울이고자 할 것이다.

논리학에 대한 연구는 우리들로 하여금 여러 가지 방식으로 그러한 갈등과 의사결정을 보다 합리적이고 만족스럽게 다룰 수 있도록 도와준다. 유감스럽게도 이 책에서 그러한 방법을 간단하게 설명한다는 것은 불가능하다. 그렇지만 이 책 전체가 목표로 삼고 있는 바는, 논리학을 공부함으로써 갈등을 해소하고 의사결정을 하는 데 유용하고도 적절한 방식을 터득하도록 하는 것이다.

Since argument is not recognized as a means of arriving at truth, adherents of rival dogmas have no method except war by means of which to reach a decision. And war, in our scientific age, means, sooner or later, universal death.

BERTRAND RUSSELL

If Russell's judgment is correct, the acceptance of logical analysis of arguments could be of far-reaching significance.

논증이 진리에 이르는 수단이라는 것을 인정하지 않기 때문에 상호 대립하는 이데올로기를 신봉하는 사람들에게는 의사결정의 수단으로 전쟁 이외의 다른 방법이 없다. 그리고 오늘날의 과학시대에 전쟁은 조만간 우주가 멸망한다는 것을 의미한다.

— 버트란트 러셀 —

러셀의 판단이 옳다면, 논증에 대한 논리적 분석은 인간의 삶에 엄청나게 큰 영향을 미칠 수 있을 것이다.

연습문제 1

다음의 문제들은 미국의 각종대학원입학허가시험에 나오는 문제들과 유사하다. 논리학 공부를 본격적으로 시작하기 전이지만 정답을 찾아보기 바란다.

1. (가) 맛있는 사탕과자는 모두 설탕으로 만든다.

(나) 추추 껌은 설탕으로 만든다.
(다) 추추 껌은 맛있는 사탕과자이다.

다음 중에서 참인 진술은 어느 것인가?

① (가)가 참이면 (다)도 참이다.
② (나)가 참이면 (다)도 참이다.
③ (가)와 (나)가 모두 참이면 (다)도 참이다.
④ (가)와 (다)가 모두 참이면 (나)도 참이다.
⑤ ①, ②, ③, ④ 모두 참이 아니다.

2. (가) 유리창을 깨트릴 수 있었던 사람은 철수, 동수, 민수뿐이었다.
(나) 철수는 유리창을 깨트리지 않았다.
(다) 동수는 유리창을 깨트리지 않았다.

민수가 유리창을 깨트렸다는 진술이 참이기 위해서는 이 진술들 중에서 어느 진술 혹은 진술들이 참이어야 하는가?

① (가)만 참이면 된다.
② (나)만 참이면 된다.
③ (다)만 참이면 된다.
④ (가)와 (나)가 참이면 된다.
⑤ (가), (나), (다)가 모두 참이어야 한다.

3. 모자를 쓰지 않으면 어느 누구도 그 토론 팀의 구성원이 될 수 없다. 만약 칠수가 그 토론 팀의 구성원이 아니라면, 진실이는 칠수와 결혼하지 않을 것이다.

이와 같은 조건이 주어진다면, 다음 중에서 반드시 참인 진술은 어느 것인가?

① 칠수가 모자를 쓴다면, 칠수는 그 토론 팀의 구성원이 될 것이다.
② 칠수가 모자를 쓴다면, 진실이는 칠수와 결혼할 것이다.
③ 칠수가 토론 팀을 만든다면, 진실이는 칠수와 결혼할 것이다.
④ 진실이가 칠수와 결혼했다면, 칠수는 모자를 쓰고 있었다.
⑤ 칠수가 모자를 가지고 있으면, 칠수는 진실이와 결혼할 것이다.

4. 나는 너처럼 행동한다. 그러므로 나는 배우이다. 세상 사람들은 배우를 좋아한다. 그러므로 너는 나를 좋아한다.

다음 중에서 이 논증의 논리적 구조와 가장 유사한 것은 어느 것인가?

① 체조는 신체를 튼튼하게 한다. 너는 체조를 한다. 그래서 너의 신체는 튼튼하다. 신체가 튼튼한 사람들은 잔인하다. 그러므로 너는 잔인하다.
② 전능한 신이 무한한 우주를 창조해야 한다. 우주는 무한하다. 그러므로 신은 전능하다. 전능한 신이 고통을 허락하지는 않았을 것이다. 그래서 너는 결코 고통을 당하지 않을 것이다.
③ 나는 예랑이와 이야기하는 것을 좋아한다. 그래서 나는 훌륭한 청취자이다. 모든 사람은 훌륭한 청취자를 신뢰한다. 그래서 예랑이는 나를 신뢰한다.
④ 돌쇠는 오늘 아침에도 목욕을 했지만 지난 3주 동안 매일 아침 목욕을 했다. 그래서 돌쇠는 청결하다. 청결한 사람들은 성격도 유쾌하다. 그래서 돌쇠는 성격이 유쾌한 사람이다.
⑤ 윤정이는 여성이다. 여성도 인간이다. 그래서 윤정이는 인간이다.

인간은 까다롭다. 그래서 윤정이도 까다롭다.

5. 대화를 통해서 윤리적 문제에 대한 답을 찾는 것이 가장 좋다. 혼자서도 도덕적으로 탐구하고 답을 얻을 수도 있지만, 다른 사람들에게 자신 있게 그 답을 내세우기 위해서는 반대의견도 극복해야 하고 그 답이 가능한 다른 답보다도 더 올바른 답이어야 한다. 플라톤은 이 점을 잘 알고 있었다. 그래서 플라톤은 소크라테스와 그 동료들 간의 대화 형식으로 선(善)의 본성을 탐구했다.

이 구절에 따라 만약 영희가 윤리적 문제에 대한 답을 갖고 있지만 반대의견이나 대안에 대해서 들어본 적이 없다면, 영희는 다음과 같은 여러 가지 이유를 들어 자기의 답이 올바른 답이라고 믿을 것이다. 그 이유가 될 수 없는 것은 어느 것인가?

① 영희는 자기의 답이 가장 좋은 답이라고 생각한다.
② 대부분의 사람들은 영희의 답이 올바른 답이라고 생각한다.
③ 영희의 답은 옳고 그름에 대한 영희의 직관적 판단에 부합한다.
④ 영희는 자기의 답이 가능한 모든 답 중에서 가장 좋은 답이라는 것을 알고 있다.
⑤ 영희의 답은 인간본성의 사실들을 설명하는 것처럼 보인다.

6. 우주의 각 부분은 유한하다. 그렇기 때문에 우주는 틀림없이 유한하다.

이 논증이 범하고 있는 오류는 무엇인가?

① 일반적 원리로부터 특수한 사례에로 나아가고 있다.
② 특정한 예들로부터 일반적 추리를 행하고 있다.

③ 모순을 포함하고 있다.
④ 두 사물이 어떤 속성들을 공유하면 다른 모든 속성도 틀림없이 공유한다고 가정하고 있다.
⑤ 부분들 하나하나가 어떤 속성을 가지면 전체도 틀림없이 그 속성을 가진다고 가정하고 있다.

7. 변덕서 씨는 다음과 주장했다. 많은 사람들이 무정부상태를 '바라는'(desire) 것이 명백하기 때문에 많은 사람들이 '보고 있는'(see) 사물은 '볼 수 있는'(visible) 사물이라는 신념을 버리려고 하지 않는 한 우리는 무정부상태가 '바람직하다'(desirable)는 결론을 피할 수 없다. 물론 이런 입장은 'visible'과 'desirable'의 중요한 양상적(樣相的) 차이를 간과하고 있다. 전자는 볼 수 있다는 가능성을 의미하고 후자는 바라야 한다는 당위성을 의미한다.

이 글의 필자가 후반부에서 지적하고 있는 반론의 핵심은 무엇인가?

① 진정으로 무정부상태를 바라는 사람은 아무도 없다.
② 변덕서 씨는 무정부주의자이다.
③ 사람들이 무정부상태를 바란다는 것을 변덕서 씨는 입증하지 않았다.
④ 우리는 우리가 보는 모든 사물이 볼 수 있는 사물이라는 신념을 포기해야 한다.
⑤ 무정부상태가 바람직하다는 것을 변덕서 씨는 입증하지 않았다.

8. 한 여성 인류학자는 신발 사이즈와 인간적 매력 사이에 상관관계가 있다고 주장했다. 그 인류학자가 조사한 바에 따르면, 인간적 매력을 지닌 사람들 중의 약 60%가 9사이즈의 신발을 신고 있다는 것이다.

이 인류학자의 주장이 타당한지의 여부를 평가하는 데 가장 중요한 물음은 다음 중에서 어느 것인가?

① 인간적 매력이 없는 사람들 중의 몇 퍼센트가 9사이즈의 신발을 신고 있는가?
② 전 인구의 몇 퍼센트가 신발을 신고 있는가?
③ 그 인류학자는 '매력적이다'는 말을 어떤 의미로 사용하고 있는가?
④ 얼마나 많은 사람들이 매력적인 사람으로 고려되고 있는가?
⑤ 전 인구의 몇 퍼센트가 매력적이지 않은 사람인가?

제2절 논리적 형식과 구조

여러분들은 아마 <연습문제 1-1>의 정답을 다 알아내지는 못했을지라도 많이 알아냈을 것이다. 논리학을 본격적으로 공부하기도 전인 현 단계에서 정답을 제법 많이 알아맞히었으니, 이 책의 내용을 공부하더라도 얻을 것이 하나도 없다고 생각하면 잘못이다. 왜냐하면 각종입학허가시험은 **시간을 엄격하게 제한하기** 때문이다. 따라서 신속정확하게 문제를 푸는 것이 중요하다. 그리고 <연습문제 1-1>의 정답을 다 알아맞힐 수 있다고 해서 열심히 공부 안 하고 논리학 강좌에서 A학점을 받을 수 있는 것도 아니다.

어떤 사람도 논리적인 사람이 되도록 가르쳐질 수는 없다. 그렇다고 해서 논리학 공부가 시간낭비를 의미하는 것은 아니다. 논리적인 사람이 되도록 가르칠 수 없다는 말은 한국어를 모국어로 하는 사람에게 한국어를 구사할 수 있도록 가르칠 수 없다는 말과 같다. 한국어를 모국어로 하는 사람에게 한국어를 구사할 수 있도록 가르칠 수 없는 것은 그 사람이 **이미 한국어를 알고 있기 때문**이며, 또 한국어를 가르칠 때 사용해야할 언어가 바로 한국어이기 때문이다. 한국어를 모국어로 하는 사람에게 가르칠 것은 한국어를 구사하는 방법이 아니라 한국어를 **더 잘 구사하는** 방법이다.

우리 모두는 태어날 때부터 (어쩌면 태어나기 전부터) 격식에 얽매이지 않고, 그리고 실용적으로 한국어를 구사하는 기본적인 방법을 배웠다. 이와 똑같은 방식으로 우리 모두는 논리적으로 사고하는 방법 중에서 기본적인 것들을 이미 배워서 알고 있다. 여러분들이 <연습문제 1-1>에 나오는 문제들 중에서 적어도 몇 개의 정답을 알아맞힐 수 있었다는 사실은 여러분들이 제법 세련된 논리적 사고를 하고 있다는 것에 대한 구체적인 증거이다. 그러나 우리 모두는 우리의 능력을 계발하여 한국어를 더 잘 구사할 수도 있고 더 잘 추리할 수도 있다. 다시 말해서 일상생활에서는 배울 수 없는 새로운 개념과 기법을 형식적인 틀에 맞추어 공부하면 한국어도 더 잘 구사할 수 있고 논리적 사고도 더 잘 할 수 있게 된다.

논리학을 공부할 적에 가장 기본적인 개념이 **논리적 형식**(logical form)이라는 말의 개념이다. 논리적 형식이라는 말의 개념이 무엇인지를 대충 이해하기 위하여 다음의 문장들에 대하여 생각해 보기로 하자.

박 양은 논리학을 좋아한다.

이 양은 논리학을 좋아한다.
김 양은 논리학을 좋아한다.

이 세 개의 진술은 세 명의 서로 다른 사람들에 관한 것이기 때문에 전혀 다른 의미를 가지고 있다. 그러나 또한 세 진술은 기본적인 양식에 있어서 서로 유사하다. 세 진술 사이의 이와 같은 유사성을 기술(記述)하는 한 가지 방식은 그것들이 동일한 논리적 구조 혹은 동일한 논리적 형식을 가지고 있다고 말하는 것이다. '박 양은 수학을 좋아한다.'라는 진술 역시 다른 의미를 가지고 있기는 하지만, 형식은 위의 세 진술과 동일하다. 다음과 같이 빈칸을 사용하면, 이와 같은 유사성을 아주 분명하게 보여 줄 수 있다.

__________은(는) ……………을(를) 좋아한다.

이 빈칸에 적절한 명사를 써넣음으로써 구성되는 어떠한 문장이라도 위에서 제시된 세 진술과 똑같은 논리적 형식을 가지게 될 것이다. 그러므로 '철수는 수박을 좋아한다.'와 '숙희는 청바지를 좋아한다.'도 동일한 논리적 형식을 가진다. 논리적 형식이라는 말의 이와 같은 개념을 가장 잘 이해하는 방식은 이하의 연습문제를 풀어보는 것이다.

연습문제 2

다음의 각 빈칸을 명사로 채워서 동일한 논리적 형식을 가지고 있는 5개의 상이한 문장을 만들어 보라.

1. ________은(는) ………………보다 크다.
2. 모든 ________은(는) ………………이다.
3. ________은(는) ………………을 믿는다.
4. 만약 ________(이)라면 ………………이다.
5. 나는 때때로 ________(이)지만 결코 ………………하지 않는다.

연습문제 3

다음의 각 문제에 나오는 문장의 쌍을 보고 공통적인 논리적 형식을 말해 보라.

1. 재정이는 행복하다.
   준호는 행복하다.

2. 성훈이는 입대했다.
   성훈이는 입사했다.

3. 종찬이는 프랑스로 갔고 지환이는 영국으로 갔다.
   종찬이는 알바니아로 갔고 지환이는 터키로 갔다.

4. 백두산은 한라산보다 높은데 나는 백두산을 등반했기 때문에 유명한 사람이다.
   백두산은 한라산보다 높은데 나는 백두산을 등반했기 때문에 무모한 사람이다.

5. 장미꽃이 빨간색이거나 제비꽃이 보라색이다.
장미꽃이 제비꽃이거나 제비꽃이 할미꽃이다.

6. 나는 후식으로 사이다를 마셨거나 콜라를 마셨다.
나는 후식으로 식혜를 마셨거나 수정과를 마셨다.

7. 양준억이 공을 놓쳤다면 기아 타이거즈가 이겼을 것이다.
이중범이 공을 놓쳤다면 기아 타이거즈가 졌을 것이다.

8. 당신이 입원 중이었다면 효리는 당신과 결혼했을 것이다.
당신이 키가 크다면 정희는 당신에게 실수했을 것이다.

제3절 형식논리학과 비형식논리학

논리학이 하나하나의 진술의 논리적 구조와 두 개 혹은 그 이상의 진술들 사이의 논리적 관계에 관심을 가진다는 것을 우리는 이미 말한 바 있다. 이러한 일에 접근하는 한 가지 방식은 진술들과 논증들의 내용, 즉 진술들의 논리적 구조나 진술들 간의 논리적 관계와는 아무런 상관도 없는 것을 무시하고 진술들과 논증들의 기본적인 논리적 구조 혹은 형식에 초점을 맞추는 것이다. <연습문제 1-2>와 <연습문제 1-3>에는 비교적 단순한 진술들의 논리적 형식이 나온다. 다음의 예는 상호 연관되면서 하나의 논증을 구성하고 있는 진술들의 꽤 복잡한 논리적 구조를 보여 준다.

만약 박 양이 논리적으로 사고하는 능력을 향상시키고자 노력한다면, 박 양은 아마도 더 나은 변호사가 될 것이다.
박 양은 논리적으로 사고하는 능력을 향상시키고자 노력하고 있다.
그러므로 박 양은 아마도 더 나은 변호사가 될 것이다.

이 진술들의 기본적인 논리적 구조는 논리학의 상이한 체계에 따라서 여러 가지 방식으로 표시될 수 있겠으나, 우리는 다음과 같이 표시하기로 하자.

만약 ＿＿＿＿＿이면 ………………이다.
＿＿＿＿＿이다.
그러므로 ………………이다.

여기에서 우리는 단지 이 진술들의 논리적 형식에만 관심을 갖고 있기 때문에, 위 도식의 빈칸에 어떤 내용이 들어가든 내용은 전혀 중요하지 않다. 이처럼 논리와는 아무런 관계도 없는 용어의 의미는 전혀 고려하지 않고 오로지 논리적 형식에만 흥미를 가지고 있을 때, 우리는 소위 **형식논리학**(formal logic)이라고 알려져 있는 영역에 들어와 있는 것이다.

논리학자들 중에는 형식논리학만 연구하는 사람도 있다. 그들은 순수하게 논리적인 실체와 논리적인 관계만을 가지고 있는 추상적 모델을 연구한다. 이와 같은 활동은 장기놀이만큼 흥미롭고 지적으로 도전할만한 활동이기도 하지만, 우리가 일상생활에서 접하게 되는 진술들과 논증들을 분석하고 평가하는 데에 적용될 수 있다는 점에서 특별한 가치를 지니고 있다. 장기놀이와는 달리 논리학 강좌가 거의 모든 대학에서 개설되고 있는 것도 바로 이러한 이유 때문일 것이다.

그런데 형식논리학의 추상적인 체계들을 '일상생활'에서 흔히 볼 수 있는 진술들과 논증들에 관계시키는 것은 형식논리학 그 자체의 일부분이 아니다. 왜냐하면 그와 같은 작업은 진술들과 논증들의 기본적인 논리적 형식을 넘어서 많은 요소를 고려해야 할 필요가 있기 때문이다. 논리적 형식 이외의 다른 요소들에 대한 연구, 즉 일상적 상황에서 일어나는 진술과 논증을 분석하고 평가하는 데에 필요한 요소들에 대한 연구가 소위 **비형식논리학**(informal logic)이다. 비형식논리학에는 다음과 같은 것들에 대한 연구가 포함되어 있다. 모호한 진술의 모호성을 감소시키고 애매한 진술을 명료화하는 것, 진술되지 않은 가정이나 전제 및 편견 등을 선명하게 밝히는 것, 빈번하게 사용되지만 매우 문제가 많은 전제를 인식시키는 것, 다소 유사한 사례들의 유사성의 강도를 할당하는 것 등등.

연습문제 4

다음의 각 논증과 형식상 가장 유사한 논증은 어느 것인가? 정답을 찾는 과정에서 여러분들은 아마도 의식적으로든 무의식적으로든 각 논증을 구성하고 있는 진술들의 내용, 즉 논리와는 아무런 관계도 없는 것을 무시하게 될 것이다.

1. 철수는 길수와 비슷하다.

길수는 여친을 자주 구타한다.
그래서 철수도 여친을 자주 구타한다.

① 윤정이는 진실이와 비슷하다.
진실이는 속옷을 입지 않는다.
그래서 윤정이도 속옷을 입지 않는다.

② 윤주가 뜨개질을 하면 연화도 뜨개질을 한다.
현지가 뜨개질을 하면 윤주도 뜨개질을 한다.
그래서 연화는 현지와 비슷하다.

③ 성민이는 새길이와 비슷하다.
그래서 새길이가 수석이와 비슷하다면, 성민이는 수석이와 비슷하다.

2. 인간은 두려움과 고통을 느낄 수 있는 심오한 능력의 소유자이기 때문에 인간에게는 결코 행해서는 안 되는 것들이 있다.
그러나 침팬지나 오랑우탄이나 원숭이도 두려움과 고통을 느낄 수 있는 심오한 능력의 소유자이다.
그래서 침팬지나 오랑우탄이나 원숭이에게도 결코 행해서는 안 되는 것들이 있다.

① 물은 액체이기 때문에 당신의 옷을 젖게 할 수 있다.
당밀시럽은 액체이다.
그래서 당밀시럽에는 물이 포함되어 있다.

② 선량함이 있는 곳이면 어디든 희망이 있다.
그러나 희망은 신의(信義)와 같은 것이다.

그래서 선량함이 있는 곳이면 어디든 신의가 있다.

③ 현정이는 감기에 걸렸기 때문에 당신에게 감기를 옮길 수도 있다.
그러나 미소도 감기에 걸렸다.
그래서 미소도 당신에게 감기를 옮길 수 있다.

3. 정균이와 태훈이는 마구간에 있지 않을 때는 보통 우물가에 있다.
정균이와 태훈이는 마구간에 있지 않다.
그래서 정균이와 태훈이는 아마 우물가에 있을 것이다.

① 수헌이와 윤수는 과자를 먹지 않을 때는 보통 손가락을 빤다.
수헌이와 윤수는 과자를 먹지 않고 있다.
그래서 수헌이와 윤수는 아마 손가락을 빨고 있을 것이다.

② 효진이와 민지는 불건전한 사람이거나 험담을 잘하는 사람이다.
효진이와 민지는 험담을 잘하는 사람이다.
그래서 효진이와 민지는 불건전한 사람이 아니다.

③ 상국이와 평국이는 철저하고 탁월한 사람이다.
상국이와 평국이는 철저한 사람이다.
그래서 상국이와 평국이는 탁월한 사람이다.

4. 면적이 큰 주(州)의 인구는 언제나 그보다 면적이 작은 주의 인구보다 많다.
캘리포니아는 알래스카보다 작다.
그러므로 캘리포니아의 인구보다 알래스카의 인구가 더 많다.

① 학장보다 부총장의 권력이 더 크다.

이광자 씨와 김말자 씨는 둘 다 부총장이다.
그러므로 이광자 씨와 김말자 씨는 학장보다 더 큰 권력을 소유하고 있다.

② 일반적으로 사람들은 자기 고모보다 나이가 적다.
광숙이는 세리의 고모다.
그래서 세리는 아마도 광숙이 보다 나이가 적을 것이다.

③ 두 수가 동일한 경우는 없다.
12와 3은 두 수이다.
그래서 12는 3보다 작다.

제4절 논리학과 심리학

논리학을 하나의 학문으로 정초한 사람은 삼단논법적 논리학의 체계에 관한 텍스트를 최초로 저술했던 그리스 철학자 아리스토텔레스(Aristoteles, B.C. 384~322)였다. 아리스토텔레스의 논리학은 2천 년 이상 동안 유일하게 가능한 논리학으로 간주되어 왔다. 19세기와 20세기에 들어와서야 비로소 아리스토텔레스의 논리적 체계와는 상이한 체계들이 발전하기 시작했던 것이다. 그러나 지금까지 논리학의 개념을 보편적으로 받아들일 수 있을 만큼 간단하고 정확하게 정의(定義)한 적은 한 번도 없었다. 또 지금까지 제시되었던 많은 정의들 중에서 꽤 나은 몇몇 개의 정의는 도움을 주기보다는 혼란을 불러 일으켰다. 그럼에도 불구하고 논리학의 본성을 통찰하기 위하여, 지금까지 제시되었던 정의들 중의 몇 가지를 검토해 보기로 하자.

일반적인 정의 중의 하나가 '논리학은 사고(思考)의 법칙들을 연구하는 학문이다.'라는 정의이다. 이 정의가 지니는 문제점은 너무 포괄적이라는 점이다. 왜냐하면 정신적 활동의 대부분 - 예를 들어 유니콘(unicorn)을 상상하는 것, 억만장자가 되고자 꿈꾸는 것 - 이 사고로 간주될 수 있을 것이기 때문이다. 그러나 방금 예로 들었던 정신적 활동들(상상하는 것, 꿈꾸는 것) 중의 어느 것도 논리학자가 관심을 가지는 대상이 아니다. 왜냐하면 논리학은 주로 **추론**(reasoning)이라는 유형의 사고에 관계하기 때문이다. 추론이란 어느 하나의 진술 혹은 일련의 진술들로부터 결론이 도출되는 과정을 의미한다. 이렇게 되면 논리학은 아마도 '추론의 법칙들을 연구하는 학문'이라고 적절히 정의될 수 있지 않을까? 이 정의가 앞의 정의보다 더 명확한 정의인 것은 분명하지만, 여전히 너무 넓은 정의이다. 왜냐하면 심리학 역시 추론의 법칙에 관심을 가지기 때문이다. 그러나 논리학은 철학의 한 분과(分科)이지 심리학의 한 분과가 아니다.

그런데 논리학과 심리학을 혼동하는 이유는 아마도 우리가 흔히 사용하는 '법칙'이라는 용어의 전혀 다른 두 가지 의미 때문일 것이다. 즉 법칙은 무엇인가가 실제로 일어나고 있는 방식에 관한 **기술적**(記述的, descriptive) 진술일 수도 있고, 무엇인가가 어떻게 행해져야만 하는가에 관한 **규범적**(規範的, prescriptive) 진술일 수도 있기 때문이다.

자연의 법칙 혹은 과학적 법칙이라고 말할 때에, 우리는 '법칙'이라는 용어를 기술적인 의미로 사용하고 있다. 중력법칙, 운동법칙, 열전도의 법칙 등은 인간의 입법권에 의해서 만들어진 법칙이 아니다. 그리고 그것들은 폐기될 수도 없다. 그것들은 단순히 존재하고 있다. 혹은 차라리 그것들은 우주의 만물이 그 본성에 따라서 주어진 조건 하에서 움직이는 방식을 기술해 준다. 어떤 것도, 그리고 어떤 사람도 이 법칙들에 따르거나 따르지 않는 것을 선택할 수 없다. 만약 내가 높은 건물의 옥상에서 벽돌 한 장을 떨어뜨린다면, 몇몇 기술적 법칙에 관한 나의 지식이 나로 하여금 곧 이어서 일어날 사건의 과정을 정확히 예견할 수 있게 해 줄 것이다. 그리고 만약 벽돌 대신에 내가 직접 옥상에서 뛰어 내린다면, 나는 내가 선택하든 선택하지 아니하든 간에 벽돌과 똑같은 기술적 법칙에 따라서 움직이게 될 것이다.

기술적 법칙의 또 다른 특징은 모든 기술적 법칙에는 예외가 있을 수 있다는 것이다. 그럼에도 불구하고 일반적으로 우리는 기술적 법칙들에는 예외가 전혀 없는 것으로 간주한다. 그래서 만약 우리가 예외인 것처럼 보이는 사례와 맞닥뜨린다면, 우리는 그 예외가 실제로는 전혀 예외가 아니라고 설명하고자 시도하거나 예외적 행동이나 반응이 기술적 법칙에 포함될 수 있도록 기술적 법칙을 수정하고자 시도한다. 예를 들어 물리학의 기술적 법칙들에 따르면 낙하하는 물체는 낙하하는 동안 가속되어야 하지만 어느 물리학자가 엠파이어 스테이트 빌딩에서 낙하한 벽돌이 낙하하는 동안 가속되지 않았다는 얘기를 듣는다면, 그 물리학자가 할 수 있는 것은 다음 세 가지 중의 어느 한 가지일 것이다.

1. 낙하한 벽돌이 낙하하는 동안 가속되지 않았다는 관찰에 결함이 있다고 보고 그 관찰을 받아들이지 않는다.
2. 예외적 반응이 왜 일어났는지, 즉 왜 벽돌이 가속되지 않았는지를 설명해 줄 수 있는 특수한 환경(가령 그 벽돌이 낙하산에 붙어 있는 경우)을 발견한다.
3. 물리학의 법칙들을 수정한다.

그 물리학자가 벽돌이 가속되지 않았다는 주장을 참인 주장이라고, 그리고 그 주장에는 낙하산과 같은 특별한 요인이 전혀 포함되어 있지 않다고 하면서 그 주장을 받아들임과 **동시에** 물리학의 기본적인 법칙들을 수정하지 않고 그대로 유지하고자 한다면, 그 물리학자는 논리적으로 올바르지 않을 것이다. 잘 수립되어 있고 오랫동안 유지되어 온 기술적 법칙들을 수정하지 않기 위해서 우리는 거의 언제나 예외에 대한 관찰에는 어떤 식으로든 결함이 있다고 하면서 그러한 관찰을 받아들이지 않는다. 하지만 모든 기술적 법칙에는 예외가 가능하다. 그 반면에 규범적 법칙에는 예외가 있을 수 없다.

인간행위의 법칙들 또한 기술적일 수 있다. 즉 인간행위의 법칙들은 개인 혹은 집단이 생물학적 구조 혹은 사회적 상태를 기초로 해서 주어진 조건에 반응하고자 하는 방식을 기술하는 것을 의미할지도 모른다. 만약 어떤 사람이 '배고픈 사람이 잘 사는 사람들보다 훨씬 더 타락한 정부에 대항해서 데모를 일으키기 쉽다.'라고 주장한다면, 그 사람은 자기가 기술적 법칙이라고 믿는 바의 것을 진술하고 있다. 그 사람은 사람들이 빈번하게 행동하는 경향성에 대해서 기술하고 있는 것이다.

그 반면에 규범적 법칙은 사람들이 행동**해야만 하는** 법칙에 관심을 가진다. 도덕법칙은 규범적이다. 국가나 도시와 같은 정치적 실재물의 법칙들도 규범적이다. 헌법과 어떤 조직체의 내규도 규범적이다. 그런 법칙들은 바람직한 목표를 성취하기 위한 수단을 선택하는 것과 마찬가지로, 보통 그 누군가의 신중한 선택에 의해서 수립된다. 그것들은 지켜지지 않을 수도 있다. 고속버스 운전수가 고속도로에서 규범적 법칙인 '시속 100km로 속도를 줄이시오!'라는 표지를 보고서도 그것을 무시하고 시속 150km로 달리는 것은 얼마든지 가능하다. 그 결과는 불행일 수도 있고 다행일 수도 있다. 즉 그는 전혀 사고를 내지 않고 목적지에 빨리 도달할 수도 있는 것이다.

이제 다시 논리학과 심리학을 비교해 보기로 하자. **심리학**이 추론의 법칙에 관심을 가진다는 말은, 사람들이 실제로 추론을 행할 때 어떤 방식으로 **추론하는 경향이 있는가를 기술하는 것에** 관심을 가진다는 것을 의미한다. 예를 들어 어느 심리학자가 사람들이 '일반화'를 행하는 방식에 대하여 연구하는 경우를 생각해 보자. 그렇게 하기 위하여 그는 많은 사람들을 관찰하고 인터뷰하고 조사한다. 그 중에는 난해한 수학과목의 세 강좌에서 어렵게 학점을 따고 난 후에 '모든 수학강좌는 난해하다.'라는 결론에 도달했던 대학생도 있을 수 있고, 어떤 상점에서 고기를 두 번 구입하고 난 후에 두 번 다 고기가 질긴 것을 발견하고서 '그 상점에서 판매하는 모든 고기는 질이 좋지 못하다.'라는 결론에 도달했던 가정주부도 있을 수 있으며, 여전히 유사한 경험을 알려 줄 다른 사람들도 많이 있을 수 있을 것이다. 이러한 정보를 근거로 해서 그 심리학자는 '모든 사람들은 매우 적은 사례를 근거로 해서 일반화하는 경향이 있다.'라고 결론을 내린다. 그 심리학자의 이러한 결론은 위의 예에서 제시된 사람들의 추론이 훌륭한 추론인지 혹은 훌륭하지 못한 추론인지에 대해서는 아무 것도 말해 주지 않고, 다만 사람들이 추론하는 방식에 대하여 기술하고 있을 뿐이다.

이와는 대조적으로 **논리학**이 관계하고 있는 추론의 법칙은 많은 **규범적** 유형의 법칙들로 구성되어 있다. 논리학은 사람들이 추론을 잘하고자 할 때 따라야 할 표준적인 추론방식들을 수립하고자 한다. 속도제한의 경우처럼 때때로 추론의 규범적 법칙이 일종의 권위에 기초를 두고 있는 것처럼 보일지도 모른다. 그러나 사실 추론의 규범적 법칙은, 일정한 추론방식들이 바로 그 방식들의 본성으로 말미암아 다른 추론방식들보다 더 낫다거나 혹은 일정한 추론방법들을 따르는 것이 다른 방법들보다 더 좋은 결과를 낳는다는 논리학자들의 공통적 판단에 근거를 두고 있다. 그러므로 속도제한의 경우처럼 논리학의 규범적 법칙이 무시될 수도 있지만, 그렇게 무시하는 사람은 잘못된 결론의 결과에 대해서 스스로 책임을 져야 한다는 것을 쉽게 알 수 있을 것이다. 예를 들어 스쿨버스 운행이 중요한 문제로 되어 있는 어느 선거구에서 재선되기 위해서 선거운동을 하고 있는 어느 정치가가, 주민 50명에 대해서 표본조사를 실시하고 그들의 반응으로부터 스쿨버스 운행을 조기에 실시하도록 하는 것이 그의 당선을 확신시켜 줄 것이라는 결론을 내렸다고 하자. 그러나 그가 조사했던 50명의 대부분이 학교로부터 멀리 떨어진 오지(奧地) 학생들의 보호자였다면, 그는 당선되기 힘들 것이다. 자기의 결론에 도달함에 있어서 그 정치가는 심리학자들에 의해서 기술되어진 과정에 따라서 잘 추론했다. 그러나 논리적 관점에서 보면 그의 추론은 빈약하기 그지없었다. 그것은 그가 다른 사람들의 의견에 의존했기 때문이 아니라, 그 의견들이 유권자들 중의 매우 적은 숫자로부터, 그리고 대표가 될 수 없는 표본으로부터 도출되어졌기 때문이다.

논리학 역시 기술적인 의미에서 '논증을 연구하는 학문'이라고 말할 수도 있다. 이런 의미에서 논리학은 진술의 기본적인 논리적 구조와 진술들 사이에서 주장되고 있는 관계들을 기술한다. 예를 들어 논리학은 우리들에게 '태양은 빛나고 있거나 빛나지 않고 있다.'라는 진술이 그 논리적 구조 때문에 항상 참이라는 것을 말해준다. 또 논리학은 우리들에게 '태양이 빛나고 있다.'라는 진술이 '태양이 빛나고 있지 않다는 것은 사실이 아니다.'라는 진술을 함의(含意, implication)하고 있다는 것을 말해준다. 방금 제시된 진술들은 적어도 물리학의 법칙들만큼이나 기술적인 의미에서 참인 진술들이며, 논리학의 기본적인 몇 개의 법칙들에 대한 예들이 될 것이다. 이 예들은 심리학의 기술적 법칙들 모두 다는 아닐지라도 대부분의 심리학적 법칙들보다 더 타당하다.

이런 점에서 논리학과 심리학은 유사하다. 그러나 논리학은 인간의 마음이나 추론의 과정을 기술하는 것이 아니라, 진술들의 논리적 구조나 진술들 사이의 논리적 관계를 기술한다는 점에서 심리학과는 전혀 다르다. 요약하자면 심리학은 사람들이 추론하는 방식을 기술하는 것에 관심을 가지는 반면에, 논리학은 논리적 구조의 본성을 기술하는 규칙들을 사용하여 이러한 추론을 평가하는 일에 관심을 가진다. 앞으로 우리는 이 책에서 훌륭한 추론과 훌륭하지 못한 추론을 구별하는 방법들에 초점을 맞추어 논의를 전개할 것이며, 추리(inference)와 논증을 평가하는 형식적 기준 및 이 기준들을 구체적인 사례들에 적용하는 테크닉과 절차를 제시할 것이다. 이러한 기준,

테크닉, 절차는 논리학자들에게 대해서만 가치를 지니는 것이 아니라 심리학자, 학생, 사업가, 정치가, 수사관, 농부, 운동선수 및 추리에 의해서 결론에 도달하고자 하는 그 누구에게 대해서도 가치를 지닌다. 사실 우리 모두는 추론의 과정들 중에서 어느 과정이 훌륭하고 어느 과정이 빈약한가를 결정하기 위한 기준을 필요로 하고 있다. 달리 말해서 우리들의 추론과 논증은 논리적 평가의 대상이다.

In the space of one hundred and seventy-six years the Lower Mississippi has shortened itself two hundred and forty-two miles. That is an average of a trifle over one mile and a third per year. Therefore, any calm person, who is not blind or idiotic, can see that in the old Oolitic Silurian Period, just a million years ago next November, the Lower Mississippi River was upward of one million three hundred thousand miles long, and stuck out over the Gulf of Mexico like a fishing-rod. And by the same token any person can see that seven hundred and forty-two years from now the Lower Mississippi will be only a mile and three-quarters long, and Cairo and New Orleans will have joined their streets together, and be plodding comfortably along under a single mayor and a mutual board of aldermen. There is something fascinating about science. One gets such wholesale returns of conjecture out of such trifling investment of fact.

MARK TWAIN, *Life on the Mississippi* (1875)

Although your intuitions are probably (correctly) strong that Mark Twain's argument is mistaken somewhere, it may be fairly difficult for you to specify precisely what is wrong with it. The study of logic should help you deal with such problems—and also with more practical ones—if you work at it conscientiously.

176년의 세월이 흐르는 동안에 미시시피 강의 하류는 242마일이나 짧아졌다. 이것은 미시시피 강의 길이가 매년 평균 4/3마일 조금 넘게 줄었다는 것을 의미한다. 그러므로 무식하지 않거나 바보 천치가 아닌 침착한 사람이라면 누구든지 내년 11월이면 정확하게 백만 년 전이 되는 실루리아기(期)에는 미시시피 강 하류의 길이가 130만 마일 남짓 하였으며, 미시시피 강이 마치 낚싯대처럼 멕시코만 위에 기다랗게 돌출되어 있었다는 사실을 알 수 있다. 또한 같은 이유에서 지금으로부터 742년 후에는 미시시피 강 하류의 길이가 7/4마일 밖에 되지 않을 것이며, 카이로와 뉴올리언스의 도로가 서로 연결될 것이고 길을 따라 안락하게 터벅터벅 걸어갈 수 있고, 시장은 한 명일 것이고 시의회 간판도 하나일 것임을 누구든지 알 수 있다. 과학에는 그 무엇인가 매력적인 것이 있다. 사실이라는 아주 작은 투자를 통해 그토록 많은 추측을 이끌어내니 말이다.

— 마크 트웨인, 『미시시피 강의 생활』(1875) —

여러분들은 아마 마크 트웨인의 논증 어딘가에 잘못이 있다는 것을 직관적으로 강하게 느낄 수 있겠지만, 여러분들이 그것을 설명해 내기란 꽤 어려울 것이다. 만약 여러분들이 논리학을 착실하게 공부한다면, 논리학은 여러분들이 이와 같은 문제들뿐만 아니라 보다 더 실생활과 관련된 문제들을 다루는 데 도움을 줄 것이다.

1.

By permission of Johnny Hart and Creators Syndicate, Inc.

국왕의 기자회견에 와 주신 것을 환영합니다.
여러분 모두에게는 질문이 배정되어 있습니다.
배정된 질문에서 조금이라도 벗어나면, 강제로 쫓아내겠습니다.
질문 있습니까?
(모두 함구하고 있음)
모두들 이해가 빠르시군.

2.

George F. Will

Commentary

Anyone with a small child feels as Cardinal Wolsey felt about Henry VIII: "Be well advised and assured what you put in his head, for ye shall never pull it out again." The aim of advertising directed at children, especially on Saturday morning, is not just to set visions of sweets dancing in small heads. The aim also is to make children even less like angels than it is their natural inclination to be. The aim, a candid assessment has said, is to turn them into "very successful naggers."

Conclusive evidence that advertising achieves this aim is the hundreds of millions of dollars spent each year on such advertising. Advertisers are not fools; they would not spend so much if they did not have hard evidence that it pays to bombard little people, even though little people have no money. Little people successfully belabor big people.

3.

"Fair enough—let's give them a cut out of what we take tonight"

4.

Homeless families are real, need help

This is a magical time of year. But there are children — tens of thousands of them — who never heard the jingle of sleigh bells or the clatter of reindeer on the roof.

It's not that Santa Claus forgot or that he doesn't care. He simply couldn't find them. Their address is the street.

People who run emergency shelters say they're seeing more and more kids. Not just in the big cities on the East and West coasts, but even in the heartland.

Some say the problem's exaggerated. The National Coalition for the Homeless disagrees. It estimates there are as many as 500,000 children without permanent shelter.

Hard numbers are difficult to come by: The children who weren't home for Santa weren't there for the census takers, either.

The U.S. Conference of Mayors — no bleeding hearts — says the need for emergency lodging increased 21% on average this year in the 26 cities it surveyed. Last year, it was up 20%.

Children and their parents now make up a third of the homeless population, the mayors say. That's a 32% increase over 1986. Two out of every three people seeking emergency rations are moms, dads or their kids — up 18%.

One-year-old Elizabeth Jowders is too young to realize that living in a windowless warehouse sets her apart. The warehouse, a stone's throw from the Dallas Convention Center, is used by churches for people who have no other choice. It's a palace compared to the squalor available in some cities. But it's no place for a baby to be growing up.

Elizabeth's dad has a strong back. He wants to work. But his skills don't match the marketplace.

Even if Bill Jowders finds a job, there's no guarantee he'll be able to make ends meet. One out of five homeless people works but can't pay the bills, the mayors say.

Housing shortages and inadequate or outmoded job skills are among the major causes of homelessness. Violence often sends women and their children packing. For people living at the margin, a medical crisis, a temporary job loss or a big rent hike can be a one-way ticket to the street.

Whatever the reasons, we can't have kids consigned to converted warehouses and sleazy hotels. Too many of them are missing out on the immunizations they need. They're not eating right. Their teeth receive no care. If they attend school at all, they become the butt of bad jokes. They fall behind. They get in trouble. A piece of a generation is lost.

That is a sad waste. It is cruel. And it is wrong.

Long-term remedies will require a joint effort by communities and the federal government.

Uncle Sam can more effectively encourage local initiatives. Some of the churches, charities, foundations, cities and states have shown a knack for creative thinking. Their successful innovations should be strongly supported and widely publicized.

The stakes are high. Before another Christmas rolls around, we've got to find the ways and means to get more kids' addresses to the North Pole.

5.

PETER B. GEMMA, JR.

An opposing view

Homeless families are a bleeding-heart myth

ARLINGTON, Va. — Professional bleeding hearts pick up and cast off causes like seasonal clothing.

Remember the spate of TV docudramas selling tragic stories of battered wives like soap? And how about that business of holding hands across the country, thinking happy thoughts, while trying to feed the hungry?

Country and Western festivals for FarmAid, rock concerts for Amnesty International, and perennial hunger strikes against all the injustices ever perpetrated have turned the politics of guilt and pity into a growth industry. Enter here today's urgent but chic issue: homeless families.

I'm not Scrooge or the Grinch who stole Christmas, but it is obvious that the homeless problem is being oversold and overplayed.

Of course, there are indigent people who desperately need our help. Apparently, the myriad of local, state and national private and public welfare programs missed some needy people — or perhaps the poor missed these programs.

In any case, over the din of movie moguls promoting their schmaltzy productions of Hollywood's idea of homelessness and the street protesters shouting, "Somebody *do* something," let's look at some facts.

On one hand, professional activists for the homeless claim 2 million or more of the nation's poor have no place to sleep. But unless there is a conspiracy of federal employees dedicated to denying assistance to the needy, recent studies produced by both the Housing and Urban Development and the Agriculture departments actually estimate the number of homeless to be in the range of 250,000 to 350,000.

And this figure can be reduced by carefully studying why people are indeed homeless: by choice or by chance.

During the four "compassionate" years of the Carter administration, 41,198 federally constructed homes were completed at a cost of $21.5 billion. During the first four "lean and mean" years of the Reagan era, $37.4 billion of our money was spent by Washington to build 111,195 housing units for the poor — yet guess who is portrayed as the bogyman of the homeless.

New York City spent $300 million — in addition to federal infusions of tax monies — trying to assist its approximately 36,000 homeless people last year. Add to this equation 300,000 abandoned apartments due to the city's strangling regulations and anti-free market rent controls, and you get "bureaucratic help" at its efficient best.

You don't have to be stingy, cynical, or unsympathetic to keep the plight of the homeless in perspective. Homeless families don't really need Big Monies or Big Brother Government programs. All they really need is you and I and some common sense.

Peter B. Gemma Jr. is a contributing editor of Conservative Digest.

6.

THE DOORS OF INJUSTICE

SENECA FALLS, New York—In 1976, an ex-policeman disappeared while fishing on Seneca Lake in Upstate New York. Two men were arrested and accused of his murder, even though the body was never found.

Carol Ritter, court reporter for Gannett Rochester Newspapers, went to cover the pretrial hearing for the accused.

When she arrived at the courtroom, Ritter and other reporters were barred from the hearing on the pretext that the accused would not be able to get a fair trial if the pretrial hearing was covered by the press.

The Gannett Rochester Newspapers strongly disagreed and challenged the judge's right to close the doors of justice to the people, including the press. They took that challenge to the Supreme Court of the United States.

Gannett believes no judge should have the right to shut the people and their free press out of such pretrial hearings, where an overwhelming majority of criminal prosecutions are resolved.

Can you imagine up to 90 percent of all court cases being settled in secret? Gannett could not. But on July 2, 1979, the Supreme Court ruled it could happen.

Gannett protests vigorously this abridgment of the First Amendment. Not only has the Court limited journalists' access to gathering and reporting the news for the public, but it has also trampled on the people's freedom to know, the cornerstone of our rights as a free people in a free society.

The freedoms of the First Amendment must be cherished, not shackled.

At Gannett, we have a commitment to freedom in every business we're in, whether it's newspaper, TV, radio, outdoor advertising or public opinion research.

And so from Burlington to Boise, from Fort Myers to Fort Wayne, every Gannett newspaper, every TV and radio station is free to express its own opinions, free to serve the best interests of its own community in its own way.

Gannett

A world of different voices where freedom speaks.

7.

Which Side Do You Believe?

There are two sides to the issue of nuclear power. Both sides feel strongly that their position is correct—which makes it difficult for Americans to form a responsible position on whether our country needs this source of energy.

Americans are bombarded with conflicting views and statements from numerous self-proclaimed energy experts. Some have even said that nuclear power—which currently provides 12% of the nation's electricity—should be halted altogether.

But consider the *sources* of the loudest anti-nuclear noise. Among those leading the attack on nuclear power are a host of actors and actresses, rock stars, aspiring politicians and others who think America has grown enough.

The Issue Isn't Just Nuclear

Nuclear power is not the only thing they oppose. These are often the same people who have been against development of geothermal energy in California . . . stopped new hydro-electric plants in Maine and Tennessee . . . blocked a new oil refinery for southern California . . . opposed new pipelines to deliver natural gas to the East . . . fought the building of more coal-fired plants. And they're the same people opposed to President Carter's plan for developing a synthetic fuels.program. One wonders what they are *for*, and how they propose meeting America's energy needs?

For many of these people, stopping nuclear power is but one part of a political objective to slow growth across the board in America. This no-growth philosophy of the anti-nuclear leadership was clearly expressed by Amory Lovins, one of the world's leading nuclear critics, when he admitted, "If nuclear power were clean, safe, economic . . . and socially benign per se, it would still be unattractive *because of the political implications* . . ."

Support For Nuclear Widespread

On the other hand, consider the many organizations that have *endorsed* nuclear power for America's future. They include: the AFL-CIO . . . the NAACP . . . the National Governor's Conference . . . Consumer Alert . . . and many more. These groups recognize that America's need for electric power is growing at a rate of 4% each year.

Consider also that the health and safety record of nuclear power has been endorsed by a vast majority of the *scientific* community—including such organizations as the National Academy of Sciences, the World Health Organization, the American Medical Association, and the Health Physics Society.

We're not saying that nuclear power is risk free. The truth is that risks are involved in *all* energy technologies. However, the overwhelming scientific evidence is clear: nuclear power is at least as clean and safe as any other means available to generate electricity—more so than most.

Where will Americans get the electricity that is needed if not, in part, from nuclear power? That's the real question in the nuclear debate. It's the one for which the anti-nuclear leaders have no answer.

Nuclear Power. Because America Needs Energy.

America's Electric Energy Companies, Department E, Post Office Box 420, Pelham Manor, New York 10803

Courtesy Committee for Energy Awareness

8.

GUEST EDITORIAL

Pick a Color

Several months ago, I was required to complete a typical prying federal form, one which, among other things, inquired of my "minority status." Now that the courts have decided to implement "racial balance," the bureaucrats are right there demanding racially "mixed" neighborhoods, even apartment buildings, and "hire by quota" is the thing in the building trades.

After all, if you're going to bus kids or hire apprentices, you must know which is the "right" race, and in what correct proportion, to use, lest you fail to create that great magical amalgam "race harmony."

But what *is* race? What are those things which comprise "racial characteristics?" Was I (check one): a) white (nonminority); b) Negro/black; c) American Indian; d) Spanish-American; e) Oriental; f) Other minorities not under above.

Well, what the hell. I *felt* like being a "Negro/black" that day, and checked the box.

The forms attendant noticed the discrepancy as my white hands moved the pen on to another section of the form, and called my attention to my "error."

"It's no error," I replied. "I *am* Negro."

Still doubtful, the HUD bureaucrat said, "Bullshit!"

Being newly Negro/black, and not about to take any crap from a government employee, I returned his remark with, "You don't know my mother." That stopped him dead in his pencil pushing, the specter of my Negro/black mother haunting him.

Somewhere, some federal form now lists me as Negro/black. Next time, maybe, I'll choose "Oriental," or perhaps "Other" and insist I'm a Basque.

All of which makes me ask: how does anyone, anywhere, *know* who is black, or who is white, or who is whatever?

The answer is that the labels are applied on the basis of how the labeler *thinks* a black, a white, an Oriental, or an "Other" looks, whether appropriate or inappropriate. I have been assured by the more conscientious pickers and choosers of race among local school personnel that they assess "cultural differences" in determining category. Fine. When asked to define that, I get no coherent reply.

Underneath it all is the ultimate racist thought: *we* are talking about and labeling *them*, and everybody knows who *they* are. Indeed, *they* know who they are.

At what point on the chromatic scale, or whatever is used, does a person cease being "Negro/black" and become "white (nonminority)"? Or cease being "white" and become "Oriental"? Is there, deep in the recesses of HEW's Washington headquarters, a model of "whiteness" and "blackness"?

No, there are no models, because there are no legal definitions of what it takes to be "Negro/black," "Spanish-American," or "Other." There are no guidelines either. There are only prejudices and assumptions.

Actually, anyone may legally claim to be whatever nice color he wants to be. He may, under present laws, even choose to be of the opposite sex, if he/she so desires.

There are no United States equivalents to the Nazi Nuremberg Laws of Racial Purity.

Which means that if a community faced with some HEW massive busing plan should just claim that 50 per cent of its group is already black, or white, what official would oppose it? Or *could* oppose it?

Some citizen might go to court over the matter, but short of exhuming long-dead ancestors to check for coloration, no court could solve the question, unless a color code were formulated. That would be an American dilemma. —LARRY MAY

Reprinted with permission of National Review, *150 East 35th St., New York, N.Y. 10016.*

9.

In Henry Aaron's Footsteps: The Man Who Isn't There Yet

(c) 1974 New York Times News Service

NEW YORK – Okay: Hank Aaron has overtaken Babe Ruth. who's next?

Anyone? Ever? In the foreseeable future?

It is safe enough to say that no one currently recognized as a major league homerun hitter has much chance of reaching 700. let alone whatever figure beyond that Aaron finally establishes. And anyone starting now would need, as Aaron and Ruth did, 20 years of averaging 35 homers a year to get three – which would be 1994.

The two players who come closest to having even a million-to-one chance of catching Aaron are Johnny Bench and Reggie Jackson. But. assuming each plays to the age of 40, Bench would have to average 83 homers a year for the next 14 years and Jackson would need 40 a year for the next 13 years to pass 700.

So even if Jackson did it, that would be in 1987 and it can be flatly asserted that Halley's Comet, due back in 1986, will return before anyone challenges Aaron's mark.

And it is extremely unlikely that anyone will threaten it during the rest of the 20th century.

Such projections are simple enough to make, because while no one can predict any man's actual career homerun total, it is quite possible to calculate a "maximum probable" total that a player will not exceed.

For example: Of all active players, Harmon Killebrew has hit homeruns with greatest frequency: 546 in 7,502 at-bats, or one homer every 13.74 times at bat. (These and all other figures are as of the start of this season.) It is reasonable to assume that he will not play past the age of 40, and that he will not average more than 500 at-bats a season in the remaining three years.

(Actually, Killebrew has averaged 394 at-bats the last three years, and Aaron 445, so 500 is a safe "outside limit" for players that age.)

Well, if Killebrew hit homers at his career pace for another 1,500 at-bats, he would add 109 to his total and finish with 655.

The same kind of estimate can be made for all players, young and old, and the results underline the magnitude of Aaron's achievement.

There are three categories for comparison: those players, still active, who already have high totals (like Killebrew); those who have established their slugging credentials but are much younger (like Bench and Jackson); and those who have acknowledged potential but are so young – under 25 – that they haven't yet produced a reliable form chart.

The first category is startling: there are only five players with even half the number of homers Aaron has: Frank Robinson 552, Killebrew 546, Willie McCovey 413, Al Kaline 386, and Billy Williams 376. All are 35 or over, so they simply don't have time to catch up.

In the second group, the tasks confronting Bench and Jackson have already been mentioned. Assuming age 40 as a cutoff, Earl Williams would have to average 41 homers for 15 years, Bobby Bonds 45 for 12 years, Darrell Evans 45 for 14 years, Nate Colbert 46 for 12 years and Dick Allen would have to average 52 for eight years. They won't make it.

John Milner of the Mets and John Mayberry of Kansas City are 24-year-olds with proven power. To reach 700, Mayberry would have to average 40 homers and Milner 42 for the next 16 years.

Cesar Cedeno of Houston, Greg Luzinski of Philadelphia and Jeff Burroughs of Texas are 23-year-olds with just as much power. For the next 17 years, Cedeno would have to average 38 homers a year and the other two 39 to reach 700.

Ruth's mark lasted 39 years. If Aaron's should last as long, that would bring us to the year 2013. Don't bet against it.

10. **Listen Smokers: You don't have to wait 20 years for cigarettes to affect you. It only takes 3 seconds.**

In just 3 seconds a cigarette makes your heart beat faster, shoots your blood pressure up, replaces oxygen in your blood with carbon monoxide, and leaves cancer-causing chemicals to spread through your body.

All this happens with every cigarette you smoke. As the cigarettes add up, the damage adds up. Because it's the cumulative effects of smoking—adding this cigarette to all the cigarettes you ever smoked—that causes the trouble.

And tell that to your dog, too.

U.S. DEPARTMENT OF HEALTH, EDUCATION, AND WELFARE • This Space Contributed as a Public Service

11.

Everyone

thinks Unisys

is just a computer

company.

Everyone's wrong.

Reprinted with permission—Unisys Corporation.

제1장

비형식적 분석

진술

LOGIC LOGIC LOGIC LOGIC LOGIC LOGIC LOGIC LOGIC
LOGIC LOGIC LOGIC LOGIC LOGIC LOGIC LOGIC LOGIC
LOGIC LOGIC LOGIC LOGIC LOGIC LOGIC LOGIC LOGIC
LOGIC LOGIC LOGIC LOGIC LOGIC LOGIC LOGIC LOGIC
LOGIC LOGIC LOGIC LOGIC LOGIC LOGIC LOGIC LOGIC
LOGIC LOGIC LOGIC LOGIC LOGIC LOGIC LOGIC LOGIC
LOGIC LOGIC LOGIC LOGIC LOGIC LOGIC LOGIC LOGIC

1

비형식적 분석
진술

논리학은 모든 학생들의 수강이 요망되는 강좌이다.
논리학은 수학과 비슷하다.
논리학은 학문이 아니라 기술이다.
논리학은 마음에 드는 강좌이다.

위에서 제시된 문장들의 경우처럼, 문장(sentence)은 다양한 생각을 표현하는 데 사용된다. 생각 중에는 참인 생각도 있고 거짓인 생각도 있다. 문장은 독자적으로 나타날 수도 있지만, 대개는 어떤 문맥 내에서 서로 관련되는 생각을 표현하기 위하여 다른 문장들과 함께 나타난다. 문장에 표현되어 있는 생각을 논리학에서는 **진술**(statement)이라고 한다. 어느 한 진술이 다른 진술의 참을 뒷받침할 수도 있고, 어느 한 진술이 다른 진술들과 모순관계에 있을 수도 있다. 그리고 다른 진술들의 뒷받침 없이도 참이 되는 진술들, 즉 다른 진술들의 영향을 받지 않는 진술들도 있다.

본 장(章)에서 우리는 개별적 진술의 논리적 구조에 초점을 맞출 것이다. 그리고 진술의 쌍 사이에 성립하는 몇 개의 기본적 논리적 관계에 초점을 맞출 것이다. 다음 장에서 우리는 논증을 구성하는 일련의 진술들에로 나아갈 것이다.

다른 어떤 증명 없이도 참 혹은 거짓이 수립될 수 있는 진술들도 있고 증명을 필요로 하는 진술들도 있다. 우리는 이 두 종류의 진술의 의미와 논리적 구조를 분석하기 위한 특별한 개념적 도구와 방법론적 도구를 갖고 있어야 한다. 기본적인 비형식적 개념들 중의 몇 가지와 진술의 의미 및 구조를 파악하는 방법들 중의 몇 가지가 본 장에서 제시될 것이다.

제1절 문 장

일반적으로 진술과 진술들의 집합은 문장의 형식으로 표현되거나 전달된다. 엄밀히 말해서 **문장**(sentence)은 **정보를 전달하고 여타의 다른 여러 가지의 일을 수행하기 위하여 사용될 수 있는 물리적 실재이자 언어적 실재**이다. 잉크로 종이 위에 표시해 놓은 기호들의 집합 혹은 공기를 타고 흐르는 음파들의 집합인 한에서 문장은 물리적 실재이다. 그리고 문법적 규칙에 따라 배열되는 문자 내지 단어들의 집합인 한에서 문장은 언어적 실재이다.

어떠한 종류의 문장이든 단순히 물리적 실재 혹은 언어적 실재로서만 간주될 때에는, 대부분의 사람들에게 별로 가치가 없거나 흥미를 유발시키지 못한다. 그러나 망치나 펜처럼, 문장도 어떤 문맥 내에서 적절한 방식으로 사용되어질 때에는 중요한 가치를 지닐 수가 있다. 물론 문장의 용법이 다음과 같은 예들에 제한되는 것은 아니지만 문장이 사용되는 많은 용법들 중에서 몇 가지의 예를 들어 보면 기도를 드리는 것, 남을 저주하는 것, 친구에게 인사하는 것, 남을 기만하는 것, 질문하는 것, 감사를 드리는 것, 명령을 내리는 것, 사실을 제시하는 것, 화를 내는 것, 농담을 하는 것, 사건을 보고하는 것 등이 있다.

연습문제 1-1

방금 위에서 제시되었던 문장의 용법들 이외에 적어도 20가지의 용법을 더 제시해 보라.

연습문제 1-2

다음의 문장들이 특정한 문맥에서 나타날 때의 용법을 적어도 한 가지 이상 말해보라.

1. (반지를 받으면서) 나 그대와 결혼할래요.
2. 그녀가 결혼하지 않는 이유가 의심스럽다.

3. 비켜!
4. 만약 그들이 정부의 관리를 뇌물로 매수했다면, 그들을 막을 자가 누구냐?
5. 낙하산이 어디 있지?
6. '메뚜기'를 그대의 별명으로 짓노라.

제2절 문장의 인식적 용법과 비인식적 용법

문장의 용법을 체계적으로 연구하고자 하는 사람이라면 누구나 문장의 용법이 엄청나게 많다는 것을 알고서 당황하게 될 것이다. 그러나 다행스럽게도 논리학자들이 논리학에 적절한 언어의 용법을 선별해 낼 수 있도록, 철학자들이 이미 문장의 두 가지 기본적인 용법 - 인식적 용법과 비인식적 용법 - 을 서로 구별하는 분류방법을 발전시켜 왔다. **어떤 문장이 참 혹은 거짓인 바의 무엇을 표현하거나 주장하기 위하여 사용되고 있다면**, 그 문장은 **인식적**(cognitive) 문장이다. 일상적인 문맥 내에서 보통 인식적으로 사용되고 있는 문장의 예들은 다음과 같다.

영구에게는 논리학이 쉬운 강좌였다.
철수는 논리학 과제물을 연구하지 않고 놀았다.
내일은 태양이 오전 7시 2분에 떠오를 것이다.
코끼리는 파충류 동물이다.
고래는 포유동물이다.

나는 달이 푸른 치즈로 구성되어 있다고 믿는다.

이와 같은 문장들은 일상적인 문맥 내에서 보고(報告), 주장, 전달, 부정, 예견, 설명, 논증 등등을 위해서 사용될 수 있을 것이다. 그러나 이 문장들은 모두다 하나의 공통적인 용법을 가지고 있다. 즉 각각의 문장은 참 혹은 거짓을 말할 수 있는 진술을 표현하기 위하여 사용되고 있다는 점이다. 이 경우에 표현되고 있는 진술이 참인지 혹은 거짓인지는 문제가 되지 않는다. '코끼리는 파충류 동물이다.'라는 문장도 '고래는 포유동물이다.'라는 문장과 마찬가지로 인식적으로 사용될 수 있다. 물론 전자는 거짓인 진술을 표현하고 후자는 참인 진술을 표현하고 있지만 말이다.

어떤 문장이 참 혹은 거짓인 진술을 표현하기 위해서가 아니라 다른 무엇을 위해서 사용되고 있을 때, 그 문장은 **비인식적**(noncognitive) 문장이다. 언어의 비인식적 용법에는 명령하는 것, 주문하는 것, 요구하는 것, 질문하는 것, 감정을 불러일으키는 것 등이 포함된다. 다음의 각 문장들은 일상적 상황에서 비인식적으로 사용되고 있다.

문을 닫아라.
아빠가 돈을 어디에 숨겨 두었는지 알고 있니?
설탕 좀 주시겠어요.
휴우!
위험하다, 고개를 숙여!
에그머니나!

질문이나 명령 혹은 감정을 표현하고 있는 문장에 대해서 '참인가? 거짓인가?'라고 묻는 것은 적절하지 않다. 예를 들어 명령을 표현하는 데 사용된 '문을 닫아라!'라는 문장에 대해서 (이 문장이 통상적으로 사용되고 있는 한에 있어서) '그 명령이 적절한가? 부적절한가?' 혹은 '그 명령에 복종해야 하는가? 복종하지 않아도 되는가?'라고 물을 수는 있지만, '그 명령 자체가 참인가? 거짓인가?'라고 물을 수는 없는 것이다. 마찬가지로 '아빠가 돈을 어디에 숨겨 두었는지 알고 있니?'라는 질문에 대해서 참인지 거짓인지를 묻는 것도 통상적인 관점에서는 적절하지 않다. 즉 여기에서도 이 질문의 적합성이나 이 질문에 반드시 대답을 해야 하는가에 대해서 따져볼 수도 있고 주어진 대답에 대해서 토론해 볼 수도 있겠지만, 그 질문이 일상적인 문맥에서 행해졌다는 것을 가정한다면 그 질문 자체에 대해서 '참인가? 거짓인가?'라고 물을 수는 없는 것이다. 위에서 제시된 나머지 예들에 대해서도 사정은 마찬가지이다.

그런데 문제가 되는 것은 일상 언어가 매우 미묘하고 복잡하기 때문에, 대부분의 문장에 대해서 그것들이 인식적으로 사용되고 있는지 혹은 비인식적으로 사용되고 있는지를 결정하기가 어렵다는 점이다. 인식적 문장인지 혹은 비인식적 문장인지를 놓고서 철학자들 사이에서 오랫동안 논란이 있어 왔지만 지금까지도 의견의 일치를 보지 못하고 있는 일련의 문장들이 있는데, 이런 종류의 문장들이 바로 가치판단을 하기 위해서 사용되는 다음과 같은 문장들이다.

모든 사람은 논리학을 배워야 한다.
타당한 논증은 타당하지 않은 논증보다 더 낫다.
논리학 시험을 치를 때 부정행위를 하는 것은 나쁘다.

여러분들이 스스로 행한 행동에 대해서는 여러분들 자신이 책임을 져야 한다.

철학자 중에는 이와 같은 문장들이 단지 언급되고 있는 주제들에 관한 긍정적 감정이나 부정적 감정을 표현하기 위하여 사용되고 있을 뿐이라고 주장하는 사람들도 있고, 이 문장들이 본질적으로 명령하거나 지시하기 위하여 사용되고 있다고 주장하는 사람들도 있다. 이들의 견해에 따른다면, 위의 예문들은 비인식적으로 사용되고 있는 셈이다. 그러나 또 다른 철학자들에 의하면, 이와 같은 문장들이 표현하고 있는 진술들이 어떤 종류의 참인지 혹은 거짓인지를 정확하게 결정할 수는 없지만, 이 문장들은 보통 인식적으로 사용되고 있다고 한다. 우리는 앞으로 이 책에서 가치판단을 표현하기 위해서 사용되고 있는 문장을 인식적 문장으로 간주할 것이다. 그렇지만 그러한 문장들에 대해서 특별한 인식적 해석을 하지는 않을 것이다.

연습문제 1-3

다음의 각 문장은 문맥에 따라서 언어를 인식적으로 사용하고 있을 수도 있고 비인식적으로 사용하고 있을 수도 있다. 각 문장에 대하여 (a)화자가 언어를 인식적으로 사용하고 있을 문맥을 제공해 보라. (b)화자가 언어를 비인식적으로 사용하고 있을 문맥을 제공해 보라.

1. 여보게, 창문 좀 닫아 주게!
2. 진정으로 산타클로스의 존재를 믿는가?

3. 그 심판을 매장시켜라!
4. 여기서 나가라!
5. 자녀들을 사립초등학교에 보내는 사람들에게 세금면제 혜택을 줘야 하는가?
6. 전 교수, 자네는 인정이 너무 많네!

제3절 진술

'인식적으로 사용되고 있는 문장'이라는 말을 반복해서 사용하기에는 다소 어색하고 불편한 점이 있다. 더군다나 철학자들 사이에서도 인식적으로 사용되고 있는 문장에 대하여 참 혹은 거짓을 말하는 것이 적절한지에 대한 의견이 일치하지 않는다. 예를 들어 많은 철학자들은 참 혹은 거짓인 바의 것은 문장이 아니라 문장에 의해서 전달되어진 의미 혹은 사고내용 혹은 문장에 의해서 표현된 진술이라고 주장한다.

그러나 우리는 여기에서 이 문제를 자세히 검토할 수 없기 때문에 다만 다음과 같은 규칙을 따르기로 할 것이다. 즉 앞으로 우리는 이 책에서 **인식적으로 사용되고 있는 문장에 의해서 전달된 (참 혹은 거짓인) 사고내용**을 언급하기 위하여 **진술**(statement)이라는 용어를 사용할 것이다. 또 **명제**(proposition)라는 용어를 **진술의 동의어**로서 사용할 것이다. 그러므로 '명제'라는 말과 '진술'이라는 말은 **서로 맞바꾸어** 사용될 수 있다. 그 대신 문장(sentence)이라는 용어는 의미를 전달하기 위하여 사용되는 물리적 실재 혹은 언어적 실재(즉 종이 위에 적혀 있는 기호들과 문법적 실재)를 언급하는 것에 한정될 것이다. 그러므로 우리는 이 책의 나머지 부분에서 문장에 관하여 참 혹은 거짓이라는 말을 하지 않을 것이다.

어떤 문장이 진술[1]을 표현하고 있는지 아닌지를 결정하기 위해서는, 표현되고 있는 바의 것에 대하여 참 혹은 거짓을 말할 수 있는지 없는지를 알아보면 된다. 참과 꼭 마찬가지로 거짓도 문장이 진술을 표현하고 있는 것으로서의 자격을 부여한다는 점을 주목해야 한다. 따라서 다음의 문장들은 둘 다 진술을 표현하기 위하여 사용되고 있다.

문장은 진술을 표현하기 위하여 사용될 수 있다.
문장은 날 수 있는 동물이다.

첫 번째 문장은 참이지만, 두 번째 문장은 명백하게 거짓이다. 그럼에도 불구하고 두 문장은 모두 진술을 표현하고 있다.

---

1) 엄밀하게 말하자면, 문장은 그 자체적으로 무엇을 전달하거나 표현하지 않는다. 그렇지만 정보를 전달하기 위해서 혹은 감정이나 다른 무엇을 표현하기 위하여 누군가에 의해서 문장이 사용되어야 한다. 번잡함을 피하기 위해서 우리는 이 책의 나머지 부분에서, '그러그러한 명제를 표현하기 위해서 아무 아무개에 의해서 사용되고 있는 문장'이라고 말하는 대신에 '그러그러한 명제를 표현하고 있는 문장'이라고 간단하게 말할 것이다. 전자는 엄밀히 말해서 옳긴 하지만 너무 장황하다. 마찬가지로 진술이나 명제라는 용어를 사용할 때에도 '그러그러한 문장에 의해서 표현된 명제 혹은 진술'이라고 말해야 하지만, 번잡함을 피하기 위해서 우리는 이 책의 나머지 부분에서 어법상 그 말에 대한 적절한 약식표기인 '그러그러한 명제 혹은 진술'이라는 말을 자주 사용할 것이다.

최근에 논리학자들은 비인식적인 방식으로 사용되고 있는 여러 가지 문장들의 본성이나 상호관계에 대해서 탐구하기 시작했다. 그래서 우리는 오늘날 질문의 논리학이나 명령의 논리학과 같은 새로운 분야의 발전을 목격할 수 있다. 그러나 우리는 이 책에서 이러한 주제들에 대해서는 연구하지 않을 것이며, 따라서 논리학의 전통을 존중하는 입장에서 진술을 표현하기 위해서 인식적으로 사용되고 있는 문장들만 다루는 논리학의 체계에 초점을 맞출 것이다.

제4절 진술을 표현하기 위해서 사용된 문장을 확인하는 방법

문장의 인식적 용법과 비인식적 용법은 형식적으로는 아주 간결하고 간단하게 구별될 수 있지만, 구체적으로 주어진 어떤 문장이 일상적인 담론에서 어느 용법으로 사용되고 있는지를 결정하는 일이 항상 쉬운 것은 아니다. 어떤 문장이 인식적으로 사용되고 있는지 혹은 비인식적으로 사용되고 있는지에 대해서 문법적 구조가 유용한 실마리를 제공해 줄 수도 있지만, 문법적 구조로 말미암아 오해하게 되는 경우도 너무나 자주 있다.

서술문은 대개 인식적으로 사용된다. 의문문과 명령문은 각각 질문을 하고 명령을 하기 위하여 대개 비인식적으로 사용된다. 그러나 어떤 문장이 어느 용법으로 사용되고 있는가를 결정함에 있어서 중요한 역할을 하는 것은 그 문장이 사용되고 있는 문맥이다. 그러므로 동일한 문장이 문맥에 따라서 두 개 혹은 그 이상의 상이한 진술을 표현하기 위하여 사용될 수 있으며, 바로 그 문장이 모종의 비인식적 기능을 수행하기 위하여 사용될 수도 있다. 뿐만 아니라 바로 그 문장이 몇 가지의 상이한 비인식적 기능을 동시에 수행할 수도 있다. 그리고 이와 꼭 마찬가지로 중요한 것은, 상이한 문장들이 적절한 문맥 내에서 동일한 진술을 표현하기 위하여 사용될 수 있으며 공통적인 모종의 다른 기능을 수행할 수도 있다. 문장들에 관한 이와 같은 사실들은 구체적으로 주어져 있는 어떤 문장이 특수한 문맥 내에서 어느 용법으로 사용되고 있는지를 결정하기가 항상 쉽지만은 않은 이유를 설명해 준다. 일상적인 담론에서 이러한 일이 어떻게 일어나는가를 예증하기 위해서는 몇몇 예들을 살펴보면 도움이 될 것이다.

비서술적인 문장들이 진술을 표현할 수도 있다는 사실의 예로서 다음과 같은 문장에 대해서 생각해 보기로 하자.

오늘 아침에 나는 너와 함께 있던 진실이를 보지 않았느냐?

이 문장은 형식상 의문문이지만, 문맥에 따라서는 다음과 같이 표현될 수도 있을 것이다.

나는 오늘 아침에 네가 진실이와 함께 있는 것을 보았다.

이 문장은 참 혹은 거짓이라고 말해질 수 있는 그 무엇을 보다 더 분명하게 표현해 주고 있다. 다시 말해서 우리는 화자(話者)가 자기의 대화상대방과 함께 있던 진실이를 보았는지 보지 않았는지에 대해서 참 혹은 거짓을 말할 수 있는 것이다. 이처럼 의문문이 어떤 주장을 하기 위해서 사용될 수도 있는 것이다. 사실 부정의문문들이 이와 같이 사용되는 경우는 매우 흔하다.

어떤 문장이 진술을 표현하고 있는지 혹은 그렇지 않은지를 결정하는 데 있어서 문맥은 정말로 중요하다. '뽕'이라는 말은 그 자체로서는 참이거나 거짓인 주장을 하고 있는 것처럼 보이지 않는다. 그러나 만약 '너는 원자물리학 강의를 이해했느냐?'는 질문에 대한 대답이 '뽕'이었다면, 이 대답은 합리적으로 다음의 문장과 동일한 의미를 표현하고 있는 것으로서 번역될 수 있을 것이다. '나는 원자물리학 강의를 이해하기는커녕 그 근처에도 가지 못했다.' 이 문장은 참 혹은 거짓인 그 무엇을 명백하게 주장하고 있다. 이처럼 '뽕'과 같은 감탄사도 적절한 문맥 내에서는 진술을 표현할 수 있다.

그 반면에 '나는 피곤하다.'라는 문장은 형식상 서술문이지만, 진술을 표현하고 있을까? 만약 당신과 함께 스키를 타러 가고 싶어 하는 사람들에게 그렇게 말한다면, 그 말은 정보를 전달해 주고 있으며 진술을 표현하고 있는 것이 사실이다. 그러나 만약 당신이 저녁에 귀가해서 침대에 쓰러지면서 빈 방의 벽을 향하여 그렇게 말한다면, 그 말은 아마 감탄조의 말일 것이며 참 혹은 거짓에 관한 물음들과는 전혀 상관없다. 그러므로 그 말은 진술을 표현하지 않는다.

이상에서 말해진 것으로부터 알 수 있듯이, 어떤 문장이 진술을 표현하고 있는지 혹은 그렇지 않은지를 결정함에 있어서 문맥은 적어도 문법적 형식만큼 중요하거나 그 이상으로 중요하다. 모든 명제는 서술문으로 표현**될 수** 있지만, 모든 명제가 서술문으로 표현**되는** 것은 아니며 서술문이 반드시 진술을 표현하는 것도 아니다.

또한 하나의 진술이 상이한 문장들로 표현될 수도 있다. 이 때 상이한 문장들은 모두 동일한 언어를 사용하는 문장들일 수도 있고 상이한 언어를 사용하는 문장들일 수도 있다. 다음은 후자의 한 예이다.

그 집은 매우 아름답다.
The house is very lovely.
La maison est très belle.

이것들은 분명히 서로 다른 세 개의 언어적 실재 내지 물리적 실재이다. 즉 각 문장은 상이한 문자들과 상이한 단어들로 구성되어 있으며, 지면을 차지하는 방식도 서로 상이하다. 그렇지만 문맥이 동일하다면, 그것들은 동일한 진술을 표현한다. 물론 동일한 언어를 사용하는 상이한 문장들에 의하여 동일한 진술을 표현하는 것도 가능하다. 이것이 가능한 이유는 각 언어가 지니는 유연성 때문이다. 다음은 그러한 경우의 한 예이다.

바닥에 초를 칠해 놓은 사람은 영심이었다.
영심이가 바닥에 초를 칠했다.
바닥에는 영심이가 칠해 놓은 초가 있다.

일상생활을 하는 가운데 우리 모두는 법률문서나 계약서에서처럼 고도로 전문적인 어휘를 포함하고 있는 긴 문장들과 마주치는 경우가 너무나 자주 있다. 그러나 대부분의 경우에 있어서 그와 같은 긴 문장들은 비교적 단순한 관념을 표현하고 있을 뿐이다. 다행스럽게도 최근에 전문적이고도 난해하기 짝이 없는 법률용어들을 지금까지의 설명방식과는 달리 알기 쉬운 문장으로 바꾸어서 설명해야 한다는 주장이 심심찮게 제기되고 있다. 과거에는 난해한 문장에 의해서 설명되었던 법률용어들이 알기 쉬운 문장에 의해서 설명될 수 있다면, 그것은 전적으로 상이한 두 개의 문장에 의해서 동일한 진술이 표현될 수 있는 경우의 좋은 예가 될 것이다.

문맥상의 변화가 어떤 문장에 의해서 표현된 진술을 변화시킨다면, 동일한 문장에 의해서 상이한 명제들이 표현될 수 있음을 주목해 두는 것도 역시 중요하다. 예를 들어 다음과 같은 문장에 대해서 생각해 보기로 하자.

작년의 대통령 선거에 출마한 여당후보는 직업군인 출신이었다.

만약 누군가가 1988년에 이런 주장을 했다면, 이 주장은 노태우 씨에 관한 참인 진술을 표현하고 있었을 것이다. 그러나 만약 누군가가 1993년에 그런 주장을 했다면, 그 주장은 김영삼 씨에 관한 거짓인 진술을 표현한 셈이 될 것이다. 왜냐하면 김영삼 씨는 직업정치인 출신이었기 때문이다.

문맥상의 요소들 중에서 시간 이외의 다른 요소들도 어떤 문장에 의해서 표현되고 있는 바의 것이 무엇인지를 결정함에 있어서 중요한 역할을 할 수 있다. 예를 들어 '이 산은 아주 높은 산이다.'라는 문장은 화자(話者)가 서 있는 위치에 따라서 설악산에 관한 진술을 표현하고 있을 수도 있고 금강산에 관한 진술을 표현하고 있을 수도 있으며, 백두산에 관한 진술을 표현하고 있을 수도 있다.

너도 들었지? 여자 선생님께서 "좋은 아침"이라고 나에게 말씀하셨어!

근데 말이야, 선생님께서 그렇게 말씀하신 것이 무엇을 의미하는지가 궁금해. 선생님이 진정으로 나에게 '좋은 아침'이기를 바랐을까? 아마 빈정거렸을 지도 몰라.

아마 내가 예의바른 학생이 되도록 가르치려고 했을 지도 몰라. 어쩌면 교육위원회에서 나온 사람이 듣고 있다고 생각했을 지도 몰라.

현관에서 내가 선생님과 마주쳤을 때 못 본 척하는 것이 가장 좋았을 지도 몰라.

기억하라!

1. 문장은 여러 가지 일(예를 들면 질문을 하거나 명령을 내리거나 어떤 주장을 하는 경우)을 수행하기 위하여 사용될 수 있는 물리적 실재이면서 언어적 실재이다.
2. 진술 혹은 명제는 어떤 문맥 내에서 어떤 문장들에 의해서 표현된 바의 것이며, 이렇게 표현된 것에 대해서 그것이 참이라고 혹은 거짓이라고 말하는 것은 적절하다.
3. 동일한 문장에 의해서 상이한 진술들이 표현될 수도 있다.
4. 상이한 문장들이 동일한 진술을 표현할 수도 있다.

연습문제 1-4

일상적인 문맥에서 다음의 각 문장은 인식적으로 사용되고 있는가? 혹은 비인식적으로 사용되고 있는가? 그리고 그 이유를 설명해 보라.

1. 제2차 세계대전은 1945년에 끝났다.
2. 오늘 우산을 가지고 가거라.
3. 웹스터 사전의 원저자는 다니엘 웹스터가 아니라 노아 웹스터이다.
4. 헐!
5. 납의 용해점은 섭씨 327.5도이다.
6. 스모그의 원인은 매우 복합적이어서 잘 이해되지 않는다.
7. 전 세계의 노동자들이여 단결하라! 여러분들의 목줄 이외에는 아무 것도 잃을 것이 없다.
8. 한 번만 더 내 동생을 건드리면, 경찰에 신고할 것이다.

제5절 자명한 진술과 뒷받침된 진술

우리는 이미 제2절에서 중요한 구별을 했던 적이 있다. 즉 우리는 인식적으로 사용되고 있는 문장들(진술을 표현하고 있는 문장들)과 비인식적으로 사용되고 있는 문장들을 구별했다. 이제 우리는 진술들을 두 가지의 상이한 진술로 구별하는 것에 관하여 살펴볼 필요가 있다. 진술들은 기본적으로 그 진술들의 참 혹은 거짓이 다른 어떤 진술의 참 혹은 거짓에 의존하고 있는 진술들과 그 진술들의 참 혹은 거짓이 그 진술 자체에 모종의 방식으로 포함되어 있는 진술들(즉 자명한 진술들)로 구별된다. **참을 뒷받침함에 있어서 증거를 필요로 하는 진술들**은 **뒷받침된 진술들**(supported statements)이다. 여기에 반하여 **참을 스스로 입증할 수 있고 다른 증거나 근거를 전혀 필요로 하지 않는 진술들**은 **자명한 진술들**(self-evident statements)이다. (엄밀하게 말하자면, 진술들 중에는 다른 증거나 근거 없이도 거짓임이 스스로 입증되는 진술들도 실제로 있다. 그러나 이런 진술들도 자명한 진술의 범주에 포섭될 수 있다. 그래서 우리는 스스로를 반박하고 있는 진술들과 스스로를 뒷받침하고 있는 진술들을 각각 독립적인 범주로서 다루지는 않을 것이다.)

일반적으로 자명한 진술이란 누군가가 그렇지 않다는 것을 강력하게 증명할 수 없다면 대부분의 사람들이 참인 것으로서 받아들이게 될 진술이다. 형식적 체계들에서나 비형식적 체계들에서나 이러한 종류의 진술을 공리(公理, axiom)라고 부른다. 공리는 다른 진술을 증명하기 위하여 사용될 수는 있지만 그 자신은 증명을 필요로 하지 않는 진술이다. 이 범주에 속하는 진술들이 정확하게 어떤 특성을 가지는지와 그 진술들이 스스로 증명되는 이유가 무엇인지 혹은 뒷받침될 필요가 없는 이유가 무엇인지에 관한 이론들은 수없이 많다. 이런 문제에 대한 고찰과 이런 이론들에 대한 연구는 논리학의 관심사라기보다는 인식론이라고 불리는 철학의 한 분과가 다루어야 할 것들이다. 그러므로 우리는 자명한 진술들 중에서 논리학의 연구와 가장 직접적으로 연관되는 두 가지 유형의 진술만을 간단하게 살펴볼 것이다.

논리학에서 자명한 진술 중에서 가장 중요한 것은 **분석적 진술**(analytic statement)이라고 알려져 있다. 분석적 진술에는 다시 논리적 구조 내지 형식 때문에 참인 진술과 중심단어의 의미 때문에 참인 진술의 두 가지가 있다. 예를 들어 '비가 오고 있거나 오고 있지 않다.'라는 진술과 '약간의 홀아비가 남성이라면, 약간의 남성은 홀아비이다.'라는 진술은 그것들의 논리적 형식 때문에 항상 참이 되는 진술이다. 즉 이 두 진술과 동일한 형식을 가지는 진술은 모두다 거짓일 가능성이 전혀 없다. 이처럼 **참 혹은 거짓이 논리적 형식에 의존해 있는 분석적 진술**을 특히 **통사론적**(統辭論的) **분석 명제**(syntactically analytic proposition) 혹은 '통사론적으로 분석적인 진술'이라고 부른다. 문법학에서는 통사론을 구문론(構文論) 혹은 문장론이라고도 하는데, 통사론(syntax)은 문장의 구조나 기능 및 문장의 구성요소 등을 연구하는 언어학의 한 분야이다.

논리적 구조가 비교적 단순한 진술들의 경우에는 통사론적 분석 진술이라는 것을 쉽게 확인할 수 있다. 예를 들어 다음과 같은 형식의 명제들은 문장구조상(통사론적으로) 언제나 분석적으로 참이다.

1. X이거나 X가 아니다.
2. X라면, X이거나 Y이다.
3. 모든 A는 A이다.
4. 약간의 A는 A이다.
5. 모든 A가 B라면, 약간의 A도 B이다.
6. 약간의 A가 B라면, 약간의 B도 A이다.

우리는 여기에서 X와 Y는 문장이고 A와 B는 단어라고 가정한다.

마찬가지로 다음과 같은 형식의 명제들은 문장구조상 언제나 분석적으로 거짓이다.

7. X임과 동시에 X가 아니다.
8. X가 아니라면, X이다.
9. 어떤 A도 A가 아니다.
10. 약간의 A는 A가 아니다.
11. 어떤 A도 B가 아니라면, 약간의 A도 B이다.

방금 들었던 명제형식들(1~11)이 분석적으로 참이거나 거짓인 **이유**를 우리는 나중에 알게 될 것이다. 그 이유를 알고 나면, 문장구조상 분석적인 명제들의 보다 더 복잡한 형식도 쉽게 다룰 수 있다. 현재로서는 방금 제시된 11개의 명제형식들을 단순히 암기하길 바란다. 어떤 진술을 표현하고 있는 문장의 형식이 이 11개 명제형식들 중의 어느 하나와 **정확하게** 일치하지 않으면, 그 진술이 문장구조상 분석적으로 참이거나 거짓이라고 생각해서는 안 된다.

연습문제 1-5

다음의 각 예들은 문장구조상 분석적인 진술들이다. 위에서 제시된 11개의 기본형식 중 어디에 해당하는지를 확인하고 참 혹은 거짓을 말해보라.

1. 택시가 오고 있거나 오고 있지 않다.
2. 그대가 결혼한다면, 그대는 결혼하거나 모든 개는 물고기이다.

3. 약간의 신발은 신발이 아니다.
4. 어떤 닭고기도 당근이 아니라면, 약간의 닭고기는 당근이다.
5. 어떤 집게벌레도 집게벌레가 아니다.
6. 모든 돼지가 더럽다면, 약간의 돼지도 더럽다.
7. 그대가 마법사가 아니라면, 그대는 마법사이다.
8. 정일이는 미쳤으면서 동시에 미치지 않았다.

통사론적 분석 진술을 구성하고 있는 부분들 중의 어느 한 부분을 그 부분에 대한 정의(定義)의 일부 혹은 전부로 대체하면, 두 번째 유형의 분석적 진술이 만들어질 수 있다. 다음의 예에서 '총각'을 그 정의인 '결혼하지 않은 성인 남성'으로 대체하면, 자명하게 참인 진술이 만들어진다.

Ⅰ. 모든 총각은 총각이다.
Ⅱ. 모든 총각은 결혼하지 않은 성인 남성이다.
Ⅲ. 결혼하지 않은 모든 성인 남성은 총각이다.

우리는 Ⅱ와 Ⅲ이 참이라는 것을 단순히 그것들의 논리적 형식을 살펴봄으로써 알 수는 없다. 왜냐하면 Ⅱ와 Ⅲ은 다음 문장이 표현하고 있는 진술과 표면상으로는 구별할 수 없기 때문이다.

Ⅳ. 이 강의실에 있는 모든 학생은 여학생이다.

그러나 Ⅱ와 Ⅲ은 Ⅳ와 다르다. Ⅱ와 Ⅲ에 나오는 단어들의 뜻을 안다면 그것들이 참이라는 것을 알 수 있지만, Ⅳ에 나오는 단어들의 뜻을 정확하게 안다고 하더라도 Ⅳ가 참인지 혹은 거짓인지를 알기 위해서는 강의실에 직접 가서 확인해야 하기 때문이다. Ⅱ나 Ⅲ과 같은 진술은 **의미론적 분석 진술**(semantically analytic statement)이라고 불린다. 의미론(意味論, semantics)은 언어의 의미에 관하여, 그 기원 · 변화 · 발전 등을 연구하는 언어학의 한 분야이다.

의미론적 분석 명제는 정의상(by definition) 참 혹은 거짓이 되는 진술이라고도 한다. 물론 의미론적으로 분석적인 진술들은 **그 진술들의 참 혹은 거짓이 오로지 그 진술들을 표현하고 있는 문장 내의 단어들의 뜻에만 달려 있는 진술들**이라고 말하는 것이 조금 더 정확하다.

When more and more people are thrown out of work, unemployment results.
CALVIN COOLIDGE

This "immortal remark," attributed to President Coolidge, is a good example of a statement whose truth results directly from the meanings of the words comprising it—that is, it is semantically analytic.

더욱 더 많은 사람들이 일자리에서 쫓겨날 때 결과적으로 실업문제가 발생한다.

— 캘빈 쿨리지 —

미국의 제30대 대통령이었던 캘빈 쿨리지가 남긴 이 '불후의 명언'은 어떤 진술의 참이 그 진술을 구성하고 있는 단어들의 의미로부터 직접적으로 결과하는, 즉 의미론적으로 분석적인 진술의 좋은 예이다.

어떤 단어를 그 정의의 일부분으로 대체할 때 의미론적으로 분석적인 진술이 만들어지는 경우도 있다. 그러나 이때는 세심한 주의가 필요하다. 예를 들어 위의 Ⅰ에서 '총각'이라는 단어를 다음처럼 두 가지 다른 방식으로 '남성'이라는 말로 대체할 수 있다.

Ⅴ. 모든 총각은 남성이다.
Ⅵ. 모든 남성은 총각이다.

진술 Ⅴ는 의미론상 분석적으로 참이지만, Ⅵ은 그렇지 않다. 여러분들은 Ⅵ이 의미론상 분석적으로 거짓이라고 말하고 싶겠지만, 자세히 살펴보면 '남성'이라는 단어의 정의에는 혼인여부에 관한 정보가 아무 것도 없으며, 따라서 Ⅵ의 거짓이 자명하다고 생각해서는 안 된다는 것을 알 수 있다. Ⅵ가 정말로 거짓이라는 것을 알기 위해서 우리는 적어도 한 명의 결혼한 남성을 발견할 때까지 세상을 둘러볼 필요가 있다.

통사론적으로 분석적인 진술들과 마찬가지로 의미론적으로 분석적인 진술들도 거짓일 수 있다. 다음의 명제가 의미론상 분석적으로 거짓이 되는 명제의 전형적인 예이다.

Ⅶ. 모든 총각은 여성이다.

연습문제 1-6

다음 중에서 어느 것이 의미론적으로 분석적이고 어느 것이 통사론적으로 분석적인지를 결정하라.

1. 어떤 고래도 새가 아니다.
2. 애완견은 애완견이 아니다.
3. 모든 가수는 성악가이다.
4. 다영이가 옥상에서 알몸으로 독서하기를 즐긴다면, 다영이는 옥상에서 벌거벗고 독서하기를 즐긴다.
5. 어떤 태권도 선수도 태권도 선수가 아니다.

통사론적으로 분석적인 것도 아니고 의미론적으로 분석적인 것도 아닌 진술은 **종합적 진술**(synthetic statement) 혹은 **우연적 진술**(contingent statement)이라고 불린다. 달리 말해서 종합적 명제 혹은 우연적 명제는 논리적 형식 혹은 정의에 의해서 참이나 거짓이 결정되지 않는 명제이다. 그러므로 그러한 명제의 참 혹은 거짓은 다른 수단에 의하여 확인되어야 한다. '이 방에는 불이 켜져 있다.'라는 종합적 진술의 참 혹은 거짓을 결정하기 위해서, 우리는 아마 그 방의 문을 열고 들여다보려고 할 것이다.

Is Churchy's "discovery" that Friday the thirteenth falls on Friday this month the discovery of a analytic truth? How could it be interpreted as nonanalytic?

YEOWK! 우아합니다! 사교댄스는 즐기지 않으세요? 물론 즐기지요. 13일의 금요일이 이번 달에 있다는 것을 방금 알게 되었어요.

이번 달에 13일의 금요일이 있다는 처치(Churchy)의 '발견'은 분석적 진리의 발견인가? 처치의 발견을 비분석적인 것으로 해석할 수 있는 방법은 없을까?

어떤 진술이 분석적으로 참이라면, 그 진술의 참은 결코 의심될 수 없다. 즉 그 진술은 **필연적으로** 참이다. 마찬가지로 어떤 진술이 분석적으로 거짓이라면, 그 진술은 **필연적으로** 거짓이다. 그러나 어떤 문장이 어떤 문맥 내에서 분석적 진술(특히 의미론적으로 분석적인 진술)을 표현하기 위해서 사용되고 있다는 것을 증명하는 일이 항상 가능한 것은 아니다. 예를 들어 '모든 거미는 8개의 다리를 가진 생물이다.'라는 문장은 정의상 참인 것으로 해석될 수도 있다. 이 해석에 따른다면, 어떠한 거미를 관찰해 보더라도 그 진술이 거짓이라는 것을 증명할 수 없을 것이다. 만약 우리가 6개의 다리를 가지고 있는 동물의 예를 한 마리 혹은 심지어 백만 마리를 제시하더라도, 그것은 아무 것도 증명해 주지 않을 것이다. '8개의 다리를 가지는 것'이 '거미'의 정의의 일부분이라고 생각하는 사람은 단순히 8개보다 적거나 많은 다리를 가지는 어떠한 동물도 정의상 거미가 아니라고 대답할 것이다. 이러한 주장을 공격하는 유일한 방법은 거미에 대한 그러한 정의에 이의를 제기하는 것이다.

연습문제 1-7

다음의 각 문장에 의해서 표현되고 있는 진술이 통사론적으로 분석적인 진술인지 의미론적으로 분석적인 진술인지 혹은 종합적(우연적) 진술인지를 결정하라.

1. 달은 지구보다 작다.

2. 모든 여배우는 여성이다.
3. 약간의 인간은 맹인이다.
4. 약간의 거짓말쟁이는 결코 진실을 말하지 않는다.
5. 모든 사람이 언젠가는 죽는다면, 약간의 사람도 언젠가는 죽는다.
6. 이승만 대통령은 나무로 만든 틀니를 하고 있었다.
7. 어떤 사각형도 원이 아니라면, 어떤 사각형도 둥글지 않다.
8. 보호 장구도 없이 말을 타고 초원을 가로지르는 씩씩하고 용감한 어떤 영웅도 반사회적 인격 장애자가 아니라면, 보호 장구도 없이 말을 타고 초원을 가로지르는 씩씩하고 용감한 영웅 중의 약간은 반사회적 인격 장애자이다.

제6절 명제들 간의 논리적 관계

명제들은 그 자체적으로 논리적 구조를 갖고 있을 뿐만 아니라, 다른 명제들과 논리적으로 관계하기도 한다. 명제들 사이에 존재하는 논리적 관계 중에는 그 관계를 인간관계와 비교함으로써 우리가 직관적으로 이해할 수 있는 관계도 있다.

사람으로서 우리는 다른 사람과 다양한 관계를 맺고 있다. 우리가 어떤 사람들에게서 매력을 느끼기도 하고, 어떤 사람들이 우리에게서 매력을 느끼기도 한다. 물론 대개는 우리가 매력을 느꼈던 사람들 모두 다가 우리에게 매력을 느끼는 것은 아니지만 말이다. 우리가 이 세상에 있는 대부분의 사람들에게 특정한 어떤 매력을 느끼는 것은 아니다. 그러나 그들에 대하여 부정적인 감정을 가지는 것도 아니다. 심지어 우리는 어떤 사람들에게서 혐오감을 느끼기도 하며, 어떤 경우에는 우리와 어떤 사람들이 서로서로 혐오감을 느낄 수도 있다. 어떤 사람이 다른 사람에게로 비교적 강하게 이끌리는 느낌을 극단적으로 단순화하여 표현하기 위하여 '좋아한다.'라는 단어를 사용하기로 한다면, 그리고 어떤 사람이 다른 사람을 비교적 강하게 거부하는 느낌을 극단적으로 단순화하여 표현하기 위하여 '싫어한다.'라는 단어를 사용하기로 한다면, '좋아한다.'라는 단어와 '싫어한다.'라는 단어를 조합할 수 있는 경우는 다음과 같다.

A는 B를 좋아하고, B도 A를 좋아한다.
A는 B를 좋아하지만, B는 A를 좋아하지도 않고 싫어하지도 않는다.
A는 B를 좋아하지만, B는 A를 싫어한다.
A는 B를 좋아하지도 않고 싫어하지도 않지만, B는 A를 좋아한다.
A는 B를 좋아하지도 않고 싫어하지도 않고, B도 A를 좋아하지도 않고 싫어하지도 않는다.
A는 B를 좋아하지도 않고 싫어하지도 않지만, B는 A를 싫어한다.
A는 B를 싫어하고, B는 A를 좋아한다.
A는 B를 싫어하지만, B는 A를 좋아하지도 않고 싫어하지도 않는다.
A는 B를 싫어하고, B도 A를 싫어한다.

인간관계는 명백하게 이보다 더 미묘하고 복잡하다. 그러나 방금 제시된 목록은 몇 가지 가능성에 대한 대강의 개념을 제공하기에 충분하다. 물론 이 목록은 두 사람 이상의 대인관계에 대해서는 아무것도 말해 주지 않는다. (대부분의 영화, 소설, 대중가요에서는 적어도 세 명의 로맨틱한 '삼각관계'를 다룬다.)

자성(磁性)을 가지는 것과 자성을 가지지 않는 것으로부터 명제들

간의 관계가 유추될 수도 있다. 한 자석의 N극과 다른 자석의 S극을 나란히 하면 두 자석은 서로 끌어당긴다. 그러나 한 자석의 N극과 다른 자석의 N극을 나란히 하면 두 자석은 서로 밀어낸다. 만약 우리가 한 개의 자석과 자석 아닌 다른 어떤 물체를 갖고 있다면, 자석과 그 물체의 관계는 자석끼리의 관계와는 달라진다. 예를 들어 그 물체가 쇳조각과 같은 물체라면, 자석은 그 물체를 끌어당길 것이다. 사실 이것은 자석과 쇳조각이 맺을 수 있는 유일한 관계이다. 왜냐하면 자석에는 쇳조각을 끌어당기는 힘이 있지만 쇳조각에는 자석을 끌어당기는 힘이 전혀 없기 때문이다. 그리고 유리나 종이와 같은 물체는 자석의 영향을 받지도 않고 자석에 영향을 주지도 않는다.

명제들 간에도 인간관계나 자석의 경우와 유사한 관계가 많이 존재한다. 예를 들어 어떤 두 명제 중에서 두 번째 명제는 첫 번째 명제를 논리적으로 함의하지 않지만, 첫 번째 명제는 두 번째 명제를 논리적으로 함의할 수 있는 경우가 있다. 혹은 두 명제가 서로서로를 논리적으로 함의할 수 있는 경우도 있고, 두 명제가 논리적으로 양립할 수 없는 경우도 있다.

명제 그 자체의 내적인 논리적 구조들의 경우에서와 마찬가지로, 특별한 논리적 도구와 기법을 사용하지 않고서는 대개의 경우 두 명제 간의 논리적 관계를 확인할 수도 없고 온전하게 이해할 수도 없다. 그러므로 현 단계에서 우리는 두 명제 혹은 그 이상의 명제 사이에서 존립할 수 있는, 그리고 가장 흔하면서도 가장 중요한 논리적 관계들 중의 몇 가지를 인간관계 및 자력(磁力)과의 유사성에 주목하면서 소개할 수 있을 뿐이다.

제7절 논리적 정합성

진술들 간의 논리적 관계 중에서 가장 중요한 것은 정합성(整合性, consistency)이다. **두 진술이 둘 다 참인 것이 가능할 때**, 그 두 진술은 **정합적**이다. 따라서 **두 진술이 둘 다 참인 것이 불가능할 때**, 그 두 진술은 **비정합적**이다. 두 진술이 둘 다 참인 것이 가능하다고 말하는 것은 두 사람이 같은 방에 숙박하는 것이 가능하다고 말하는 것과 비슷하다. 두 사람이 같은 방에 숙박하는 것이 **가능하다**고 말하는 것이 실제로 두 사람이 같은 방에 숙박해야 한다는 것을 의미하지는 않는다. 단지 그들이 어느 시점에 같은 방에 있게 **된다면** 그들 중의 누구도 떠나고 싶은 마음을 강요당하지 않을 만큼 충분히 사이좋게 지낼 수 있음을 의미할 뿐이다. 이와 마찬가지로 두 진술이 둘 다 참인 것이 가능하다고 말하는 것은 두 진술이 참이어야 한다는 것을 의미하는 것이 아니라, 어느 한 진술이 참**이라면** 다른 진술이 반드시 거짓이 되지는 않을 만큼 두 진술이 논리적으로 양립할 수 있음을 의미할 뿐이다.

다음의 예를 생각해 보기로 하자. 동일한 문맥에서 정상적인 방식으로 사용되고 있다고 가정한다면, 다음의 두 문장은 서로 비정합적인 명제를 표현하고 있다.

철수는 논리학 강좌의 첫 임시시험에서 A학점을 받았다.
철수는 논리학 강좌의 첫 임시시험에서 A학점을 받지 않았다.

이 두 진술 중에서 어느 한 진술이 참이라면, 다른 진술은 거짓이어야 한다. 이와는 대조적으로 다음의 두 진술은 정합적이다. 왜냐하면 어느 한 진술의 참 혹은 거짓이 다른 진술의 참 혹은 거짓에 대해서 아무 것도 말해주지 않으며, 둘 다 참인 것이 가능하기 때문이다.

철수는 논리학 강좌의 첫 임시시험에서 A학점을 받았다.
영희는 논리학 강좌의 첫 임시시험에서 A학점을 받지 않았다.

우리는 이 두 진술이 논리적으로 둘 다 참**일 수 있다**는 것을 알기 위하여 둘 중의 어느 진술이 실제로 참인지를 알 필요가 없다.

자석에 비유하자면, 정합적인 명제들은 여러 장의 종이 혹은 여러 장의 유리와 같은 것이 될 수 있다. 이 경우에 정합적 명제들에는 서로 간에 끌어당기는 힘이 전혀 없다. 혹은 정합적 명제들이 쇳조각과 자석처럼 될 수도 있다. 이 경우에 정합적 명제들은 한 쪽만이 다른 쪽을 끌어당긴다. 혹은 정합적 명제들이 S극과 N극을 나란히 하고 있는 두 개의 자석처럼 될 수도 있다. 이 경우에 정합적 명제들은 서로서로 끌어당긴다. 정합적 명제들 사이에서 배제되는 유일한 관계는 서로서로 밀어내는 관계이다.

서로 정합적인 진술들 중의 어느 한 진술 혹은 모든 진술이 거짓일 수도 있다는 점을 분명하게 위해서 정합성의 정의에서 '가능하다'는 말이 강조된다. 다음의 세 진술 중에서 두 개의 진술은 거짓이지만, 세 진술은 모두 서로서로 정합적이다.

1. 중국은 아시아에 있다.
2. 노무현은 한국의 초대 대통령이었다.

3. 윈스턴 처칠은 현재 영국의 국왕이다.

이 진술들은 서로 정합적이다. 왜냐하면 진술 1이 참이라는 사실이 진술 2와 진술 3이 참이 되는 것을 방해하지는 않기 때문이다. 진술 2와 진술 3이 거짓인 것은 진술 1이 참이기 때문이 아니라, 세상이 그러하기 때문이다. 그러므로 **논리적으로는** 세 진술이 모두 참이 되는 것이 얼마든지 가능하다.

정합성의 정의에 '동시에'라는 수식어를 보태도록 유혹당하는 경우도 종종 있다. 즉 정합적인 두 진술은 동시에 참인 것이 가능해야 한다고 말하고 싶은 경우가 많다. 그러나 '동시에'라는 수식어는 불필요하며, 우리가 '진술'에 대해서 정의했던 것을 상기해 보면 그 수식어는 아무런 의미가 없다. 왜냐하면 문장과 진술을 구별할 때, 우리는 진술이 시간이 흘러도 변치 않는 것임을 이미 지적했기 때문이다.

만약 우리가 '철수는 논리학 강좌에서 A학점을 받았다.'라는 **문장**을 다른 두 시점에서 사용한다면, 한 명제는 참이고 다른 명제는 거짓인 두 개의 서로 다른 명제를 표현하기 위하여 우리는 아마도 그 문장을 잘 사용하고 있을지도 모른다. 예를 들어 '철수'라는 단어는 한 맥락에서는 논리학 강좌에서 A학점을 받은 사람이고 다른 맥락에서는 A학점을 받지 않은 사람일 수 있다. 그러나 특정한 맥락에서, 그리고 특정한 시점에 우리가 사용하고 있는 문장이 표현하는 명제는 그 맥락에서, 그리고 그 시점에서 그 문장이 의미하고 있는 것일 뿐이고 다른 아무 것도 아니다. 그래서 논리학 강좌에서 실제로 A학점을 받았던 철수에 관한 명제는 참이고, 논리학 강좌에서 실제

로 A학점을 받지 않았던 철수에 관한 명제는 거짓이다. 이 두 명제는

I am persuaded that the world has been tricked into adopting some false and most pernicious notions about consistency—and to such a degree that the average man has turned the rights and wrongs of things entirely around, and is proud to be consistent unchanging, immovable, fossilized, where it should be his humiliation that he is so.

MARK TWAIN

It is important to recognize that the logical concept of consistency is not the same as, and in some ways is quite at odds with, one everyday notion of consistency—that of constancy or unchangeability. This is the concept that Mark Twain is attacking above.

보통 사람도 일의 옳고 그름에 대한 생각을 완전히 뒤집을 정도로, 그리고 일관적이고 불변부동하고 화석화되는 것이 창피스러운 데도 자랑스러워 할 정도로 세상은 정합성에 대해서 잘못되고 가장 치명적인 어떤 의견을 받아들이도록 속임을 당해 왔다고 나는 확신한다.

- 마크 트웨인 -

논리적 정합성의 개념은 우리가 일상적으로 사용하는 일관성 혹은 불변성의 개념과 동일하지 않으며, 어떤 점에서는 이 개념들과 상충한다는 것을 인식하는 것이 중요하다. 마크 트웨인이 공격하고 있는 것은 바로 일관성 혹은 불변성의 개념이다.

동일한 문장이 서로 다른 맥락에서 각각 다른 것을 표현하는 서로 다른 명제이다. 어느 때는 참이고 어느 때는 거짓인 문장은 있지만, 어느 때는 참이고 어느 때는 거짓인 명제는 **없다.**

전통적으로 논리학자들은 정합성에 높은 가치를 부여했다. 그리고 만약 어떤 사람이 논리적으로 비정합적인 두 개의 신념을 가지고 있다면, 일반적으로 사람들은 그 중의 어느 하나를 거부한다. 그러나 어떤 사람들은 비정합적인 것들에는 잘못된 것이 아무 것도 없으며, 그것들은 용인되어야 할 뿐만 아니라 '실재의 본성'을 정확하게 반영

하고 있는 것으로서 인식되어야 한다고 주장한다. 최근에 이런 견해가 동양적 전통이 서양문화에 기여한 '새로운 공헌'으로서 제시되기도 했지만, 너무 엄격하게 정합성에 집착하는 것이 과연 중요한 일인지 혹은 가치를 가지는 일인지에 대해서는 서양의 지성적 전통의

"The Wizard of Id" by permission of Johnny Hart and Creators Syndicate, Inc.

무엇이 되고 싶은지 결정했느냐?

예, 전하. 로드니와 같은 사람이 되고 싶습니다.
용감하고 두려움 없는 기사였지요!

좋아, 결정을 내리게. 용감한 기사와 두려움 없는 기사 둘 다가 될 수는 없다네.

역사를 통해서 끊임없이 비판적인 의문이 제기되어 왔다.

사람들이 보통 연역이나 함의와 같은 논리적 관계를 포함하고 있는 것으로 생각하는 수많은 일상적 상황들이 실제로는 주로 정합성과 관련되는 경우가 종종 있다. 피고의 범죄여부에 대해서 심사숙고할 때, 배심원들은 보통 여러 목격자들의 진술을 분류하는데 이것은 어느 진술들이 서로 정합적이고 어느 진술들이 비정합적인지를 결정

하기 위해서이다. 질병을 치료하는 의사들은 보통 어느 질병들이 특정한 증상들과 정합적인지 혹은 비정합적인지를 결정하고자 노력한다. 그리고 사업가들은 어느 전략들(마케팅전략, 재정전략, 인사전략 등)이 그들의 사업목표와 경제적 제약에 대한 진술들과 가장 정합적인지를 결정하고자 한다.

지면관계상 정합성에 관한 우리 연구의 대부분은 명제들의 쌍에 제한된다. 그러나 두 진술이 정합적인지를 결정하기 위하여 우리가 공부하는 도구들과 기법들은 일상생활에서 우리가 다루는 수많은 진술에도 사용될 수 있다.

"Freddy" by Rupe. Copyright 1974 by Field Enterprises, Inc. Courtesy of Field Newspaper Syndicate.

The inconsistency in this cartoon is grounded in the fact about the world that it is impossible to press down and pull up on something simultaneously. It is not clear that the situation involves a *logical* inconsistency or impossibility.

이 병에는 "아이들이 열지 못하게 만든 뚜껑"이라고 적혀 있네! 포기할까!
뚜껑을 돌려서 아래쪽으로 세게 누르고 위로 당기라고.
동시에!! 엉엉.

이 만화에서의 비정합성은 무엇인가를 아래로 누름과 동시에 위로 당기는 것은 불가능하다는 경험적 사실에 근거해 있다. 그와 같은 상황이 논리적 비정합성 혹은 논리적 불가능성을 포함하고 있는지는 명백하지 않다.

연습문제 1-8

다음의 각 진술들의 쌍에 대하여 어느 쌍이 논리적으로 정합적이고 어느 쌍이 논리적으로 비정합적인지를 말해 보라. A와 B는 각각 다른 사람에 의하여 표현된다고 가정하라.

1. A: 윤정이는 베란다에 있거나 베란다에 있지 않다.
   B: 윤정이는 베란다에 있지 않거나 베란다에 있지 않다.

2. A: 용석이는 생고기를 좋아한다.
   B: 진숙이는 생고기를 좋아한다.

3. A: 얼룩말에는 검은 부분 보다 흰 부분이 더 많아.
   B: 아니야, 얼룩말에는 흰 부분 보다 검은 부분이 더 많아.

4. A: 비가 올 때는 언제나 마구 쏟아진다.
   B: 보슬비가 내리는 때도 있다.

5. A: 소연이가 여왕이라면, 달수는 곤경에 처한다.
   B: 달수는 곤경에 처한 것이 아니지만 소연이는 여왕이다.

제8절 진정한 의견불일치와 외견상의 의견불일치

우리들 중의 대부분이 살아가면서 이따금씩 다른 사람들과 의견이 불일치하고 있음을 발견하게 되고 또한 우리들 자신이 "내면적 갈등"을 경험한다는 것은 매우 기본적인 사실이다. 그러므로 우리는 진정한 의견불일치와 여러 가지 종류의 오해로부터 결과하는 갈등상황을 구별할 수 있어야 한다.

일상 언어에 있어서의 불일치를 분석하고 평가하고 해소하고자 할 때 가장 먼저 행해야 할 것은, 진정으로 말해지고 있는 것이 무엇인지를 확인하는 것이다. 만약 그렇게 하지 않는다면, 우리는 우리의 반대자가 결코 의도하지 않은 주장을 공격하거나 혹은 공격당하고 있지 않은 입장을 열정적으로 변호함으로써 시간과 에너지와 기질을 낭비하게 될 것이다. 진정으로 말해지고 있는 것이 무엇인지를 결정하지 않고 반대자를 굴복시키고자 하거나 어떤 입장을 변호하고자 하는 이와 같은 절차는, 언어상의 재치라는 점에서는 우리들에게 이익을 줄 수도 있겠지만 우리들의 반대자에게 우리가 옳다는 것을 확신시켜 줌에 있어서 매우 효과적이지는 않을 것이다.

그 다음으로 우리는 양 논쟁자(혹은 모든 논쟁자)의 입장들을 가능한 한 완전하고 분명하게, 그리고 호의적으로 정식화할 필요가 있다. 일단 각 논쟁자의 입장이 정확하게 진술되고 나면, 논쟁자들 간의 의견불일치가 진정한 불일치인지 혹은 외견상의 불일치에 불과할 뿐인지를 결정하는 것이 가능해진다. **진정한 의견불일치**(a real disagreement)는 **논쟁자들의 입장에 관한 진술들이 논리적으로 비**

정합적인 불일치, 즉 두 진술이 둘 다 참이 되는 것이 논리적으로 불가능한 불일치이다. 예를 들어 A라는 사람과 B라는 사람이 각각 다음과 같이 주장한다고 가정해 보자.

A: 달은 푸른 치즈로 구성되어 있다.
B: 달은 푸른 치즈로 구성되어 있지 않다.

만약 이 두 문장에서 '달', '푸른 치즈', '구성되어 있다'와 같은 단어들이 동일한 의미로 사용되고 있다면, 그리고 이 두 진술 중의 어느 한 진술이 참이라면, 다른 진술은 반드시 거짓이어야 한다. 그러므로 이런 경우가 A와 B 사이의 진정한 의견불일치의 한 사례인 것이다.

다른 한편으로 만약 **논쟁자들의 진술이 논리적으로 비정합적인 것이 아니라면**, 즉 논쟁자들의 진술이 둘 다 참이 되는 것이 가능하다면 우리는 **외견상의 의견불일치**(apparent disagreement) 혹은 **유사불일치**(pseudo-disagreement)의 사례를 가지게 된다. 가령 '달'이라는 말로 A는 지구의 위성인 달을 의미하고 B는 목성의 위성인 여러 달 중의 어느 하나를 의미한다면, A와 B는 동일한 것에 대하여 말하고 있는 것이 아닐 것이며, 따라서 그들의 의견은 진정으로 불일치하는 것이 아닐 것이다.

이제 위의 두 진술과 유사하지만 논리적으로는 전혀 다른 다음의 두 진술에 대하여 생각해 보기로 하자.

A: 나는 달이 푸른 치즈로 구성되어 있다고 믿는다.
B: 나는 달이 푸른 치즈로 구성되어 있다고 믿지 않는다.

'나는 ~을 믿는다.'와 같은 표현을 우리가 어떻게 해석하는가에 따라 이 진술들은 논리적으로 비정합적일 수도 있고 그렇지 않을 수도 있다. 만약 우리가 그와 같은 문장들이 화자의 주관적 신념상태에 관한 진술을 표현하는 것으로 해석한다면, A의 진술과 B의 진술은 정합적이다. 왜냐하면 A는 실제로 어떤 것을 믿고 B는 정반대의 것을 믿는 것이 가능하기 때문이다. A는 행복하다고 느끼고 B는 불행하다고 느끼는 것이 가능한 것처럼 말이다. 그러나 대부분의 상황에서 우리는 심리적 상태와는 다른 무엇을 심중에 두고 있다는 것을 강조하기 위하여 '내가 알기로는'이나 '내가 믿기로는'과 같은 표현을 사용한다. 이러한 해석에 따르면, A는 '달은 푸른 치즈로 구성되어 있다.'라는 문장을 통해서 정상적으로 표현되는 진술과 본질적으로 똑같은 것을 말하고 있다. 이런 경우에 A는 진정으로 B와 의견이 불일치한다.

'내가 알기로는'이나 '내가 믿기로는'과 같은 표현의 애매성 때문에 우리는 그와 같은 표현들을 어떻게 해석할지에 대해서 약정해 둘 필요가 있다. 이 책에서 **우리는 '나는 ~라고 생각한다.'와 같은 표현이 화자의 심리적 상태에 관한 무엇을 진술하고 있는 것으로 해석한다.** 즉 '나는 ~을 믿는 심리적 상태에 있다.'와 같은 것을 표현하고 있는 것으로 해석한다. 만약 그와 같은 표현이 특정한 문맥에서 화자의 심리적 상태에 관한 무엇을 진술하고 있는 것으로 사용되고 있지 않다는 명시적 언급이 없다면 말이다.

우리가 '나는 ~을 믿는다.'와 같은 표현이 화자의 심리적 상태에 관하여 무엇인가를 말하고 있는 것으로 해석한다고 해서 그러한 해석이 A와 B가 반드시 완벽하게 조화를 이루고 있다는 것을 의미하는 것은 아니다. A와 B가 믿고 있는 것들은 서로 정반대인 것들이요, 따라서 그 일로 그들은 분명히 갈등상태에 있다. 그러나 양측이 단순히 각자 마음의 상태를 기술하고 있다면, 그리고 그들이 말하고 있는 것이 그들의 마음 외부에 있는 사실에 관하여 무엇인가를 언급하고 있는 것으로 해석되지 않는다면, 그들의 갈등상태는 논리적으로 다룰 수 있는 갈등상태가 아니다. 이것이 바로 우리가 외견상의 불일치 혹은 유사불일치라는 말로 의미하는 바의 것이다.

다음의 두 진술에서처럼 특정한 한 개인의 심리적 신념상태에 관하여 의견이 진정으로 불일치하게 되는 경우도 가능하다.

A: 나는 달이 푸른 치즈로 구성되어 있다고 믿는다.
B: A는 진정으로 달이 푸른 치즈로 구성되어 있다고 믿지 않는다.

여기에서 우리는 어떤 한 사람의 신념에 관하여 논리적으로 비정합적인 두 진술을 보게 되며, 따라서 이 두 진술에는 진정한 의견불일치가 포함되어 있다.

살다보면 쓸데없는 논쟁을 많이 발견하게 되는데, 그 중의 일부는 표면상 논리적으로 비정합적인 것처럼 보이지만 사실은 그렇지 않은 경우가 많다.

A-1: 그 공은 붉은색의 공이다.
B-1: 그 공은 푸른색의 공이다.

이 두 진술의 의미를 명료하게 하라는 요구가 있다면, 이 두 진술은 다음과 같이 재구성될 수 있을 것이다.

A-2: 나는 지금, 그리고 여기에서 구형(球形)의 붉은색 물체에 대한 감각을 갖고 있다.

B-2: 나는 지금, 그리고 여기에서 구형(球形)의 푸른색 물체에 대한 감각을 갖고 있다.

우리는 지금 두 사람 각각이 받아들이고 있는 감각에 대해서 얘기하고 있기 때문에, 여기에서의 논쟁이 유사불일치임을 쉽게 알아차릴 수 있을 것이다. 왜냐하면 위의 두 진술은 사실에 대한 주장들을 다루고 있는 것이 아니라, 개별적인 지각내용들을 다루고 있기 때문이다. 순수한 불일치가 일어나는 것은 각 개별자가 그 공의 서로 다른 부분에 대한 감각내용으로부터 공 **전체의** '진짜' 색에 대한 추리를 이끌어 낼 때이다.

이와 같은 상황에서 정합적인 두 진술로부터 비정합적인 두 진술이 추리되어 나온다면, 추리방식에 무엇인가 잘못된 것이 있음에 틀림없다. 그리고 논리학자는 추론상의 착오를 지적함으로써 도움을 줄 수도 있을 것이다. 현재의 경우에 있어서 보다 더 올바른 추리의 쌍은 다음과 같이 재구성된 진술들로부터 생겨날 것이다.

A-3: 내가 보는 그 공의 부분은 붉은색이다.

B-3: 내가 보는 그 공의 부분은 푸른색이다.

이 진술들은 논리적으로 정합적**이다**. 그리고 아마 그 진술의 화자들에게 '불일치'의 해결, 즉 그 공의 반은 붉은색이고 나머지 반은 푸른색이라는 것을 암시해 줄 수도 있을 것이다.

지각과 실재간의 구별은 집단역학(group dynamics)과 상호인격적인 의사소통의 영역에서 특히 중요하다. (집단역학은 어떤 사회적 상황에서 집단 구성원들 간의 상호작용과 그 상호작용을 일으키는 힘에 관하여 실증적으로 연구하여 일반적 원리를 발견하려고 하는 사회심리학의 한 영역이다.) 예를 들어 다음에 대해서 생각해 보기로 하자.

A-4: B는 항상 시비를 걸려고 노력하고 있어.
B-4: 그렇지 않아! 나는 결코 시비를 걸려고 노력하고 있지 않아.

A와 B에게 그들이 각각 말하고자 하는 바를 다시 진술하라고 요구하면, 그들은 자기들의 입장을 다음과 같이 진술할 것이다.

A-5: 나는 B의 행동이 시비를 걸려는 시도라고 지각한다.
B-5: 나는 나의 행동을 시비를 걸려는 시도로서 의도하지 않는다.

이 두 문장에 의해서 표현된 진술들은 원래의 문장들과는 달리 논리적으로 비정합적이지 않다. B의 의도에 관하여 진정한, 그리고 꽤 심각한 불일치인 것처럼 보였던 것이 B의 행동에 관한 두 개의 상이한 지각, 즉 두 개의 상이한 인지(認知)로부터 생겨나는 유사불일치로서 드러나게 된 것이다. 우리는 아직 이 인지들이 왜 상이하게 되었는지를 모른다. 아마 A와 B는 각각 일정한 어떤 종류의 언어와 몸짓에 대해서 상이하게 해석하는 서로 다른 문화적 배경을 갖고 있었을 것이다. 그러나 일단 양측이 다음과 같은 사실을 인식하게 되면, 즉 A가 인지하는 것이 B가 의도하는 것과 다를 수도 있다는 것을 인식하게 되면, 각 측은 적어도 다른 측이 말하고 있는 것을 정확하게 이해하는 것을 배울 기회가 상당히 많게 된다.

연습문제 1-9

다음의 각 진술들의 쌍에 대하여 어느 쌍이 논리적으로 정합적이고 어느 쌍이 논리적으로 비정합적인지를 말해 보라. A와 B는 각각 다른 사람에 의하여 표현된다고 가정하라.

1. A: 나는 아이스크림의 다른 어떤 맛보다도 양딸기 맛을 더 좋아한다.
   B: 나는 아이스크림의 다른 어떤 맛보다도 초콜릿 맛을 더 좋아한다.

2. 동철: 나는 용의주도하고 양심적인 근로자이다.
   만수: 동철이는 지나칠 정도로 자기 일에 예민한 사람이다.

3. (경찰관이 두 명의 목격자로부터 강도의 인상착의를 듣고 있다)
   강도로부터 약 10미터 떨어진 지점에서 강도를 목격한 농구선수: 강도는 키가 작고 얼굴이 토실토실했으며 턱수염을 기른 중년의 남자였습니다.
   강도로부터 약 7미터 떨어진 지점에서 강도를 목격한 할머니: 강도는 덩치가 크고 뚱뚱했으며 턱수염을 기른 약간 젊은 남자였습니다.

4. (캠프파이어를 하고 있는 장소)
   A: 이 숲 속에는 곰이 한 마리 있어! 나는 그 곰을 보았어.
   B: 너는 정신이 나갔구나, 이 숲 속에는 곰이 전혀 없어.

5. A: 학구가 피곤하다면, 그는 대구에 있다.
B: 학구는 피곤하지만 대구에 있지 않다.

제9절 언어상의 의견불일치

모든 논리적 분석과 마찬가지로 어떤 논쟁에서든 양측이 단어를 동일한 의미로 사용하고 있는지를 확인하는 것이 중요하다. 이것은 우리가 진정한 불일치를 다루고 있는지 혹은 유사불일치를 다루고 있는지를 말할 수 있기 전에 행해져야 한다. 예를 들어 다음에 대해서 생각해 보기로 하자.

A-6: 한국에 살고 있는 사람들 중의 절반은 가난하다.
B-6: 한국에 살고 있는 사람들 중의 1/5은 가난하다.

이것은 진정한 불일치일 수도 있고 진정한 불일치가 아닐 수도 있다. 만약 A가 '가난하다'를 '수입이 전체 사람들의 평균보다 더 적다'를 의미하는 것으로 해석하고 B는 '가난하다'를 '1인당 연간 수입이 5천 만 원보다 더 적다'를 의미하는 것으로 해석한다는 것이 밝혀진다면, 위의 두 진술이 둘 다 참일 수 있는 것이 가능하다. 논리학자들은 이런 종류의 **유사불일치**, 즉 **중심단어 혹은 중심어구가 상이한 의미로 사용되고 있는 의견불일치**에 **단순한 언어상의 의견불일치**(merely verbal disagreement)라는 명칭을 부여해 왔다.

단순한 언어상의 의견불일치는 양측이 중심단어 혹은 중심어구를 서로 상이한 의미로 사용하고 있다는 것이 인식되자 말자 화해되거나 해소된다. 그러나 그와 같은 단순한 언어상의 논쟁에 대한 인식이 다른 종류의 논쟁, 즉 이번에는 의미 그 자체들에 관한 논쟁을 불러일으킬 수도 있다. 다음의 각 진술들의 쌍에 있어서 진술들 간의 차이점에 주목해 보라.

A-7: 나는 '가난하다'는 단어를 '수입이 전체 사람들의 평균보다 더 적다'는 것을 의미하기 위하여 사용하고 있다.
B-7: 나는 '가난하다'는 단어를 '1인당 연간 수입이 5천 만 원보다 더 적다'는 것을 의미하기 위하여 사용하고 있다.

A-8: '가난하다'는 단어는 '수입이 전체 사람들의 평균보다 더 적다'는 것을 의미한다.
B-8: '가난하다'는 단어는 '1인당 연간 수입이 5천 만 원보다 더 적다'는 것을 의미한다.

첫 번째 쌍의 경우에 있어서는 유사불일치만 있을 뿐이다. 왜냐하면 두 진술이 둘 다 참일 수 있기 때문이다. 그러나 두 번째 쌍의 경우에 있어서는, 만약 A-8과 B-8이 둘 다 그들의 정의가 대부분의 사람들이 '가난하다'는 단어에 의하여 연상하는 의미에 대한 사실적인 전달이라고 주장한다면, 진정한 불일치가 있다. (그러나 '의미한다.'는 단어 그 자체가 여러 가지의 의미를 가지고 있기 때문에, 이 진정한 불일치조차도 여전히 단순한 언어상의 논쟁일 수 있다.)

연습문제 1-10

다음의 각 문장의 쌍이 진정한 의견불일치를 예증해 주는지 혹은 외견상의 의견불일치를 예증해 주는지를 말해 보라. 그리고 만약 외견상의 의견불일치를 예증해 준다면, 그 불일치가 단순한 언어상의 의견불일치인지 아닌지를 말해 보라. 만약 여러분들이 불일치를 진정한 의견불일치라기보다는 외견상의 불일치라고 간주한다면, 그 이유를 설명하라.

1. 철수: 나는 정치에 관해서 강한 소신을 갖고 있다.
   동수: 나는 정치에 별로 관심이 없다.

2. 사람 A: 오씨네는 가난한 가정이다.
   사람 B: 오씨네는 가난한 가정이 아니다.
   (사람 A와 B는 오씨네의 연간 소득총액이 5천만 원이라는 것에 동의하고 있다.)

3. 사람 A: <요요>는 장황하고 재미없는 책이다.
   사람 B: <요요>는 간결하고 짜릿한 전율을 느끼게 하는 책이다.

4. 사람 A: 빨대가 물 컵 속에 들어 있을 때에는 굽은 것처럼 보여.
   사람 B: 아니야, 빨대는 굽은 것이 아니야. 그것은 물 컵 속에 들어 있을 때에 물 컵 밖에 있었을 때와 마찬가지로 곧은 것이야.

5. 사람 A: 케언 테리어는 가장 작은 개이다.
   사람 B: 스코티는 가장 작은 개이다.

6. 사람 A: 5분 전에 하늘에는 비행접시가 있었다. 나는 그것을 내 눈으로

직접 보았다.

사람 B: 너는 정신이 나갔다. 비행접시와 같은 사물은 전혀 존재하지 않는다.

7. 사람 A: 태양이 지구주위를 회전하는 것처럼 보여.
   사람 B: 아니야, 지구가 태양주위를 회전하지.

8. 사람 A: 땡칠이는 우수한 학생이다. 그는 지난 학기에 논리학에서 A학점을 받았다.
   사람 B: 땡칠이는 골치 아픈 학생이다. 그는 지난 학기에 생물학에서 D학점을 받았다.

제10절 논리적 함의

두 진술 간의 기본적인 논리적 관계 중에는 정합적 관계와 마찬가지로 중요한 또 하나의 관계가 있는데, 그것이 바로 **함의**(含意, implication)의 관계이다. 논리학에서는 **두 진술 중에서 첫 번째 진술은 참이고 두 번째 진술은 거짓인 것이 불가능하다면, 그리고 오로지 그 때에만, 첫 번째 진술이 두 번째 진술을 함의한다**고 말해진다. 다시 말해서 첫 번째 진술이 두 번째 진술을 함의하기 위한 필요충분조건은 첫 번째 진술이 참이라면 두 번째 진술도 반드시 참이어야 한다는 것이다. 이러한 관계를 예증하기 위하여, 다음의 두 진술을 살펴보기로 하자.

모든 개는 삽살개이다.
약간의 개는 삽살개이다.

이 두 진술에 대해서 조금만 생각해 보면, 첫 번째 진술이 참일 경우 두 번째 진술도 틀림없이 참이 된다는 것을 명백하게 알 수 있을 것이다. 즉 '모든 개는 삽살개이다.'라는 진술은 참이고 '약간의 개는 삽살개이다.'라는 진술이 거짓이 되는 것은 **불가능하다**. 그러므로 방금 우리가 정의한 바에 의하면, 첫 번째 진술이 두 번째 진술을 함의하는 것이다. 그러나 두 번째 진술은 첫 번째 진술을 함의하지 않는다. 왜냐하면 두 번째 진술은 참이고 첫 번째 진술은 거짓인 것이 가능하기 때문이다.

함의의 관계는 정합적 관계보다 훨씬 더 강력한 관계이다. 대다수의 진술들은 서로 서로 정합적이지만, 한 진술이 다른 진술을 직접적으로 함의하는 경우는 별로 없다. 두 진술이 정합적이라는 것을 우리가 알고 있다 하더라도 그것이 우리에게 어느 한 진술이 다른 진술을 함의하고 있는지 혹은 그렇지 않은지를 말해주는 것은 아니다.

인간관계에 비유하자면, 함의는 다른 사람에게 강한 매력을 느끼는 사람과 유사하다. 어떤 사람에게 매력을 느낀다는 것은 그 사람을 싫어하지 않는 것 이상의 그 무엇을 의미한다. 게다가 다른 사람이 어떤 사람에게 매력을 느끼든 그렇지 않든 간에, 어떤 사람은 다른 사람에게 매력을 느낄 수 있다. 또 함의는 자석에 비유될 수도 있다. 자석에 다른 물체를 끌어당기는 힘이 있다는 사실이 반드시 다른 물체에도 자석을 끌어당기는 힘이 있다는 것을 의미하지는 않는다. 만약 그 물체가 쇳조각이라면, 그 물체에는 끌어당기는 힘이 없다. 게다가 두 물체에 서로 밀어내는 힘이 없다는 것을 아는 것만으로는 두 물체 중의 어느 하나에 다른 물체를 끌어당기는 힘이 있다는 것을 알기에 충분하지 않다. 이와 유사하게 대부분의 진술은 그 진술들과 정합적인 수많은 진술 중의 약간만을 함의한다.

때때로 우리는 두 진술을 보고 어느 한 진술이 다른 진술을 함의하는지 혹은 함의하지 않는지를 결정할 수 있다. 그러나 통사론적으로 분석적인 진술의 경우처럼, 대부분의 경우 함의는 인과적 관찰이나 직관에 의해서 확인될 수 없다. 어떤 진술이 참이라면, 그 진술이 참임으로 해서 반드시 참이 되는 것은 **아니지만** 참일 개연성이 높은 다른 진술들도 많다. 그러나 우리는 다른 진술을 매우 개연적으로 참이게끔 하는 진술과 절대적으로 확실하게 참이게끔 하는 진술을 직관적으로 구별할 수 없다. 다행스럽게도 논리학자들은 어떤 진술이 다른 진술을 함의하고 있는지 혹은 그렇지 않은지를 결정하는 데 도움이 되는 몇몇 형식적 방법을 발전시켜 왔다. 이 방법들 중의 몇 가지는 나중에 배우게 될 것이다. 함의는 '연역논증'이라고 알려져 있는 논증의 한 유형에서 매우 기본적인 논리적 관계이다. 연역논증의 개념은 전적으로 논증만을 다루고 있는 제2장에서 보다 상세하게 논의될 것이다.

정합성은 이른바 **대칭관계**이다. 즉 **A가 B와 정합적이라면, B도 A와 정합적이어야 한다.** 이와는 대조적으로 함의는 **비대칭적**이다. 즉 **A가 B를 함의한다고 해서 반드시 B가 A를 함의하는 것은 아니다.** 그렇다고 해서 이것이 B는 A를 함의할 수 없다는 것을 의미하는 것은 아니다. B도 A를 함의할 수 있지만, 반드시 그런 것은 아니다. 이어서 소개될 논리적 관계, 즉 논리적 동치는 본질적으로 함의가 대칭적으로 될 때에 결과하는 바의 것이다.

제11절 논리적 동치

제10절에서 제시된 예에서는, 첫 번째 진술은 두 번째 진술을 함의했지만 두 번째 진술은 첫 번째 진술을 함의하지 않았다. 그러나 다음의 예에서처럼 두 진술이 서로서로를 함의하는 것도 가능하다.

어떤 고양이도 개가 아니다.
어떤 개도 고양이가 아니다.

이 두 진술에서는 어느 한 진술은 참인 반면에 다른 한 진술은 거짓인 것이 불가능하다. 그 역도 참이다. 즉 어느 한 진술은 거짓인 반면에 다른 한 진술은 참인 것이 불가능하다. **논리적 동치**(論理的同値, logical equivalence)에 대한 정의 중의 하나는 다음과 같다. **두 진술 중에서 어느 한 진술이 참일 때는 언제나 다른 한 진술도 틀림없이 참이 되고 또 어느 한 진술이 거짓일 때는 언제나 다른 한 진술도 틀림없이 거짓이 된다면, 그리고 오로지 그 때에만, 그 두 진술은 논리적으로 동치이다.** 다시 말해서 두 진술이 논리적으로 동치이기 위한 필요충분조건은 두 진술 중의 어느 한 진술이 참일 때에는 다른 진술도 반드시 참이어야 하고 어느 한 진술이 거짓일 때에는 다른 진술도 반드시 거짓이어야 한다는 것이다.

논리적으로 동치인 두 진술이 반드시 정확하게 동일한 의미를 가지는 것은 아니라는 점을 알아두는 것이 중요하다. 논리적 동치라는 말의 개념은 두 진술이 논리적 구조에 있어서 유사성을 지닌다는 것을 언급하고 있을 뿐이기 때문이다. 그러므로 예를 들어 다음의 두 진술은 논리적으로 동치이지만, 두 진술이 정확하게 동일한 의미를 가지지 않는다는 것은 너무나 분명하다.

> 이 동물은 말(馬)이거나 말이 아니다.
> 철수가 논리학 강좌에서 A학점을 받았음과 동시에 A학점을 받지 않았다는 것은 참이 아니다.

이 두 진술이 논리적으로 동치인 이유는 두 진술 모두 통사론적으로 분석적 참인 진술이라는 데에 있다. 물론 이것은 두 진술 중의 어느 진술이든 거짓으로 되는 것이 불가능하다는 것을 의미한다. 이것은 차례로 어느 한 진술은 참인 반면에 다른 진술은 거짓으로 되는 것이 불가능하다는 것을 의미한다. 왜냐하면 어느 진술이든 결코 거짓일 수가 없기 때문이다.

인간관계에 비유하자면, 논리적으로 동치인 진술들은 서로에게 강한 매력을 느끼는 두 사람과 유사하다. 이 두 사람은 또한 한 자석의 N극과 다른 자석의 S극을 나란히 하고 있어 매우 강하게 서로를 끌어당기는 두 개의 자석과 유사하다. 두 진술이 둘 다 통사론적으로 분석적 거짓 진술이 되는 특별한 경우를 제외하고는 논리적으로 동치인 진술들은 언제나 서로 정합적이다. 물론 통사론적으로 분석적 거짓 진술이 되는 특별한 경우에는 두 진술이 둘 다 참이 되는 것이 불가능하다. 왜냐하면 두 진술 중의 어느 진술도 참일 수 없기 때문이다. 논리적 동치와 함의의 관계는 다음과 같다. 만약 A가 B와 논리적으로 동치라면 A도 B를 함의**하고** B도 A를 함의**한다**. 또한 제10절에서 언급했듯이, 논리적 동치는 대칭적 관계이다. 즉 A가 B와 논리적으로 동치라면, B도 틀림없이 A와 논리적으로 동치이다.

제12절 논리적 독립성

두 진술 간에 주장될 수 있는 논리적 관계 중에서 마지막으로 중요한 것은 독립성(independence)의 관계이다. 두 진술 중에서 어느 한 진술의 참 혹은 거짓이 다른 진술의 참 혹은 거짓과 전혀 아무런 관계가 없다면, 그리고 오로지 그 때에만, 그 두 진술은 서로서로 논리적으로 **독립적**이다. 다시 말해서 두 진술이 서로서로 논리적으로 독립적일 필요충분조건은, 두 진술 중에서 어느 한 진술의 참 혹은 거짓이 다른 진술의 참 혹은 거짓과 전혀 아무런 관계가 없어야 한다는 것이다. 따라서 만약 우리가 어느 한 진술이 참이라는 것을 알고 있다 하더라도, 이것은 다른 진술의 참 혹은 거짓에 대해서 아무 것도 말해주지 않는다. 그리고 만약 우리가 어느 한 진술이 거짓이라는 것을 알고 있다 하더라도, 마찬가지로 우리는 다른 진술의 참 혹은 거짓에 대해서 아무 것도 알 수 없다.

이 동물은 말이 아니다.
철수는 논리학 강좌에서 A학점을 받았다.

이 두 진술은 논리적으로 독립적이다. 논리적으로 독립적인 모든 진술과 마찬가지로 이 두 진술은 어느 진술도 다른 진술을 함의하지 않으며 서로 정합적이다.

인간관계에 비유하자면, 논리적 독립성은 두 사람이 서로에게 매력을 느끼지도 않고 서로에게 혐오감을 주지도 않는 경우와 유사하다. 논리적 독립성은 또한 나무와 화강암이 섞여 있는 물질을 소유하고 있는 것과 유사하다. 정상적일 경우 나무와 화강암에는 서로 끌어당기는 힘도 없고 서로 밀어내는 힘도 없다.

이상에서 논의된 진술들 간의 모든 논리적 관계는 이하의 여러 장에서 다시 다루어질 것이다.

연습문제 1-11

다음 각 진술들의 쌍에 대하여 A가 B를 함의하는지 B가 A를 함의하는지, 혹은 A가 B와 논리적으로 동치인지, 혹은 A와 B는 논리적으로 독립적인지를 결정하라.

1. A: 모든 학생은 배우고자 하는 정신을 가지고 있다.
   B: 약간의 학생들은 배우고자 하는 정신을 가지고 있다.

2. A: 그 방정식은 물리적 법칙이 아니다.
   B: 미분.적분학은 물리적 법칙을 나타낼 때, 유용하게 쓰인다.

3. A: 약간의 자원봉사자들은 헌신적이다.
   B: 모든 자원봉사자는 헌신적이다.

4. A: 모든 원자(原子)는 양자(量子)를 가지고 있다.

B: 약간의 원자는 전자(電子)를 가지고 있다.

5. A: 어떤 실존철학자도 존재의 개념을 묵살하는 사람이 아니다.
   B: 약간의 실존철학자는 존재의 개념을 묵살하는 사람이 아니다.

6. A: 어떤 시(詩)도 산문이 아니다.
   B: 어떤 산문도 시가 아니다.

7. A: 피아노가 오르간이라면, 피아노는 오르간이다.
   B: 맹박이는 해병대원에게 겁을 집어먹었거나 맹박이는 해병대원에게 겁을 집어먹지 않았다.

8. A: 그리스의 수학자 피타고라스(Pythagoras)는 피타고라스 정리(定理)를 발견하지 않았다.
   B: 요하네스 케플러(Johannes Kepler)는 피타고라스가 피타고라스 정리를 발견했다고 믿었다.

연습문제 1-12

다음 각 진술들의 쌍에 대하여

a. A가 참이라고 가정하고 B가 틀림없이 참인지 틀림없이 거짓인지, 참이나 거짓으로 결정되지 않는지를 말해 보라.

b. B가 참이라고 가정하고 A가 틀림없이 참인지 틀림없이 거짓인지, 참이나 거짓으로 결정되지 않는지를 말해 보라.

c. A가 거짓이라고 가정하고 B가 틀림없이 거짓인지 틀림없이 참인지, 참이나 거짓으로 결정되지 않는지를 말해 보라.
d. B가 거짓이라고 가정하고 A가 틀림없이 거짓인지 틀림없이 참인지, 참이나 거짓으로 결정되지 않는지를 말해 보라.

1. A : 전혜린은 여자이다.
   B : 전혜린은 여자이다.

2. A : 학규가 다정다감한 사람이라면, 영심이는 기뻐한다.
   B : 영심이가 기뻐하지 않는다면, 학규는 다정다감한 사람이 아니다.

3. A : 상(賞)을 받은 모든 사람은 심드렁해 했다.
   B : 상을 받은 사람 중에는 심드렁해 하지 않는 사람도 있다.

4. A : 전문직 여성 중에는 우울한 사람도 있다.
   B : 모든 전문직 여성은 우울하다.

5. A : 어떤 성직자도 보복적인 행위를 하지 않는다.
   B : 모든 성직자는 보복적인 행위를 한다.

연습문제 1-13

동료학생들과 함께 다음의 진술들에 대하여 검토하고 논의해 보라. 특히 어느 진술이 분석적이고 어느 진술이 종합적인지를 결정하고자 노력하라. 또 종합적인 진술 하나하나의 참을 어떻게 증명할 수 있을지에 대해서 논의해 보라. 마지막으로 여러분들이 생각하기에 각 진술을 뒷받침할 수 있는 가장 합리적인 논증을 구성해 보라.

1. 민주정치와 과두정치의 진정한 차이점은 빈곤과 부(富)에 있다. 그 수가 많든 적든 부유한 사람들이 통치하는 곳에서는 어디에서나 과두정치가 있게 마련이고, 가난한 사람들이 통치하는 곳에는 민주정치가 있다.【아리스토텔레스(BC 384~322), 고대 그리스 철학자】

2. 단 한 명의 자유라도 구속한다면, 전 세계의 자유는 위태롭게 될 것이다.
【윌리엄 로이드 개리슨(1805~1879), 미국의 노예 폐지 운동가】

3. 자연에 관한 지식에 있어서의 모든 위대한 진보에는 권위에 대한 절대적인 거부가 포함되어 있었다.
【토마스 헉슬리(1825~1895), 영국의 동물학자】

4. 역사상 위대한 변화가 일어날 때나 위대한 원리가 발견될 때는 언제나 다수는 틀리고 소수가 옳다는 규칙이 지배한다.
【유진 빅터 데브스(1855~1926), 미국의 노동 운동가】

5. 만약 살아 있는 다수의 복지가 중요하다면, 다수가 손아귀에 권력을 장악하고 있다는 근거에서만 그렇게 될 수 있다.
【올리버 웬델 홈즈(1841~1935), 미국의 법률가】

6. 노동자 계층은 무식하고 특권층은 우월한 지성을 소유하고 있다는 주장은 미신이다. 이 미신은 지성적인 피고용자나 대학과 교회 및 모든 특권층에 의하여 조성된 미신이다.
【조지 데이비스 헤론(1862~1925), 미국의 성직자, 기독교 사회주의 운

동가】

7. 모든 인생은 실험이다.
【올리버 웬델 홈즈(1809~1894), 같은 이름의 미국 법률가의 아버지, 미국의 의학자, 문필가】

8. 자유는 모든 성인남녀의 절대적인 권리이다. 이 권리는 모든 성인남녀로 하여금 오로지 그들의 양심과 이성에 따라 행동할 수 있게 하기 위한 권리이며, 오로지 그들 자신의 의지에 따라 행동을 결정할 수 있게 하기 위한 권리이다. 이 권리는 또한 그들 자신의 의지에 따라 결정한 행동에 대해서는 그들 자신이 책임을 지도록 하기 위한 권리이다. 이 권리는 또한 그들이 어떤 사회에 속할 것을 자유롭게 결정했다면, 그들이 속한 사회에 대해서도 책임을 지도록 하기 위한 권리이다.
【미하일 알렉산드로비치 바쿠닌(1814~1876), 러시아의 급진적 무정부주의자】

9. 저는 믿기 위하여 이해하려고 노력하는 것이 아니라, 이해하기 위해서 믿습니다. 왜냐하면 저는 <만일 내가 믿지 않는다면, 이해할 수 없으리라>는 것도 또한 믿기 때문입니다.
【성(聖) 안셀무스(1033~1109), 중세 스콜라 철학의 아버지】

10. 인류의 역사는 남성이 반복적으로 여성에게 마음의 상처를 주고 여성의 권리를 침해한 역사이다.
【여성권리결의선언문, 1848, 뉴욕 주 세네카 폴스】

요약

1. **문장**은 의미를 전달하고 상이한 문맥에서 여러 가지 일을 수행하기 위하여 사용될 수 있는 물리적이고 언어적 실재이다.

2. 문장은 명제를 표현하기 위하여 사용되고 있을 때 **인식적**이다. 일상적 문맥에서 언어의 인식적 용도에는 설명하는 것, 분류하는 것, 주장하는 것 등등이 포함된다. 또한 개인적인 신념이나 태도 및 감정에 관한 진술들도 언어의 인식적 용도에 포함될 수 있다. 문장이 진술 혹은 명제를 표현하는 것과는 다른 어떤 것을 하기 위하여 사용될 때는 **비인식적**이라고 말해진다. 언어의 비인식적 용도에는 명령을 내리거나 주문하는 것, 요구하는 것, 질문하는 것, 감정을 불러일으키는 것 등이 포함된다.

3. 언어가 진술 혹은 명제를 표현하기 위하여 사용되고 있는지, 따라서 논리적으로 분석될 수 있는지를 결정하는 데 있어서 가장 중요한 기준이 되는 것은, 그 언어가 사용되고 있는 문맥이다. 그러나 특정한 어떤 문맥 내에서는 언어가 혼합적인 용도로 사용되는 것도 가능하다. **진술** 혹은 **명제**는 참 혹은 거짓이라고 적절하게 말해질 수 있는 것에 대한 주장이나 기술(記述) 및 한 조각의 정보이다. 진술은 어떤 문맥에서 어떤 문장으로 표현된다. 그러나 상이한 진술들이 동일한 문장에 의해서 표현될 수도 있으며, 상이한 문장들이 동일한 진술을 표현할 수도 있다. 우리는 논리적 분석에 의해서 진술들 사이의 논리적 관계를 확인할 수 있을 뿐만 아니라, 전적으로 내적인 논리적 구조에 의해서만 참 혹은 거짓이 결정될 수 있는 특별한 종류의 진술들을 확인할 수 있다.

4. **뒷받침된 진술**은 그것을 뒷받침하는 증거를 필요로 하는 진술이다. 부가적인 증명을 전혀 필요로 하지 않는 진술들은 **자명한 진술**이다. 이런 진술에 대한 입증책임은, 그 진술의 참에 이의를 제기하는 사람들에게 부과된다. 공리는 자명한 진술들이다.

5. 자명한 진술 중에서 가장 중요한 것이 **분석적 진술**이다. 분석적 진술에는 두 가지 유형이 있다. 그 중의 하나는 논리적 형식에 의해서 참 혹은 거짓이 결정되는 분석적 진술로서 **통사론적으로 분석적인 명제**라고 불린다. 다른 하나는 정의에 의해서, 즉 진술 안에 있는 단어들의 의미에 의해서 참 혹은 거짓이 결정되는 분석적 진술로서 **의미론적으로 분석적인 명제**라고 불린다. 통사론적으로 분석적인 것도 아니고 의미론적으로 분석적인 것도 아닌 진술은 **종합적 명제** 혹은 **우연적 명제**라고 불린다. 이런 진술은 세상에서 일어나는 일들에 관한 진술이며, 그것의 참 혹은 거짓은 보통 경험적 관찰을 통하여 확인된다.

6. 두 진술 사이에 주장될 수 있는 몇 가지의 중요한 논리적 관계들이 있다. 두 진술이 둘 다 참인 것이 가능할 때, 그 두 진술은 **정합적**이다. 어느 한 진술이 참이고 다른 한 진술이 거짓인 것이 불가능하다면, 그리고 오로지 그 때에만, 첫 번째 진술은 두 번째 진술을 논리적으로 **함의한다**. 두 진술이 서로서로를 함의한다면, 그리고 오로지 그 때에만, 그 두 진술은 **논리적으로 동치**이다. 즉 어느 한 진술이 참일 때 다른 한 진술도 참이어야 하고 어느 한 진술이 거짓일 때 다른 한 진술도 거짓이어야 한다면, 그 두 진술은 논리적으로 동치이다. 만약 두 진술 중의 어느 것이든 그것의 참 혹은 거짓이 다른 진술의 참 혹은 거짓을 함의하지 않는다면, 그리고 오로지 그 때에만, 그 두 진술은 **논리적으로 독립적**이다.

7. **진정한 의견불일치**는 논쟁자들의 입장에 관한 진술들이 논리적으로 비정합적인 불일치, 즉 두 진술이 둘 다 동시에 참이 되는 것이 논리적으로 불가능한 불일치이다. **외견상의 의견불일치** 혹은 **유사불일치**는 논쟁자들의 입장에 관한 진술들이 논리적으로 비정합적이지 않은 불일치, 즉 두 진술이 둘 다 참이 되는 것이 논리적으로 가능한 불일치이다. **단순한 언어상의 의견불일치**는 유사불일치의 한 유형으로서 중심 단어 혹은 어구가 상이한 의미로 사용되고 있는 불일치이다.

제2장
비형식적 분석

논증

LOGIC LOGIC LOGIC LOGIC LOGIC LOGIC LOGIC LOGIC
LOGIC LOGIC LOGIC LOGIC LOGIC LOGIC LOGIC LOGIC
LOGIC LOGIC LOGIC LOGIC LOGIC LOGIC LOGIC LOGIC
LOGIC LOGIC LOGIC LOGIC LOGIC LOGIC LOGIC LOGIC
LOGIC LOGIC LOGIC LOGIC LOGIC LOGIC LOGIC LOGIC
LOGIC LOGIC LOGIC LOGIC LOGIC LOGIC LOGIC LOGIC
LOGIC LOGIC LOGIC LOGIC LOGIC LOGIC LOGIC LOGIC

2

비형식적 분석
논증

> 여러분들이 이 책을 읽고 있다면 여러분들은 아마 논리학 강좌의 수강신청을 했을 것이고, 여러분들이 논리학 강좌의 수강신청을 했다면 여러분들은 아마 논리학 학점을 따게 될 것이다. 여러분들은 이 책을 읽고 있기 때문에 아마 논리학 학점을 따게 될 것이다.

이 두 개의 문장은 논증을 표현하고 있다. 논리학은 개별적 진술의 논리적 구조에 대해서, 그리고 두 개 혹은 그 이상의 명제들 간의 상이한 여러 논리적 관계에 대해서 연구할 뿐만 아니라 논증을 구성하고 있는 일련의 명제그룹에 대해서도 연구한다.

일상생활을 하다보면 우리는 곳곳에서 논증을 발견할 수 있다. 이를 엿보기 위해서 여러분들이 수강 신청한 논리학 강좌와 관련되는 다른 논증을 구성해 보기로 하자. 여러분들은 아마 논리학 강좌를 수강신청하기 전부터 과연 어떤 성적을 받을지에 대해서 나름대로 상상해 보았을 것이다. 여러분들이 그런 상상을 전혀 해보지 않은 예외적인 몇 사람 중의 한 사람일지라도 연습을 위해서 다음 문장의 빈 칸을 채워보기 바란다.

나는 이번 논리학 강좌에서 (　　)학점을 받을 것이다.

이와 같이 판단할 적에는 보통 그 판단을 뒷받침하는 이런 저런 근거 혹은 이유가 있게 마련이다. 예를 들어 논리학 강좌에서의 학점은 출석과 수업태도가 좌우한다고 생각할 수도 있고, 과제물과 시험이 좌우한다고 생각할 수도 있다. 혹은 B학점을 받을 때까지 몇 번의 재시험 기회가 주어지는지에 의해서 성적을 예측할 수도 있다. 이외에도 수많은 이유들이 제공될 수 있다. 그러나 여러분들이 논증구성 방법을 대충 이해하는 데에는 이 정도의 이유만으로도 충분하다. 앞에서 제시되었던 논증과 관련되는 두 번째 논증은 다음과 같다.

여러분들이 학점을 따기 위하여 논리학 강좌의 수강신청을 했다면, 여러분들은 적어도 한 번은 시험을 쳐야 할 것이다. 여러분들은 학점을 따기 위하여 논리학 강좌의 수강신청을 했다. 그래서 여러분들은 적어도 한 번은 시험을 쳐야 할 것이다.

만약 여러분들이 정말로 이런 상황에 있더라도, 여러분들은 다음의 만화에 나오는 학생이 처한 곤경에는 빠지지 말기를 바란다.

얼핏 보기에 이 만화에서 아버지는 논증을 제시하고 있는 것처럼 보이지만, 보다 더 주의 깊게 분석해 보면 아들에게 시험을 더 잘 치를 수 있도록 시험공부에 보다 더 많은 시간을 할애해야 한다고 (그리고 아마 시험에 대하여 걱정하는 데는 보다 더 적은 시간을 할애해야 한다고) 주장하고 있거나 혹은 명령하고 있을 뿐이라는 것을 알 수 있다. 이와는 대조적으로 얼핏 보기에 아들은 질문만 하고 있는 것처럼 보이지만, 곰곰이 생각해 보면 다음과 같이 재구성 될 수 있는 논증을 표현하고 있다는 것을 알 수 있다.

아버지	: 헤이, 우리 속의 사자야! 무슨 고민이 있는가? 저녁 내내 갔다 왔다 하면서 무엇을 생각하고 있잖아.........
아들	: 다른 게 아니라 내일 시험이 있어요! 사실 저는 시험에 대해서 근심하고 있습니다.
아버지	: 시험에 대해서 근심하는 데 소비하는 시간만큼 시험공부를 하는 데 시간을 할애한다면 훨씬 더 나을거야!
아들	: 시험공부를 하라고요? 제가 우울한데 시험공부를 어떻게 할 수 있겠어요?!

내가 매우 우울하다면, 나는 시험공부를 할 수 없다.
나는 매우 우울하다.
그러므로 나는 시험공부를 할 수 없다.

이 예는 논증을 확인하는 기술을 발전시키는 데(바로 이것이 본장의 일차적인 목표이다) 보다 더 많은 시간을 할애하는 것이 중요하다는 것을 우리들에게 암시해 주고 있다.

논리학에서 **논증**(論證, argument)이라는 말을 사용할 때 그 말의 가장 일반적인 의미는, **하나 혹은 그 이상의 진술이 다른 어떤 진술의 참을 입증하고 있는 일련의 진술들**이라는 것이다. 이러한 정의(定義)를 더 잘 이해하기 위해서는 아마도 여러분들이 이미 친숙하게 알고 있는 '논쟁'이라는 말과 '논증'을 구별할 필요가 있다. 일상적으로는 '논쟁'이라는 말이 '논증'이라는 말과 유사한 것처럼 사용된다. 그러나 '논쟁'은 논리학에서 사용되는 '논증'의 의미와는 전혀 다르다.

두 사람의 진술이 논리적으로 비정합적일 때, 즉 그 두 사람이 제1장의 말미에서 논의되었던 진정한 의견불일치에 빠져들게 되었을 때, 우리는 흔히 일상적인 담화에서 그 두 사람이 논쟁을 벌인다고 말하는데, 이것은 아주 적절한 표현일 것이다. 따라서 만약 A라는 사람이 '정부는 사회복지의 차원에서 유산(流産)을 원하는 여성들에게 유산 장려금을 지급해야 한다.'라고 주장하고 B라는 사람이 '정부는 그 누구에게도 유산 장려금을 지급해서는 안 된다.'라고 주장한다면, 우리는 그 두 사람이 논쟁하고 있다고 정당하게 말할 수 있을 것이다. 그러나 이 책의 문맥 내에서 우리는 그와 같은 불일치를 언급하기 위하여 '논증'이라는 용어를 사용하지는 않을 것이다.

A라는 사람과 B라는 사람은 각각 그들의 의견불일치를 계속해서 고수하기 위하여 조만간 그들의 입장을 뒷받침하는 이유들을 제공하게 될 것이다. 예를 들어 A라는 사람은, 경제적 여유가 있는 여성들은 언제든지 그들의 의지대로 유산시킬 수 있기 **때문에**, **따라서** 만약

경제적 여유가 없어서 유산을 시킬 수 없는 여성들이 있다면 그들은 사회복지의 차원에서 경제적 불평등의 희생물이 되기 **때문에**, 정부는 그들에게 유산 장려금을 지급해야 한다고 진술할 것이다. 그리고 B라는 사람은, 유산은 도덕적으로 나쁜 것이기 **때문에** 또한 그들에게 유산 장려금을 지원한다면 국가는 비도덕적인 일을 지원하는 셈이 될 것이기 때문에, 그들에게 유산 장려금을 지급해서는 안 된다고 주장할 것이다. 두 사람은 서로 대립하는 그들의 진술을 뒷받침하는 이유들을 제공하는 가운데 각각 논증을 제시하고 있다고 말해질 수 있다. 이 책에서 우리가 사용하게 될 '논증'이라는 용어의 의미는 일상적인 논쟁 개념과 밀접하게 관련되어 있긴 하지만 동일한 것은 아니다.

'논증'의 일상적인 정의에 대한 좀 더 상세한 설명은 『아메리칸 헤리티즈 사전』에 나와 있다. 이 사전을 따르면 논증이란 "그 무엇의 참 혹은 거짓을 분명하게 밝히는 것을 목표로 하는 추론의 과정"이다. 이 정의에 의하면 앞에서 우리가 들었던 예는, 정부가 사회복지의 차원에서 유산을 원하는 여성들에게 유산 장려금을 지급해야 한다는 입장의 참(혹은 거짓)을 뒷받침하거나 증명하기 위하여 이유들이 제공되고 있었기 때문에 분명히 논증으로서의 자격을 부여받는다. 그러나 이 정의는 앞으로 우리가 이 책에서 연구하게 될 형식논리학에 있어서의 '논증'이라는 용어의 용도에 적합하도록 다듬어질 필요가 있다.

서론에서 설명했듯이 논리학은 **추론일반의 과정**에 관심을 가지지 않는다. 왜냐하면 추론의 과정에 관한 연구의 대부분은 심리학의 영역에 속하기 때문이다. 논리학자는 추론의 심리적인 과정을 문제

삼는 것이 아니라, **진술들 사이의 관계**를 문제 삼는다. 심리적인 과정과 진술들 사이의 관계 간에는 확실한 연결고리가 존재한다. 이하에서 우리는 이 연결고리들을 보다 더 상세하게 논의할 것이다.

제1절 추리와 논증

앞에서 제시되었던 사전상의 정의에 따르면, 논증은 이러저러한 것을 증명하는 것을 '목표로 한다.' 우리는 여기에서 논증 그 자체가 어떤 것을 목표로 하지는 않는다는 것을 알아야 한다. 논증은 다양한 목적들을 지향하고 있는 사람들에 의하여 사용될 수 있는 일련의 진술들이다. 사전상의 정의는 논증이 어떤 것을 목표로 한다고 말하는 것이 아니다. 즉 사전상의 정의는 **그 누군가가** 논증하는 것을 목표로 삼는다는 것을 아주 분명하게 진술하고 있다. 여러분들이든 혹은 필자든 혹은 다른 어떤 사람이든 특정한 어떤 논증이 그 무엇을 증명해 주거나 혹은 증명해 줄 수 있기를 의도할 수는 있지만(혹은 믿거나 희망할 수 있지만), 진술들의 집합으로서의 논증은 아무 것도 의도할 수 없다(혹은 믿거나 희망할 수 없다).

사전상의 정의는 논증이 '추론의 과정'이라고 진술하고 있다. 얼핏 듣기에는 이 말이 아무런 문제가 없는 것 같지만, 그렇게 말하는 것은 논증이 어떤 것을 의도하거나 희망하거나 믿는다고 말하는 것과 마찬가지로 잘못 말하고 있는 것이다. 이 점은 다음과 같은 예를 고찰해 봄으로써 보다 더 잘 이해할 수 있다. 집을 나와서 도서관을 향하여 걸어가고 있는 동안에 철수는 우연히 그의 손목시계를 들여다보고 시계바늘이 그 날 아침 일찍 그가 보았던 시간과 동일한 시간을 가리키고 있음을 알게 된다. 이 때 철수가 자기 스스로에게 "오, 나의 시계는 태엽을 감아 주는 것을 필요로 하고 있군!"이라는 말을 한다고 가정해 보자. 그 다음에 그는 태엽을 감았고 시계의 초침은 움직인다. 그리고 그는 계속해서 걸어가서 도서관에 도착한 후에 중앙현관의 벽에 붙어 있는 시계의 시간에 맞추어서 그의 손목시계의 시간을 조정한다.

이 예에서 철수는 추리를 행했다. **추리**(推理, inference)는 **어떤 한 생각으로부터 그 생각과 관련된 다른 생각에로 이행해 가는 심리적 과정**이다. 철수는 그의 손목시계의 바늘이 움직이지 않았다는 관찰로부터 그의 손목시계는 태엽을 감아 주는 것을 필요로 한다고 추리했다. 추리 그 자체가 논증인 것은 아니다. 그러나 어떤 추리든 그 추리에 상응하는 논증이 구성될 수 있다. 예를 들어 다음의 논증은 철수가 행한 추리에 상응하는 논증이다.

> 과거에 늘 그랬듯이, 나의 손목시계의 바늘이 움직이지 않았다면 나의 손목시계는 태엽을 감아 주는 것을 필요로 하고 있다.
> 나의 손목시계의 바늘이 움직이지 않고 있다.
> 그러므로 아마 나의 손목시계는 태엽을 감아 주는 것을 필요로 하고 있다.

엄격하게 말하자면(논리학자들은 가능한 한 엄격하고 정확하게 말하고자 한다), 사람들(혹은 이성적 존재자들 – 아마 침팬지나 돌고래 및 그 밖의 다른 것들)이 추리를 한다고 말하는 것만이 옳을 따름이다. 엄격하게 말하자면, 논증의 전제들이 그 결론을 추리한다고 말하는 것은 옳지 않다. 논증의 전제들이 그 결론을 함의한다거나 혹은 뒷받침하고 있다고 말하는 것은 옳다. 모든 추리에는 그것에 상응하는 논증이 구성될 수 있으며, 추리는 그것에 상응하는 논증이 좋은 만큼 좋을 뿐이다. 앞에서 제시되었던 예는 좋은 추리이고 그것에 상응하는 논증도 마찬가지로 좋다.

기억하라!

사람들은 추리를 한다. 그러나 사람들이 어떤 것을 함의하지는 않는다.
전제들은 결론을 함의하거나 혹은 뒷받침한다. 그러나 전제들이 어떤 것을 추리하지는 않는다.

우리는 일상생활을 하는 가운데 거의 연속적으로 추리를 행한다. 우리의 추론과정이 좋은지 혹은 그렇지 않은지를 결정할 때, 이 책에서 제시되는 형식논리학의 테크닉들을 사용하면 많은 도움을 얻을 수 있다. 학생들이 흔히 행하는 추리 중의 하나는 4지선다형의 시험문제(논리학 시험문제도 포함해서!)를 푸는 문맥에서 일어난다. 4지선다형의 시험문제를 풀 때에 종종 사용되는 추론 중의 한 가지는 제거의 과정이다. 예를 들어 다음과 같은 4지선다형의 문제를 여러분들은 어떻게 풀 것인지 생각해 보라.

문장은

① 항상 참이다.

② 때때로 논증의 전제를 표현하기 위하여 사용된다.
③ 결코 3개 이상의 단어를 포함할 수 없다.
④ 오직 하나의 명제만을 표현할 수 있다.

이 문항의 정답을 직접 찾아낼 수 없다면, 우리는 추리에 의해서 정답을 찾아낼 수밖에 없다. 이 때 추리의 방식에는 여러 가지가 있을 수 있다. 예를 들어 선택 가능한 4개의 답 중에 하나만이 정답이라는 것을 우리는 알고 있다. 그리고 이미 제1장에서 공부했듯이 문장은 결코 참이거나 거짓일 수 없다는 것도 우리는 알고 있다. 또 문장에는 여러 개의 단어가 포함될 수 있다는 것과 하나의 문장이 한 개 이상의 명제를 표현하는 데 사용될 수 있다는 것도 우리는 알고 있다. 그러므로 우리는 ②번이 정답이라고 합리적으로 추리할 수 있다. 이러한 추리에 상응하는 논증은 다음과 같다.

선택 가능한 4개의 답 중에서 오로지 하나만이 정답일 수 있다.
①번은 ········ 때문에 정답이 될 수 없다.
③번은 ········ 때문에 정답이 될 수 없다.
④번은 ········ 때문에 정답이 될 수 없다.
그러므로 틀림없이 ②번이 정답이다.

만약 여러분들이 ①번과 ③번, 그리고 ④번이 거짓이라는 것을 직접적으로 알 수 있을 만큼 주의 깊게 제1장을 공부하지 않았다면, 여러분들은 약간 다른 방식으로 추론할 것이다. 예를 들어 여러분들은 과거의 경험에 비추어 전칭적 일반화(즉 어떤 것이 항상 그렇다거나 혹은 결코 그렇지 않다는 진술)가 어떤 것이 때때로 그렇다고 주장하는 진술(이런 진술은 '특칭진술'이라고 알려져 있다)보다 참일 가능성이 더 적다고 생각할 수도 있다. 그 다음에 여러분들은 이런 생각으로부터 ①번과 ③번, 그리고 ④번은 전칭적 일반화이기 때문에 아마 ②번이 정답일 것이라고 추리할 것이다. 이러한 추리에 상응하는 논증은 다음과 같다.

선택 가능한 4개의 답 중에서 오로지 하나만이 정답일 수 있다.
전칭적 일반화는 보통 '때때로' 그렇다고 주장하는 진술보다 참일 가능성이 적다.
①번과 ③번, 그리고 ④번은 전칭적 일반화이고 ②번은 '때때로' 그렇다고 주장하는 진술이다.
그러므로 아마 ②번이 정답일 가능성이 가장 높다.

위에서 제시된 문항의 정답을 찾아내는 세 번째 방식은, 이 문항을 제외한 나머지 문항에 대해서는 비교적 자신 있게 정답을 찾아냈을 경우에 학생들이 흔히 행하는 방식이다. 예를 들어 나머지 24개의 문항 중에서 정답이 ①번인 것이 10개, ②번인 것이 6개, ③번인 것이 2개, ④번인 것이 6개였다면, 여러분들은 그 시험의 정답이 4개의 답에 골고루 분포되어 있을 경우 정답은 ③번일 것이라고 추론할 것이다. 그러나 다른 어떤 학생은 정답이 ①번인 것이 가장 많은 것을 보고 시험문제를 출제한 사람이 의식적으로든 무의식적으로든 ①번을 좋아하는 사람일 것이라고, 따라서 이 문항의 정답도 ①번이라고 추리할 수도 있을 것이다. 이러한 추리들 혹은 추론과정들에 상응하는 논증들은 아마 다음과 같을 것이다.

선택 가능한 4개의 답 중에서 오로지 하나만이 정답일 수 있다.

이 시험문제 전체의 정답은 틀림없이 4개의 답에 꽤 골고루 분포되어 있다.
나머지 24개의 문항에 대해서는 비교적 자신 있게 정답을 찾아내었는데,
그 중에서 ③번을 정답으로 하는 문항이 가장 적었다.
그러므로 아마 ③번이 정답일 가능성이 가장 높다.

선택 가능한 4개의 답 중에서 오로지 하나만이 정답일 수 있다.
이 시험 문제를 출제한 사람은 의식적으로든 무의식적으로든 분명히 정답을 ①번으로 하는 경향이 있다.
그러므로 ①번이 정답에 가장 가까울 것이다.

이 책의 나머지의 대부분에서 우리는 이와 같은 논증들(그리고 그 논증에 상응하는 추리들)의 질(質)을 평가하는 방법들에 대해서 연구하게 될 것이다.

연습문제 2-1

다음의 각 판단(결론)을 뒷받침하는 이유(전제)를 적어도 3개는 제시하면서 논증을 구성해 보라.

1. 나는 아마 이번 논리학 강좌를 즐겁게 수강할 것이다.
2. 나는 결코 자동차사고를 내지도 않고 당하지도 않을 것이다.
3. 철학과에 다니는 대부분의 학생들만큼 나도 지성적이다.

연습문제 2-2

다음의 각 문제에는 논증의 전제들이 주어져 있다. 전제들이 함의하고 있는 결론 혹은 결론들을 선택해 보라. 이 문제들은 미국의 일반대학원과 각종 전문대학원 입학자격시험에 나오는 문제들과 유사한 문제들이다.

1. 가영이는 크림치즈를 좋아한다.
   만약 가영이가 크림치즈를 좋아한다면, 가영이는 요구르트를 좋아한다.

① 가영이는 크림치즈를 좋아하거나 카망베르치즈를 좋아한다.
② 가영이는 요구르트를 좋아한다.
③ 가영이는 크림치즈와 요구르트를 좋아한다.
④ 크림치즈를 좋아하는 누군가는 요구르트를 좋아한다.
⑤ 전제들은 ① ② ③ ④를 모두 함의하고 있다.

2. 성수가 부자이거나 만철이가 거짓말쟁이거나 둘 중의 하나이다.
   만철이는 거짓말쟁이가 아니다.

① 만철이는 거짓말쟁이다.
② 성수는 부자이다.
③ 성수는 부자이고 만철이는 거짓말쟁이다.
④ 전제들은 ① ② ③을 모두 함의하고 있다.
⑤ 전제들은 ① ② ③ 중의 어느 것도 함의하고 있지 않다.

3. 홍길이는 배가 불뚝 나왔다.

배가 불뚝 나온 것 중에는 무시무시한 것도 있다.

① 홍길이는 무시무시하다.
② 홍길이는 무시무시하거나 무시무시하지 않다.
③ 홍길이가 무시무시하지 않다면, 홍길이는 배가 불뚝 나오지 않았다.
④ 전제들은 ① ② ③을 모두 함의하고 있다.
⑤ 전제들은 ① ② ③ 중의 어느 것도 함의하고 있지 않다.

4. 무희(舞姬) 중에는 노출증 환자도 있다.
남성복 재단사 중에는 노출증 환자도 있다.

① 모든 무희는 남성복 재단사이다.
② 무희 중에는 남성복 재단사도 있다.
③ 어떤 무희도 남성복 재단사가 아니다.
④ 전제들은 ① ② ③을 모두 함의하고 있다.
⑤ 전제들은 ① ② ③ 중의 어느 것도 함의하고 있지 않다.

5. 프로듀서 중에는 감독도 있다.
감독 중에는 미치광이도 있다.

① 미치광이 중에는 감독도 있다.
② 감독 중에는 프로듀서도 있다.
③ 프로듀서 중에 미치광이가 있거나 어떤 프로듀서도 미치광이가 아니거나 둘 중의 하나이다.
④ 전제들은 ① ② ③을 모두 함의하고 있다.
⑤ 전제들은 ① ② ③ 중의 어느 것도 함의하고 있지 않다.

6. 서휘는 여대생이다.
모든 여대생은 친절하거나 애교가 많다.

① 서휘는 애교가 많다.
② 서휘는 친절하다.
③ 만약 서휘가 친절하지 않다면, 서휘는 애교가 많다.
④ 전제들은 ① ② ③을 모두 함의하고 있다.
⑤ 전제들은 ① ② ③ 중의 어느 것도 함의하고 있지 않다.

제2절 '논증'의 논리학적 의미

논리학에서는 보통 **논증**(論證, argument)을 **어느 하나의 진술(결론)이 나머지의 다른 진술들(전제들)에 함의되거나 나머지의 다른 진술들에 의하여 뒷받침되고 있는 일련의 진술들**이라고 정의한다. '논증'이라는 용어의 이러한 의미는 앞에서 논의되었던 사전상의 정의와는 다르다. 이 사실을 아는 것은 매우 중요하다. 왜냐하면 논증의 논리학적 의미에는 어떤 것을 '목표로 하거나' 어떤 것을 '의도하는' 것과 같은 심리적 요소가 전혀 포함되어 있지 않기 때문이다. 그 무엇을 증명하기 위하여 일련의 진술들을 사용했든 그렇지 않든 그 진술들 중의 어느 하나가 나머지의 다른 진술들에 함의되거나 나머지의 다른 진술들에 의해서 뒷받침되고 있다면, 그 진술들은 논증을 구성하게 된다. 마찬가지로 그 무엇을 증명하기 위하여 일련의 진술들을 사용했다 하더라도, 위의 정의를 만족시키지 못한다면 그 진술들은 논증을 구성하지 않는다.

현재로서 우리는 난처한 입장에 처해 있다. 왜냐하면 한 개 혹은 그 이상의 형식논리학적 체계를 실제로 제시함이 없이 논증의 형식논리학적 개념에 대한 적절한 설명을 제공한다는 것은 불가능하기 때문이다. 일상적 개념에 대한 우리들의 이해가 일상적 언어(영어나 한국어 및 그 밖의 '자연어')의 전체적인 체계에 대한 우리들의 이해 및 일상적 언어의 전체적인 체계를 사용하는 우리들의 능력에 의존하듯이, 논증의 형식적 개념에 대한 우리들의 이해는 형식논리학의 체계에 대한 우리들의 이해에 의존한다. 위에서 논증에 대한 형식적 정의가 제공되긴 했지만, 여러분들은 이 책의 나머지 몇몇 장들을 연구하기 전까지는 논증에 대하여 충분히 이해하기를 기대해서는 안 된다. '논증'에 대한 사전상의 정의는 (그리고 또한 아마도 우리들 중의 대부분이 일상생활에서 그 용어를 사용할 때의 의미는) 그 용어의 논리학적 의미와는 전혀 다르기 때문에, 논리학적 의미와 혼동함이 없이 '논증'의 일상적 용도에 대하여 말하는 방식을 보충해 두는 것이 유용할 것이다. 우리는 이 일을 어떤 사람이 논증이라고 주장하거나 의도하거나 믿는 바의 것과 실제로 논증인 바의 것을 명백하게 구별함으로써 할 수 있을 것이다. 우리는 전자(이것은 본질적으로 사전상의 정의와 동일한 것이다)를 언제나 **논증인 것처럼 보이는 어떤 것 혹은 논증이라고 주장되거나 의도된 어떤 것**이라고 말할 것이다. 우리는 이 책의 나머지 부분에서 우리들의 형식적 정의를 만족시키는 일련의 진술들, 즉 어느 한 진술이 다른 진술들에 의하여 **실제로** 뒷받침되거나 어느 한 진술을 다른 진술들이 **실제로** 함의하고 있는 일련의 진술들만을 언급하기 위하여 '논증'이라는 용어의 사용을 유보할 것이다. 우리가 이 책에서 하게 될 일 중의 대부분은 논증을 **구성하는 것처럼 보이는** 일련의 진술들 혹은 **논증이라고 주장된** 일련의 진술들이 **실제로** 논증인지 아닌지를 결정하는 방법들을 연구하는 것이다.

일상적 언어의 '느슨함'(즉 부정확성) 때문에, 일련의 진술들이 실제로 논증을 구성하고 있는지의 여부는 차치하더라도 일상적인 문맥에서 그 진술들이 언제 논증으로서 주장되거나 의도되는지를 결정하기가 항상 쉬운 것은 아니다. 다음의 만화에서처럼 우리 모두는 진술

선생님, 선생님께서 제안한 에너지 우선순위 등급제가 서민들을 차별한다고 느끼는 소비자가 많습니다. 여기에 대해서 한 말씀 하시죠?

예, 힘센 독수리는 산꼭대기의 최고 높은 지점을 알고 있는 동물이고 메뚜기는 땅 위에서 살고 있는 하찮은 동물이라는 말이 있습니다. 그러나 메뚜기의 기상이 독수리의 기상만큼 높이 치솟을 수는 없지 않습니까?

브라보! 박수! 박수! 박수!

도대체 무슨 말씀인지......... ? 여보쇼, 비유지요, 비유! 박수! 박수!

혹은 진술들이 결론을 뒷받침하는 이유들을 제공하고자 의도되었는지가 전혀 명백하지 않은 상황, 그리고 진술 혹은 진술들이 진정한 어떤 근거를 제공하고 있는지가 훨씬 덜 명백한 상황과 마주친 적이 있을 것이다. 이 만화에서 에너지 관리자의 답변은 에너지 우선순위 등급제가 서민들을 차별한다는 진술을 어떤 식으로든 뒷받침하고 있는가, 혹은 그 진술과 모순되는가? 에너지 관리자의 답변은 논증으로서 의도되었는가? 혹은 에너지 관리자의 답변은 질문을 회피하고 주제를 변경하기 위한 시도인가?

이 만화에서의 사례는 분명히 극단적인 경우이지만, 우리들 각자는 거의 매일 진술들 간의 (의도된 혹은 실제적인) 관계가 명백하지 않은 상황 혹은 진술들 간의 논리적 관계가 우리가 얼핏 보고 생각했던 그런 관계가 아닌 상황과 마주치게 된다. 일상적인 문맥에서 일련의 진술들이 실제로 논증을 구성하는지를 적절하게 평가하기 위해서 우리는 형식논리학의 방법과 개념을 사용해야 한다. 그러나 이와 같은 평가를 수행하기 위한 단순하고 직접적인 과정은 결코 존재하지 않는다. 왜냐하면 그와 같은 평가를 수행하는 것은 학(學, science)이라기보다는 술(術, art)이기 때문이다. 그와 같은 평가를 수행하기 위하여 필요한 것은 일상 언어와 형식논리학 둘 다를 위한 기본적인 직관적 '감'(感, feel)이다.

우리는 사람들이 일상 언어적으로 일련의 진술들이 논증이라고 주장하는 방식들을 약간 상세하게 논의함으로써 이 '감'을 발전시켜 나갈 것이다. 일단 일련의 진술들이 언제 논증으로서 주장되고 있는지를 알 수 있게 되면, 그 다음에 우리는 주어진 일련의 진술들이 형식논리학적인 의미에서 실제로 논증을 구성하는지를 결정해 주는 상이한 몇 가지 방법들을 연구할 수 있게 될 것이다.

연습문제 2-3

다음의 4지선다형 문제들 각각에 대하여 정답을 한 개 선택하고, 여러분들이 정답을 선택하는데 사용된 추리를 예증해 주는 논증을 구성해 보라.

1. 극렬개인주의(rugged individualism)는
① 국가의 위업을 성취하는 데 기여해 왔던 성질들 중의 하나이다.
② 오늘날의 전체주의적 체제에서는 발견될 수 없는 시대착오적 성격이다.
③ 미국의 사회학자였던 소스타인 베블렌(Thorstein Veblen, 1857-1929)이 만들어낸 말이다.
④ 미식축구에서 전략상으로 매우 중요한 경기운영방법이다.

2. 미래의 핵에너지 정책은 __________ 에 의하여 수립되는 것이 가장 좋을 것이다.
① 대중과 정책입안자들
② 핵전문가들로 구성되는 소수 정예단체
③ 대사업가들
④ 위의 모든 사람들

3. 분할 뇌 이론(the split-brain theory)은
① 제대로 입증된 과학적 사실이다.
② 남성과 여성의 차이를 설명하기 위하여 사용된다.
③ 인간의 이중성을 설명해 준다.

④ 단순히 해석적 은유일 뿐이다.

4. 비타민 공급은
① 모든 사람의 건강에 필수적이다.
② 몸매를 아름답게 가꾸고자 할 때 필요하다.
③ 암을 치료해 준다.
④ 위의 어느 것도 아니다.

제3절 전제와 결론

'논증'에 대한 우리들의 정의로부터 곧바로 알 수 있듯이, 모든 논증에는 반드시 한 개의 결론이 포함되어 있다. 따라서 일상적 문맥에서 그 누군가에 의해서 논증으로서 의도되거나 제공되고 있는 일련의 진술들은 정확하게 한 개의 결론을 반드시 가지고 있어야 한다고 기대하는 것은 합리적이다. 다음에 제시된 일련의 진술들은 모두 이 요구사항을 만족시키고 있다. 각각의 예에서 어느 진술이 결론으로서 의도되고 어느 진술(들)이 전제(들)로서 의도되는지를 결정하는 것이 어떻게 해서 가능할까?

1. 철수는 인문학의 여러 강좌에서 언제나 좋은 학점을 받아왔기 때문에, 논리학 강좌에서도 아마 좋은 학점을 받을 것이다.
2. 그 협상은 아마 결렬될 것이다. 왜냐하면 노동조합 측과 경영자 측이 모두 기꺼이 타협할 기미가 전혀 없기 때문이다.

3. 모든 포유동물은 일정기간 동안 젖을 먹고 자란다. 따라서 모든 기린도 일정기간 동안 젖을 먹고 자란다. 왜냐하면 모든 기린은 포유동물이기 때문이다.

1에서 의도된 결론은 '철수는 논리학 강좌에서도 아마 좋은 학점을 받을 것이다.'이고, 2에서 의도된 결론은 '그 협상은 아마 결렬될 것이다.'이며, 3에서 의도된 결론은 '모든 기린도 일정기간 동안 젖을 먹고 자란다.'이다. 이 세 개의 예에서는 의도된 결론을 확인하는 작업이 단순한 일인 것처럼 보일지도 모른다. 그러나 그 작업은 어떻게 행해졌을까? 진술의 위치에 의해서 행해진 것은 아니다. 왜냐하면 1의 결론은 전제 다음에 위치하고 있는 반면에 2의 결론은 전제 앞에 위치하고 있으며, 3의 결론은 두 전제들 사이에 자리 잡고 있기 때문이다. 결론이 되는 진술 그 자체 내에 전제가 되는 다른 진술(들)과는 종류가 다른 그 무엇이 있는 것도 아니다. 오히려 위의 예들에서 결론은 그 결론이 다른 진술(들)에 대해서 가지는 관계에 의해서, 즉 결론이 논증이라고 알려진 것 안에서 사용되는 방식에 의해서 확인되었다고 볼 수 있다.

따라서 특정한 어느 진술을 의도된 결론으로서 확인하는 것은 그 진술이 사용되고 있는 문맥에 따라 상대적이다. 다음의 예에서 우리는 3의 결론이 다른 기능을 수행할 수도 있음을 발견하게 된다.

4. 모든 기린이 일정기간 동안 우유를 먹고 자란다면, 그리고 방금 동물원에서 어린 기린이 태어났다면, 우리는 엄마 기린이 일정기간 동안 그 어린 기린에게 젖을 먹일 것임을 추리해 낼 수 있다.

자, 이제 3의 결론이 4에 있어서는 전제가 되어 버렸다. 이처럼 동일한 진술이 문맥에 따라서 결론이 될 수도 있고 전제가 될 수도 있는 것이다.

전제와 결론을 확인하는 데 있어서 하나의 중요한 실마리는 때때로 **지시어**(indicator word)의 사용에 의해서 제공된다. 논증 혹은 논증이라고 알려진 것들 모두가 지시어를 포함하고 있는 것은 아니지만, 논증에 지시어가 나타나 있을 때에는 진술들 사이의 의도된 관계를 그 지시어에 의해서 파악하면 상당히 신뢰할 만한 결과를 얻을 수 있다. 위에서 제시되었던 4개의 예들에는 그러한 지시어가 포함되어 있다.

1. 철수는 항상 …… 이기 **때문에**,
2. …… . **왜냐하면** 노동조합 측도 …… 이기 때문이다.
3. …… . **따라서** 모든 기린도 …… . **왜냐하면** 모든 기린은 포유동물이기 때문이다.
4. 모든 기린이 …… **라면**, 우리는 …… **임을 추리해 낼 수 있다**.

'…… 이기 때문에', '왜냐하면', '만약 …… 이라면' 등이 포함되어 있는 진술은 대개 전제가 된다. 그 반면에 '따라서', '우리는 …… 임을 추리해 낼 수 있다.' 등이 포함되어 있는 진술은 대개 결론이 된다.

이처럼 지시어는 우리들에게 그것의 전후진술이 수행할 기능을 말해준다. 물론 위에서 언급된 것들 이외에도 다른 많은 지시어들이 있는데, 자주 쓰이는 지시어들은 다음과 같다.

결론 지시어들 : 따라서, 결과적으로, 결론적으로, …… 을 함의한다, ……라는 귀결이 도출된다, 그러므로

전제 지시어들 : …… 때문이다, …… 인 점을 고려하면, …… 에 비추어 볼 때, …… 에서 알 수 있듯이, …… 라고 가정한다면, …… 으로부터 추리될 수 있다.

연습문제 2-4

여러분들이 논증으로서 의도되었다고 가정해도 좋은 다음의 각 진술들에 대하여 우선 결론을 확인하고, 그 다음에 전제(들)를 확인하라.

1. 거미는 곤충이 아니다. 왜냐하면 곤충은 다리가 6개뿐이기 때문이다.
2. 동수는 결코 경찰관이 될 수 없을 것이다. 그의 키는 겨우 150㎝ 밖에 되지 않으며 몸무게는 겨우 50㎏이다.
3. 정화는 결코 그 암벽을 기어오를 수 없을 것이다. 그녀는 암벽등반 훈련을 받은 적이 한 번도 없다.
4. 박쥐가 날 수 있는 것을 보면, 포유동물 중의 일부는 날 수 있다.
5. 이 도형은 5각형이다. 그래서 그 내각의 합은 540도이다.
6. 그것은 좋은 불어사전이 아니다. 왜냐하면 그것은 각 단어가 어떻게 발음되어야 하는지를 보여주지 않기 때문이다.

7. 커피는 잠을 못 자게 한다. 따라서 커피에는 각성제가 포함되어 있음에 틀림없다.

8. 그 바위는 64피트를 낙하해야 하기 때문에, 낙하에 소요되는 시간은 2초가 될 것이다.

9. 이 용액이 산성(酸性)이라는 것은 리트머스 시험지가 붉은 색으로 변한다는 사실로부터 추리될 수 있다.

10. 세계의 인구팽창이 마침내 세계의 총 농업자원의 급식능력을 능가한다는 점을 고려하면, 지구상의 어디에선가 기아(饑餓)현상은 불가피하게 일어날 것이다.

11. 산업체계의 확장이 제구실을 다할 수 있는가는 원자재의 풍부성에 달려 있다. 따라서 원자재가 고갈되고 있기 때문에, 우리의 산업체계는 마침내 그 확장을 멈추게 될 것이다.

12. 피고가 범죄현장에 없었다면, 피고가 그 범죄를 저지르지 않았다는 것이 명백하게 추리될 수 있다.

13. 인간이 자유롭다는 사실은 인간이 자유롭게 행한 행동에 대해서 스스로 책임을 져야 한다는 것을 함의하고 있다.

14. 그 소총의 노리쇠를 작동시키는 데는 3초가 걸린다. 따라서 검사는 피고가 5초 동안에 3발을 발사했다고 강력하게 주장하고 있지만, 5초라는 짧은 시간 내에 3발을 발사할 수 있는 사람은 한 명도 없을 것이다.

15. 어떠한 진술도 절대적으로 확실하게 증명될 수는 없다. 그러므로 '어떠

한 진술도 절대적으로 확실하게 증명될 수는 없다'라는 진술도 절대적으로 확실하게 증명될 수 없다.

제4절 의도된 논증을 확인할 때의 몇 가지 문제

어떤 사람이 분명히 논증을 제공하는 것을 의도하고 있을 때에 조차도, 그 사람이 실제로 논증을 제공하고 있는지를 확인하거나 의도된 논증이 정확하게 무엇인지를 결정하는 것이 항상 쉬운 것은 아니다. 예를 들어 다음과 같은 신문기사에 대해서 생각해 보기로 하자.

상원의원은 사형 제도가 기독교와 관련이 있다고 말한다.

뉴욕 올버니, AP통신

"만약 예수가 선행(善行)에 대한 보상으로 8~15년 정도의 휴가를 얻었다면, 기독교는 어떻게 되었을까요?"

이 물음은 사형 제도에 대한 찬성론자이자 뉴욕 주의 상원의원인 제임스 도너번이 어느 종교단체에 보낸 답장에서 제기한 물음이었다. 이 종교단체는 사형 제도에 반대한다는 내용의 편지를 도너번에게 띄운 적이 있었다. 예수가 사형된 것은 신앙의 문제였기 때문이다.

여기에 대하여 도너번은 다음과 같이 대답했다. "만약 예수를 십자가에 못 박고 부활하게 했던 사형 제도가 없었더라면, 기독교는 존재하지 않았을 것이다."

오나이더 카운티 출신의 공화당원인 도너번은 3월 1일 사형제도에 반대하는 입장을 분명히 한 모호크 벨리 구역의 교회협의회에 보낸 편지에서 자기의 입장을 피력했던 것이다.

도너번 편지의 복사본이 "현지의 교회들이 도너번의 논리에 쇼크를 받았다."라는 육필메모와 함께 언론사로 보내졌다. 메모에는 서명이 없었다.

도너번은 화요일 자기가 그 편지를 썼다고 확인해 주었다.

이 신문기사에서 뉴욕 주의 상원의원인 도너번은 분명히 사형 제도를 지지하는 논증을 제공하고자 의도했지만, 의도된 논증이 무엇인지 특히 전제들이 무엇인지는 전혀 명백하지 않다. 이 경우에 문제가 되는 것은 아마 그 상원의원의 부주의한 어법 혹은 바르지 못한 논리일 것이다. 다른 경우들에 있어서는 화자(혹은 저자)가 의도하고 있는 것들이 고의적으로 위장되거나 흐려질 수도 있다. 또 어떤 경우들에 있어서는 실제로 제시되고 있는 논증이 전혀 없는데도 논증이 있는 것처럼 보이게 할 수도 있다.

일련의 진술들이 모두 논증으로서 제공되는 것은 아니다. 예를 들어 일련의 진술들이 결론을 뒷받침하는 데 사용되지 않고 단지 일의 상태를 기술(記述)하고 있을 뿐인 경우도 있다.

그 학교는 1890년에 설립되었다. 건물은 붉은 벽돌로 지어졌으며, 정면의 현관에는 둥근 기둥이 세워져 있다. 현관문과 1층의 창문은 아치형이다. 석회암으로 되어 있는 처마는 수평선을 만들어 수직의 희고 둥근 기둥과 균형을 이루고 있다.

여기에는 여러 개의 진술이 있지만, 그 중의 어느 한 진술도 결론으로서 혹은 결론을 위한 증거로서 제공된 것이 아니다. 이와 같은 일련의 진술들은 논증을 구성하고 있다기보다는 어떤 사실을 자세하게 설명하고 있을 뿐이다.

지시어가 없다고 해서 일련의 특정한 진술들이 논증으로서 의도되고 있는 것이 아니라 설명으로서 의도되고 있다고 결론을 내리는 것은 성급하다. 그러한 경우들에서 우리는 다른 실마리를 찾아보아야 한다. 가령 여러 진술들이 다른 하나하나의 진술들과 관계해서 제시되거나 표현되는 방식들을 살펴보아야 한다.

> 그 영화는 흥행에 있어서 크게 성공할 것이다. 그 영화는 섹스와 폭력으로 가득 차 있다.

> 고층아파트들은 우리 도시의 특성을 파괴할 것이다. 재개발계획은 철회되어야 한다.

이 두 경우들에 있어서는 논증이 의도되고 있다고 생각하는 것이 합리적이다. 왜냐하면 섹스, 폭력, 흥행에 있어서의 성공 간의 연관 및 고층아파트, 도시의 파괴, 재개발계획의 운명 간의 연관이 분명하게 암시되어 있기 때문이다. 이와 같은 실마리 이외에도 문맥에 관한 우리들의 지식 — 화자, 청중, 동기, 배경, 앞선 논의 등에 관한 지식 — 은 결론과 그 결론을 뒷받침하는 전제들이 제공되고 있는지를 결정함에 있어서 우리들에게 도움을 줄 것이다.

'만약 ~라면, ~이다.'와 같은 **조건문**이 얼핏 보기에는 논증을 표현하고 있는 것처럼 보이는 경우가 많다. 그런 문장들을 주의 깊게 살펴보면 왜 그런 문장들이 논증을 표현하고 있지 않은지를 알 수 있다. 예를 들어 다음의 문장을 살펴보기로 하자.

만약 철수가 열심히 공부한다면, 철수는 논리학 강좌에서 A학점을 받을 것이다.

이 문장에서 화자는 철수가 열심히 공부한다는 것을 주장하고 있는 것도 **아니고** 철수는 논리학 강좌에서 A학점을 받을 것이라고 주장하고 있는 것도 **아니다.** 두 사태 사이에 연결고리가 있다는 것을 주장하고 있을 뿐이다. 즉 철수가 열심히 공부한다는 **첫 번째 사태가 유지된다면**, 철수는 논리학 강좌에서 A학점을 받을 것이라는 **두 번째 사태도 유지된다**는 연관을 주장하고 있을 뿐이다. 이 문장은 논증을 표현하고 있는 다음의 문장과 똑같은 것을 말하고 있는 것이 아니라는 점을 주목해야 한다.

> 철수는 열심히 공부한다. 그래서 철수는 논리학 강좌에서 A학점을 받을 것이다.

이 문장에서 화자는 두 개의 진술을 주장하고 있다. 그 두 개의 진술은 철수가 열심히 공부한다는 전제와 철수가 논리학 강좌에서 A학점을 받을 것이라는 결론이다.

조건문이 논증을 표현하고 있는 것은 아니지만, 조건문은 논증의 전제나 결론이 될 수 있는 진술은 표현한다. 예를 들어 '철수는 열심히 공부한다. 그래서 철수는 논리학 강좌에서 A학점을 받을 것이다.'라는 논증에 '만약 철수가 열심히 공부한다면, 철수는 논리학 강좌에서 A학점을 받을 것이다.'라는 진술을 전제로서 보탠다면, 결과하는 논증은 타당한 논증이 될 것이다.

의도된 논증들을 확인할 때에 어려움을 가중시키는 또 다른 하나의 요소는 지시어들 중의 일부가 여러 가지의 기능을 가지고 있다는 사실이다. 특히 영어의 'since'라는 말을 조심해야 한다. 왜냐하면 그 말은 논리적 관계를 가리킬 수도 있지만 시간적 연속을 가리킬 수도 있기 때문이며, 또한 어떤 특정한 문맥에서 이들 가능한 의미 중의 어느 것이 의도되고 있는지를 결정하기가 항상 쉬운 것은 아니기 때문이다. '그녀가 떠난 이래로 우리는 그녀의 소식을 듣지 못했다.'라는 진술은 아마 논증으로서 의도되지 않았을 것이다. 그러나 '그가 회사를 떠났기 때문에 많은 것들이 변화했음에 틀림없다.'라 진술은 어떤가? 이 진술은 아마 논증으로서 의도되었을 것이다. 이처럼 'since'라는 영어를 올바르게 해석하기 위해서는 문맥에 관한 약간의 지식이 요구된다.

영어의 'because'라는 말도 역시 조심해야 한다. 왜냐하면 이 말은 흔히 두 진술 간의 전제-결론의 관계를 가리키기 위하여 사용되기보다는 오히려 두 사건 간의 원인-결과 관계를 가리키기 위하여 사용되기 때문이다. 예를 들어 '국회의원인 최 씨는 세대교체론과 지역분할주의에 대한 그의 입장 때문에 다시 당선되었다.'라는 진술은 국회의원인 최 씨가 재선된 원인을 설명하는 명제이다. 이 명제는 아마 논증으로서 의도되지 않았을 것이다.

일련의 진술들이 논증으로서 제공되고 있는지에 대해서 우리가 항상 올바른 판단을 할 것임을 보증해 줄 일정한 형식적 규칙들이나 절차들은 결코 주어질 수 없다. 그러나 특정한 경우들에 실제로 직면하여 깊이 사고하는 연습을 하다보면, 일련의 진술들이 주어져 있을 때 의도된 논증들을 확인하는 우리들의 능력은 어느 정도까지 개선될 수 있다.

연습문제 2-5

다음의 각 문장 혹은 문장 군(群)을 조심스럽게 검토하고 (a) 일상적인 문맥이라는 가정 하에서 각 문장 혹은 문장군은 보통 논증을 표현하기 위하여 사용되고 있을까? (b) 만약 논증을 표현하기 위하여 사용되고 있지 않다면, 그 이유는 무엇인가? (c) 만약 논증을 표현하기 위하여 사용되고 있다면, 결론과 전제들을 확인하라.

1. 만약 바위가 수정이라면, 바위는 유리를 할퀼 수 있을 것이다.

2. 만약 네가 광복절을 기념해서 경주까지 자전거 여행을 하고 싶다면, 진실이에게 전화해라.

3. 그의 회사가 파산된 이래로 그는 결코 그전과 같지 않았다.

4. 꽃들을 꺾지 마세요. 이 꽃들은 이 공원에서 휴식을 취하는 모든 사람들을 위해서 여기에 있습니다.

5. 물론 당신은 이상주의자입니다. 모든 철학도는 이상주의자입니다.

6. 로마제국이 몰락한 이래로 서유럽의 대부분을 관할하는 단일정부는 결코 존재하지 않았다.

7. 모든 사람은 죽는다. 소크라테스는 사람이다. 그러므로 소크라테스는 죽는다.

8. 우리나라의 모든 사람들에게 그들의 의견을 자유롭게 표현하는 것이 허용되어야 한다. 만약 그렇게 되지 않는다면 그들의 언론의 자유는 침해될 것이다.

9. 불화수소산은 유리를 용해시킨다. 따라서 불화수소산은 납으로 만든 용기에 저장된다.

10. 당신이 떠난 이래로 재미있는 일은 아무 것도 일어나지 않았다.

11. 만약 내가 이번 학기의 논리학 강좌에서 학점을 딴다면, 나는 졸업을 할 것이다.

12. 불어는 라틴어로부터 유래되었기 때문에 '로만스어'라고 불린다.

13. 미국은 하나의 국가로서 존재하게 된 이래로 항상 대통령과 의회와 대법원에 의하여 통치되어 왔다.

14. 박 교수는 그 책의 저자와는 다른 견해를 가지고 있기 때문에 시험 칠 때 너는 그 책을 사용하지 마라.

15. 만약 바위가 수정이라면, 바위는 유리를 할퀼 수 있을 것이다. 이 바위는 유리를 할퀼 수 없을 것이다. 그래서 이 바위는 수정일 수가 없다.

16. 스키너(Skinner)는 결정론자이다. 그래서 나는 당신이 그의 저서 <자유와 존엄의 피안>에서의 그의 결론에 동의할 것이라고 생각하지 않는다.

17. 20세기가 시작된 이래로 시무식은 수요일 오후에 거행되었다. 1960년대 후반에 들어와서 행정공무원들은 시무식 요일을 토요일로 바꾸었다. 아마 보다 더 많은 사람들이 시무식에 참석하기를 바랐기 때문일 것이다.

제5절 생략된 진술들을 보충하기

논증으로서 의도된 일련의 진술들 중의 많은 것(아마 거의 대부분)은 충분히 명시적으로 표현되지 않는다. 의도된 결론이나 전제들 중의 하나 혹은 그 이상이 진술되지 않을 수도 있다. 이와 같은 논증들, 즉 **함축적으로 암시되기만 하는 부분들을 가지고 있는 논증들**은 **생략논증**(enthymeme)이라고 알려져 있다. 만약 일련의 진술들이 그 진술들에는 전혀 나타나 있지 않는 어떤 결론을 향하고 있음이 명백하다면, 결론은 함축적으로 진술되어 있다고 가정될 수 있으며 우리는 의도된 논증을 완성하기 위해서 결론을 정당하게 부가할 수 있다.

> 고층아파트들은 우리 도시의 전원적인 특성을 파괴할 것이다. 여러 가지의 연구결과 그와 같은 개발이 결국은 범죄율을 증가시킨다는 것이 밝혀졌다. 그 밖에도 우리는 그와 같은 개발로 말미암아 사람들에게 필요한 서비스를 제공할 편의시설들도 갖출 수 없게 된다.

진술되어 있지는 않지만 함축되어 있는 결론은 명백하게 '우리

도시에서는 고층아파트의 건립이 허용되어서는 안 된다.'라는 것이다.

만약 결론이 아니라 전제들이 생략되어 있다면, 그것은 흔히 심중에 두고 있는 청중이 생략된 전제들을 이미 잘 알고 있다고 가정되기 때문이다. 그러므로 거의 모든 사람은 앞의 예에서 함축되어 있는 전제들을 보충할 수 있다. 그것들은 '우리 도시의 전원적 특성을 파괴할 가능성이 있는 것은 어떤 것이든 허용되어서는 안 된다.', '범죄율을 증가시키는 경향이 있는 것은 어떤 것이든 우리 도시에서 허용되어서는 안 된다.', '만약 고층아파트의 건립으로 말미암아 사람들에게 필요한 서비스를 제공할 편의시설들이 갖추어질 수 없다면, 고층아파트의 건립이 허용되어서는 안 된다.' 등이다. 생략되어 있는 전제들을 보충할 때에 쉽게 적용될 수 있는 일반적 규칙은, **의도된 논증을 가능한 한 훌륭한 논증으로 만드는 데 필요한 전제라면 무엇이든 부가시키는 것**이다. 이 규칙은 흔히 **너그러움의 원리**(principle of charity)라고 불린다. 우리는 나중에 훌륭한 논증의 구성요소가 무엇인가를 논의한 후에 이 원리에 대해서 보다 더 자세하게 논의할 것이다.

논증을 확인할 때에 문맥에 관한 지식이 얼마나 중요한가를 예증하기 위해서 다음의 세 문장에 대해서 생각해 보기로 하자.

오늘은 태양이 빛나고 있다.
오늘은 수요일이다.
철수는 논리학 강좌에서 A학점을 받을 것이다.

이 문장들이 명제를 표현하고 있다고 가정하더라도, 우리는 이 문장들이 논증의 부분으로서 의도되고 있는지를 결정하기 위한 충분한 정보를 갖고 있지 않다. 보다 더 납득이 가도록 추측하기 위해서 우리는 누가, 어디에서, 언제, 누구에게, 어떤 목적으로 이러한 진술들을 만들었는지를 알아야 한다. 이 진술들이 만들어질 수 있는 환경들 중에서 두 개의 경우에 대해서 생각해 보기로 하자.

만약 서휘가 월요일 잠에서 깨서 창밖을 내다보면서 '오, 좋아, 오늘은 태양이 빛나고 있구나!'라고 말하고 이틀 후에 박 교수가 달력을 쳐다보면서 '옳아, 오늘은 수요일이구나!'라고 말한다면, 그리고 금요일에 철수의 친구인 상구가 기숙사에서 휴식을 취하면서 다른 친구에게 '오, 예, 철수는 논리학 강좌에서 A학점을 받을 것이다. 나는 더 이상 철수와 감히 논쟁을 벌일 생각이 없다.'라고 납득시키고 있다면, 이 경우에 우리는 아무런 논증도 없다고 안전하게 결론을 내릴 수 있다. 그러나 만약 철수의 여자 친구인 서휘가 수요일 아침 도서관에서 상구를 만나 이 세 진술 모두를 만든다면, 그리고 서휘와 상구가 둘 다 다른 일정한 사실들을 이미 알고 있다면, 결국 의도된 논증이 있을 것이다. 생략된 전제들을 부가시킨다면 의도된 논증은 다음과 같을 것이다.

오늘은 태양이 빛나고 있다.
오늘은 수요일이다.
【논리학 강좌의 마지막 시험은 수요일에 있다.】
【이 시험은 전체 배점 중에서 마지막 10퍼센트를 차지하는 시험이다.】
【철수는 지금까지 치른 9번의 시험에서 평균 90점을 받았다.】
【철수는 항상 태양이 빛나는 날에 시험을 잘 쳤다.>
【10번 모두의 평균점수가 89.5를 넘어야 A학점을 받는다.】

그러므로 철수는 논리학 강좌에서 A학점을 받을 것이다.

철수를 알고 학교의 성적평가에 대해서 알고 있다면, 즉 유관한 문맥을 알고 있다면, 서휘와 상구는 첫 두 개의 전제와 결론을 제외한 모든 것을 당연한 것으로 간주할 수 있으며 원래의 세 진술이 이와 같은 논증의 구성부분으로서 의도될 수 있음을 알 수 있다.

논증을 확인하는 데 있어서 공통적으로 문제가 되는 것들

1. 명제를 표현하고 있는 일련의 문장들이 논증을 구성하고 있는 것이 아니라 어떤 사실을 자세하게 설명하고 있을 수도 있다.
2. 지시어는 논증에서 생략되어 있을 수도 있다. 그러한 경우에 전제들과 결론은 흔히 언어상의 다른 실마리에 의해서 혹은 문맥에 관한 지식에 의해서 확인될 수 있다.
3. 전혀 논증이 없는 경우에도 지시어는 나타날 수 있다.
4. 결론은 진술되지 않고 함축되어 있을 수도 있다.
5. 전제들이 생략되어 있을 수도 있다. 그러한 경우에는 어떤 전제(들)가 보충되어야 하는가를 정확하게 결정하기 위하여 문맥을 검토하는 것이 필요할 것이다.

제6절 연역논증과 귀납논증

앞에서 이미 살펴 본 바와 같이, 어떤 사람이 일련의 진술들을 논증으로서 기능하도록 의도하고 있는지 혹은 그렇지 않은지를 결정하기가 항상 쉬운 것은 아니다. 주어진 어떤 경우에 얼마나 강한 논증이 의도되고 있는지를 잘 추측하기란 더욱 더 어려운 일이며 종종 불가능하기도 하다. 만약 논증이 의도되고 있다면, 전제들은 결론을 함의하거나 뒷받침하고 있다. 이 때 전제들이 결론을 뒷받침하는 정도는 논증에 따라서 매우 다양할 것이다. 어떤 논증의 전제들은 결론을 매우 강하게 뒷받침할 수도 있고, 또 다른 논증은 매우 약하게 뒷받침할 수도 있으며 그 중간 정도로 결론을 뒷받침하는 논증도 있을 것이다. 그리고 전제들이 결론을 절대적으로 뒷받침하는 논증도 있을 것이다. 연역논증과 귀납논증의 기본적인 구별도 바로 전제들이 결론을 뒷받침하는 정도에 달려 있기 때문에, 그리고 특정한 경우들에 있어서 전제들이 결론을 어느 정도로 뒷받침하고자 의도되고 있는지를 결정하기란 매우 어려운 일이기 때문에, 우리는 연역논증과 귀납논증의 구별에 관한 논의의 초점을 논증으로서 의도되거나 제공된 일련의 진술들에 맞추는 것이 아니라 실제의 논증들(즉 전제들이 사실상 결론을 뒷받침하고 있는 논증들)에 맞출 것이다.

연역논증과 귀납논증의 구별은 몇 개의 예를 살펴봄으로써 직관적 수준에서 아주 신속하게 파악될 수 있다. 철수와 그의 논리학 학점에 관한 논증에로 되돌아 가보면, 전제들이 결론을 뒷받침하는 부분적인 근거만을 제공하고 있음이 명백할 것이다. 왜냐하면 철수가 마지막 시험에서 80점을 받아서 결국 논리학 강좌에서 A학점을 받지 못하는 일이 비록 있음직하지는 않지만 분명히 가능하기 때문이다. 이런 논증이 바로 귀납논증(inductive argument)의 한 예가 된다.

전제들 중의 어느 하나를 변화시킨 결과에 대해서 잠시 살펴보기로 하자. 만약 철수가 지금까지 평균 90점 대신에 평균 100점을 받아 왔다면 다음과 같은 논증이 만들어 질 것이다.

오늘은 태양이 빛나고 있다.
오늘은 수요일이다.
논리학 강좌의 마지막 시험은 수요일에 있다.
이 시험은 전체 배점 중에서 마지막 10퍼센트를 차지하는 시험이다.
철수는 지금까지 치른 9번의 시험에서 평균 100점을 받았다.
철수는 항상 태양이 빛나는 날에 시험을 잘 쳤다.
10번 모두의 평균점수가 89.5를 넘어야 A학점을 받는다.
그러므로 철수는 논리학 강좌에서 A학점을 받을 것이다.

전제들이 모두 참이라고 가정한다면, 결론이 거짓으로 되는 것이 가능한가? 분명히 가능하지 않다. 진술된 바와 같은 상황을 수학적으로 계산한다면, 철수는 마지막 시험에서 0점을 받는다고 하더라도 최종적으로 평균 90점을 받는 것이 확실하다. 이런 논증이 바로 연역논증(deductive argument)이라고 알려져 있는 것의 한 예이다.

연역논증과 귀납논증의 관계는 다음과 같이 그래프로 나타낼 수 있다.

	논증이 아님	귀납논증	연역논증
전제가 결론을 뒷받침하는 정도	0	약함 보통 강함	절대적

연역논증에서는 전제들이 결론을 뒷받침하기 위한 절대적인 근거를 제공해야 한다. 전제들이 절대적인 근거보다는 적은 근거로 결론을 뒷받침하는 논증은 어떤 논증이든 정의상 귀납논증이 된다. 진술들 중의 어느 것도 다른 진술들 중의 어느 하나를 전혀 뒷받침하지 않는 일련의 진술들은 어떤 경우이든 전혀 논증이 아니다. 즉 그것은 연역논증도 아니고 귀납논증도 아니다. 이런 경우에는 아예 '논증'이라는 말을 적용할 수조차 없다.

(1) 연역논증

연역논리학에서는 타당성(validity)이라는 개념이 매우 중요하다. 일상적인 담화에서 우리는 때때로 특정한 어느 진술이나 신념에 대해서 '타당하다'라고 말하지만, 이 때 '타당하다'라는 말은 '참이다'(true)를 의미하는 것이다. 논리학에서 진술에 대해서는 보통 '참' 혹은 '거짓'이라는 용어를 사용한다는 것을 우리는 이미 살펴본 바 있다. 이와 마찬가지로 논리학자들은 **타당하다**(valid)라는 용어를, **만약 전제들이 참이라면 결론도 반드시 참이 되어야 하는 논증**에 대해서만 사용하도록 약정해 놓았다.

> **유념하라!!!**
>
> 타당한 모든 논증은 연역적이다.
> 그리고
> 모든 연역논증은 타당하다.

다음과 같은 예들을 생각해 보기로 하자. 전제들은 참인가 혹은 거짓인가? 결론은 참인가 혹은 거짓인가? 어느 논증들이 타당한 논증들인가? 즉 전제들이 결론을 **절대적으로** 뒷받침하고 있는 예들은 어느 것인가?

1. 에펠탑은 런던에 있다.
   런던은 독일에 있다.
   독일은 아프리카에 있다.
   그러므로 에펠탑은 아프리카에 있다.

2. 플라톤은 그리스인이었다.
   플라톤은 철학자였다.
   그러므로 모든 그리스인은 철학자이다.

3. 1992년의 대통령 선거에서 빌 클린턴의 이름이 투표용지에 기재되어 있었다면, 존은 그에게 투표했을 것이다.
   1992년의 대통령 선거에서 빌 클린턴의 이름이 투표용지에 기재되어 있었다.
   그러므로 존은 빌 클린턴에게 투표했을 것이다.

4. 돌고래는 상어의 일종이다.
상어는 숨 쉬는 구멍을 가지고 있다.
그러므로 돌고래도 숨 쉬는 구멍을 가지고 있다.

5. 달은 푸른 치즈로 구성되어 있거나 혹은 그렇지 않다.
그러므로 하와이는 미국의 50번 째 주(洲)가 되었다.

타당하지 않은 것은 2와 5 뿐이다. 플라톤은 실제로 그리스인이었고 철학자였으므로 2의 전제들은, 참이긴 하지만 그의 모든 동료 그리스인들도 역시 철학자였다는 결론을 함의하거나 필연적으로 참이 되도록 하지는 않는다는 것을 우리는 쉽게 알 수 있다. 5에서는 달에 관한 전제도 참이고 하와이에 관한 결론도 역시 우연히 참이다. 그러나 전제는 그 자체로서 결론을 뒷받침하고 있는 것이 아니다. 참인 전제들로부터 거짓인 결론이 도출되는 타당한 논증이란 있을 수 없다. 그러나 5의 경우처럼 참인 전제들과 참인 결론을 가진다고 하더라도, 그 논증이 타당하다는 보증은 없다. 엄밀하게 말하자면 5는 전혀 논증이 아니다.

나머지 3개의 예에서는 전제들이 참**이라면** 결론도 필연적으로 참이 될 것이다. 즉 에펠탑이 실제로 런던에 있다면, 그리고 런던이 실제로 독일에 있다면 또 독일이 실제로 아프리카에 있다면, 에펠탑은 아프리카에 있어야 할 것이다. 마찬가지로 누구나 돌고래가 상어의 일종이 아니라는 것과 상어가 숨 쉬는 구멍을 갖고 있지 않다는 것을 알고 있지만, 만약 돌고래가 상어의 일종이며 상어가 숨 쉬는 구멍을 갖고 **있다면** 돌고래가 숨 쉬는 구멍을 가진다는 결론은 틀림없이 참일 것이다. 그러므로 전제들 중의 어느 하나 혹은 그 이상이 거짓이거나 심지어는 전부가 거짓이고 결론도 거짓이면서 타당한 논증이 될 수도 있는 것이다. 또한 참인 전제들과 참인 결론을 가지면서도 타당하지 않은 논증이 될 수 있다. 중요한 것은 타당한 논증에서는 전제들이 반드시 결론을 함의한다는 사실이다. 그러므로 여러분들은 타당한 논증에서는 만약 전제들이 참이라면 결론도 역시 참일 것이라고 확신해도 좋다.

이 외에도 타당한 논증에는 다른 중요한 특징이 있다. 예를 들어 4에 다음과 같은 전제들이 부가된다고 가정해 보자. '돌고래는 레이더와 유사한 체계에 의하여 의사소통을 한다.', '상어는 유선형의 몸체를 가지고 있다', '상어는 육식동물이다.' 이와 같은 사실들은 결론을 뒷받침하는 정도를 증가시키는가? 혹은 감소시키는가? 분명히 증가시키는 것도 아니고 감소시키는 것도 아니다. 왜냐하면 원래의 전제들이 참이라면, 이것만으로도 결론의 참을 보증하기에 충분하기 때문이다. 이러한 사정은 1과 3에 있어서도 마찬가지이다. 그러므로 연역논증에 있어서는 원래의 전제들이 참이라면 여기에 다른 어떤 정보들이 부가된다고 하더라도 결론의 참에는 영향을 미칠 수 없을 것이다.

요약하자면, 연역논증 혹은 이 말의 동의어인 타당한 논증은 다음과 같이 다양한 방식으로 정의될 수 있다.

> 연역논증 혹은 타당한 논증은 다음과 같은 논증이다.
>
> 만약 전제들이 참이라면, 그 결론도 틀림없이 참이다.
>
> 혹은

전제들이 모두 참이고 결론이 거짓인 경우가 불가능하다.

혹은

전제들은 결론을 함의한다.

혹은

전제들은 결론을 절대적으로 뒷받침하고 있다.

혹은

결론에 포함되어 있는 정보는 전제들에 완전하게 포함되어 있다.

자구(字句)의 표현은 다르지만 이 정의들은 본질적으로 같은 것이다. 불행하게도 이렇게도 많은 정의가 있음에도 불구하고 단순히 이 정의들을 읽어보거나 이 정의들에 대해서 생각해 보는 것만으로 여러분들 혹은 다른 어떤 사람이 연역논증(혹은 타당한 논증)의 정확한 본성을 아주 분명하게 이해할 수 있을지는 의문이다. 연역논증의 개념을 이해하는 가장 좋은 방법은 연역적인 논증과 연역적이지 않은 논증의 사례를 많이 접하고, 또 특정한 논증이 연역적인지 혹은 그렇지 않은지를 결정하는 데 사용될 수 있는 형식적 방법들을 배우는 것이다. 지금으로서는 이 정의들을 숙지해두는 것만으로도 충분하다. 여러분들이 이 책의 나머지를 계속 공부하다보면 이 정의들의 의미가 점점 더 분명하게 될 것이다.

연습문제 2-6

다음의 각 논증은 타당하다. 빈 칸을 이용하여 각 논증의 논리적 형식을 말하고, 동일한 형식을 갖고 있으면서 전제들과 결론이 모두 거짓인 논증을 구성해 보라.

1. 참새는 작은 새이다.
   뱀 중에는 5킬로그램보다 더 무거운 것도 있다.
   그래서 참새는 작은 새이고 뱀 중에는 5킬로그램보다 더 무거운 것도 있다.

2. 모든 문어는 연체동물이다.
   모든 연체동물은 동물이다.
   그래서 모든 문어는 동물이다.

3. 백열등 중에는 형광을 발하는 것도 있다.
   형광을 발하는 것 중에는 물고기도 있다.
   그래서 형광을 발하는 것 중에는 물고기도 있거나 형광을 발하는 것 중에는 양배추도 있다.

4. 학생들 중에는 콧수염을 기르고 안경을 쓴 사람도 있다.
   콧수염을 기르고 안경을 쓴 어떤 것도 곰팡이가 아니다.
   그래서 학생들 중에는 곰팡이가 아닌 것이 있다.

5. 어떤 노새도 수학자가 아니다.
   노새 중에는 혹사당하는 것도 있다.
   그래서 혹사당하는 것 중에는 수학자가 아닌 것도 있다.

연습문제 2-7

다음의 각 문제에는 결론이 주어져 있다. 결론이 타당하게 연역될 수 있기 위하여 필요한 전제를 직관적으로 찾아보라.(이 문제들은 미국의 일반대학원과 각종 전문대학원 입학허가시험에 나오는 문제들과 유사하다.)

1. 영희는 아기의 기저귀를 갈아 주었다.

① 만약 영희가 아기의 울음소리를 들었다면, 영희는 아기의 기저귀를 갈아 주었다.
② 만약 영희가 아기의 기저귀를 갈아 주었다면, 아기는 울음을 멈추었다. 실제로 아기는 울음을 멈추었다.
③ 철수가 진정되었다면, 영희는 아기의 기저귀를 갈아 주었다. 그리고 철수는 진정되었다.
④ ① ② ③ 각각으로부터 결론이 연역될 수 있다.
⑤ ① ② ③ 어느 것으로부터도 결론이 연역될 수 없다.

2. 하늘이는 우표를 혀로 핥았다.

① 만약 하늘이가 봉투를 봉했다면, 하늘이는 우표를 혀로 핥았다.
② 하늘이는 언제나 우표를 혀로 핥고 있다.
③ 하늘이는 우표를 혀로 핥아서 봉투를 봉했다.
④ ① ② ③ 각각으로부터 결론이 연역될 수 있다.
⑤ ① ② ③ 어느 것으로부터도 결론이 연역될 수 없다.

3. 모든 댄서는 파트너의 손을 꽉 쥐었다.

① 파트너의 손을 꽉 쥐지 않는 댄서들은 외면당한다.
② 파트너의 손을 꽉 쥐지 않았던 댄서들은 모두 땅콩버터를 먹었고 땅콩

버터를 먹었던 모든 댄서는 심호흡을 했다. 그러나 댄서 중에 심호흡을 한 사람은 아무도 없었다.

③ 모든 댄서는 파트너의 손을 꽉 쥐기로 악명 높은 사람들이다.

④ ① ② ③ 각각으로부터 결론이 연역될 수 있다.

⑤ ① ② ③ 어느 것으로부터도 결론이 연역될 수 없다.

4. 만약 종길이가 복숭아 껍질을 벗겼다면, 용민이는 개를 씻겼다.

① 종길이는 복숭아 껍질을 벗기지 않았다.

② 용민이는 개를 씻겼다.

③ 용민이가 개를 씻기지 않았다면, 종길이는 복숭아 껍질을 벗기지 않았다.

④ ① ② ③ 각각으로부터 결론이 연역될 수 있다.

⑤ ① ② ③ 어느 것으로부터도 결론이 연역될 수 없다.

5. 민아는 물구나무서기를 했다.

① 모든 체조선수는 물구나무서기를 했다.

② 민아는 대구 출신이다.

③ 민아가 물구나무서기를 했거나 민아가 체조선수이거나 둘 중의 하나이다. 그리고 민아는 체조선수가 아니다.

④ ① ② ③ 각각으로부터 결론이 연역될 수 있다.

⑤ ① ② ③ 어느 것으로부터도 결론이 연역될 수 없다.

(2) 논리적 형식과 반례(反例)

다음의 두 예에 대해서 생각해 보기로 하자.

모든 사오는 삼오이다.
이오는 사오이다.
그러므로 이오는 삼오이다.

만약 티마가 우소라면, 비마는 니소이다.
티마는 우소이다.
그러므로 비마는 니소이다.

이 두 예에는 무의미한 단어들이 포함되어 있다. 그렇지만 각 예의 논리적 형식은 연역적이다. 사오와 삼오가 무엇이든 간에 만약 모든 사오가 삼오라면, 그리고 이오가 사오라면, 이오가 삼오라는 결론이 도출된다. 마찬가지로 '만약 티마가 우소라면, 비마는 니소이다.'라는 조건적 진술이 참이라면, 그리고 티마가 실제로 우소라면, '비마는 니소이다.'라는 결론이 필연적으로 도출된다. 각 예에 나오는 진술들의 내용과는 상관없이 각 예의 전제들과 결론 간에는 논리적 관계가 존재한다. 그런데 이 관계는 논증의 **형식**에 기초하고 있는 관계이다. 어떤 논증이든 오로지 논리적 형식에 기초해서 그 타당성을 평가하는 것이 가능하다고 말할 때에 우리는 의미하고 있는 것이 바로 이런 것이다.

이제 다음의 두 예에 대해서 생각해 보기로 하자.

약간의 울리는 마누기이다.
기디기는 울리이다.
그러므로 기디기는 마누기이다.

모든 거시는 비시이다.

모든 키매는 비시이다.
그러므로 모든 거시는 키매이다.

이 두 개의 예에 대해서 조금만 생각해 보면, 둘 중의 어느 것도 타당한 논증이 아니라는 것을 우리는 직관적으로 명백하게 알 수 있다. 이들 논증이 타당하지 않다는 것을 증명하는 한 가지 방법은 반례(反例)를 제공하는 것이다. **반례**(counterexample)를 구성할 때에 우리는 원래의 논증형식과 동일한 논증형식을 유지하지만, 전제들은 모두 참이 되고 결론은 거짓이 되도록 각 진술을 사실적인 내용으로 바꾼다. 위에서 제시된 예들에 대하여 우리는 다음과 같은 반례를 제공할 수 있을 것이다. 우선 각 논증의 논리적 형식을 확인하고 그 다음에 전제들은 참이 되고 결론은 거짓이 되도록 빈칸을 채우면 된다.

약간의 ------은 ******이다. ######은 ------이다. 그러므로 ######은 ******이다.	약간의 동물은 애완동물이다. 호랑이는 동물이다. 그러므로 호랑이는 애완동물이다.
모든 ------은 ******이다. 모든 ######은 ******이다. 그러므로 모든 ------은 ######이다.	모든 사람은 동물이다. 모든 개는 동물이다. 그러므로 모든 사람은 개다.

이 반례들은 원래의 논증형식들이 참인 전제들과 거짓인 결론을 가지는 것이 가능하다는 구체적인 증거를 제공해 준다. 참인 전제들과 거짓인 결론을 가지게 되면 타당성의 정의에 위배된다. 그런데

반례를 제공하면 어떤 논증이 타당하지 않다는 것을 증명하기에는 충분하지만, 특정한 어떤 논증에 적절한 반례를 쉽게 구성할 수 없다고 해서 그 논증이 타당하다고 증명되는 것은 아니다. 그러한 논증의 타당성을 증명하기 위해서는 다른 절차들이 필요하다.

연습문제 2-8

다음의 각 논증은 타당하지 않다. 각 논증에 대한 반례를 구성해 보라.

1. 만약 인간이 가사적(可死的)이라면, 인간은 생존하기 위해서 먹어야 한다. 인간은 생존하기 위해서 먹어야 한다. 그러므로 인간은 가사적이다.

2. 모든 짚신벌레는 단세포 유기체이다. 어떤 성게도 짚신벌레가 아니다. 그러므로 어떤 성게도 단세포 유기체가 아니다.

3. 모든 호랑이는 고양이 과의 동물이다. 북극곰은 호랑이가 아니다. 그러므로 북극곰은 고양이 과의 동물이 아니다.

4. 오렌지 주스는 매우 맛이 좋은 음료수이다. 파인애플 주스도 매우 맛이 좋은 음료수이다. 그러므로 오렌지와 파인애플을 혼합한 주스는 매우 맛이 좋은 음료수이다.

5. 어떤 고양이도 개가 아니다. 어떤 고양이도 주인에게 충성을 다하는 동물이 아니다. 그러므로 모든 개는 주인에게 충성을 다하는 동물이다.
6. 만약 어떤 동물이 포유동물이라면, 그 동물은 새끼를 낳는다. 파랑새는

포유동물이 아니다. 그러므로 파랑새는 새끼를 낳지 않는다.

7. 모든 인간은 가사적인 생명존재이다. 가사적인 생명존재들 중의 일부는 도구를 제작할 수 있다. 그러므로 사람들 중의 일부는 도구를 제작할 수 있다.

8. 청동은 금속이다. 청동은 구리와 주석으로 만들어진다. 그러므로 구리와 주석은 금속이다.

(3) 귀납논증

이제 우리는 지난 번 시험까지 평균 90점을 받았다는 철수의 이야기로 되돌아가기로 하자. 전제들로부터 철수가 논리학 강좌에서 A학점을 받을 것이라는 결론이 필연적으로 도출되지는 않는다. 왜냐하면 전체 평균점수가 89.5가 되기 위해서는 지금까지의 평균점수가 90점이므로 철수는 마지막 시험에서 최소한 85점을 받아야 하기 때문이다. 모든 전제들이 참이라 할지라도 결론이 거짓일 가능성은 여전히 남아 있는 것이다. 전제들은 결론을 뒷받침하기 위한 절대적인 근거를 제공하지 않고 있다. 그러므로 이것은 연역논증이 아니다. 그러나 전제들은 결론을 뒷받침하기 위한 **어느 정도**(some)의 근거를 제공하고 있다. 즉 만약 전제들이 참이라고 한다면 합리적인 어떤 사람이 결론의 참을 받아들임에 있어서 전제들이 없이 결론을 받아들이는 것보다는 더욱 더 정당화 될 것이다. **전제들이 결론을 뒷받침하기 위한 근거를 제공하고 있지만 절대적인 근거를 제공하지는 않는 논증은 어떤 논증이든 귀납논증**이라고 알려져 있다.

귀납논증의 개념은 전제들이 결론을 뒷받침하는 매우 강한(절대적이지는 않지만) 근거를 제공하는 논증으로부터 매우 약한 근거를 제공하는 논증에 이르기까지 넓은 범위의 논증에 두루 적용된다. 다른 어떤 진술을 뒷받침하기 위한 근거를 사실상 전혀 제공하지 않고 있는 일련의 진술들은 형식논리학적인 의미에서 전혀 논증이 될 수 없음을 기억하라. 연역논증이 아닌 일련의 진술들은 어떤 경우이든 귀납논증이거나 혹은 (형식논리학적인 의미에서) 전혀 논증이 아니다.

기억하라!!!

일련의 진술들이 어떤 결론을 뒷받침하고 있다고 그 누군가가 주장하더라도 사실상 전제들이 결론을 전혀 뒷받침하고 있지 않다면, 거기에는 연역논증도 없고 귀납논증도 없다.

앞의 어디에선가 말했듯이, 일련의 진술들이 연역논증을 구성하고 있는지 혹은 귀납논증을 구성하고 있는지를 결정하는 방법은 고사하고, 그 진술들이 형식논리학적인 의미에서 논증을 구성하고 있는지 혹은 그렇지 않은지를 직접적으로 결정해 주는 단순한 방법이란 전혀 존재하지 않는다. 절대적으로 확실하게 사용될 수 있는 유일한 방법은 일정한 종류의 진술들이 타당한 논증을 구성하고 있는지 혹은 그렇지 않은지를 결정해 주는 몇몇 형식적인 테크닉(기법)들이다. 따라서 필요한 것은 일련의 진술들이 귀납논증을 구성하는지 혹은 연역논증을 구성하는지에 대해서 직관적으로 혹은 경험적으로 잘 추측할 수 있는 능력을 개발하는 것이다. 그리고 약간이라도 의심스러울 때는 언제나 그 진술들이 일단 연역논증이라고 가정하고 이하의 여러 장들에서 제시되는 방법들을 사용하여 그 진술들을 검사하는 것이다. 만약 일련의 진술들이 명백하게 연역논증이라고 주장된다면, 우리는 형식적인 절차들을 사용해서 곧바로 그 연역논증을 검사할 수 있으며 그 연역논증들이 타당한지 혹은 그렇지 않은지를 증명할 수 있을 것이다.

어떤 논증이 연역적인지(즉 타당한지) 혹은 귀납적인지에 대해서 비형식적으로 추측하는 능력, 그렇지만 어느 정도 경험에서 우러나는 추측 능력을 개발하기 위하여, 우리는 이제 연역논증과 귀납논증의 몇몇 예를 살펴볼 것이다.

연역논증에서 우리는 일반적인 것으로부터 특수한 것을 추론하고, 귀납논증에서는 특수한 것으로부터 일반적인 것을 추론한다고 흔히 알려져 왔다. 이런 의미에서의 연역논증의 전형적인 예는 다음과 같다.

모든 포유동물은 눈을 가지고 있다.
고래는 포유동물이다.
그러므로 고래는 눈을 가지고 있다.

그리고 귀납논증의 전형적인 예는 다음과 같다.

동물 A는 고니이고 흰색이다.
동물 B는 고니이고 흰색이다.
동물 C는 고니이고 흰색이다.

동물 D는 고니이고 흰색이다.
그러므로 아마 모든 고니는 흰색이다.

연역논증에서 우리는 '모든 포유동물은 눈을 가지고 있다.'라는 전칭진술로부터 시작해서 '고래는 눈을 가지고 있다.'라는 특칭진술을 결론으로 도출했다. 귀납논증에서는 각 전제는 모두 특수한 것이었지만 결론은 일반적이었다. 그러나 모든 연역논증과 모든 귀납논증이 반드시 이와 같은 방식을 취하는 것은 아니다. 예를 들어 다음에 대해서 생각해 보기로 하자.

1. 모든 포유동물은 눈을 가지고 있다.
   모든 돌고래는 포유동물이다.
   그러므로 모든 돌고래는 눈을 가지고 있다.

2. 고래가 포유동물이라면, 고래는 눈을 가지고 있다.
   고래는 포유동물이다.
   그러므로 고래는 눈을 가지고 있다.

3. 모든 참새는 새이며 보금자리를 짓는다.
   모든 종달새는 새이며 보금자리를 짓는다.
   모든 제비는 새이며 보금자리를 짓는다.
   모든 비둘기는 새이며 보금자리를 짓는다.
   그러므로 모든 새는 보금자리를 짓는다.

4. 국회의원인 김 씨는 정치가인데 거짓말쟁이다.
   국회의장인 정 씨는 정치가인데 거짓말쟁이다.
   서울시장인 이 씨는 정치가인데 거짓말쟁이다.

도지사인 박 씨는 정치가이다.
그러므로 도지사인 박 씨는 거짓말쟁이다.

논증 1과 논증 2는 연역적이다. 왜냐하면 전제들이 참이라면 결론도 틀림없이 참일 것이기 때문이다. 그러나 이 두 개의 예에서는 일반적인 것으로부터 특수한 것에로 추리가 진행되고 있지는 않다. 즉 논증 1에서는 일반적인 것을 진술하는 전제들로부터 역시 일반적인 것을 진술하는 결론이 도출되고 있으며, 논증 2에서는 특수한 것을 진술하는 전제들로부터 역시 특수한 것을 진술하는 결론이 도출되고 있는 것이다. 그리고 논증 3과 논증 4는 귀납적이다. 왜냐하면 전제들이 모두 참이라 하더라도 결론은 거짓일 가능성이 언제나 있기 때문이다. 다시 말해서 전제들이 결론을 뒷받침하기 위한 절대적인 근거를 제공하고 있지는 않기 때문이다. 그러나 이 두 개의 예에서는 추리가 특수한 것을 진술하는 전제들로부터 일반적인 것을 진술하는 결론에로 진행되고 있지는 않다. 즉 논증 3에서는 전제들과 결론이 모두 일반적인 것을 진술하고 있으며, 논증 4에서는 전제들과 결론이 모두 특수한 것을 진술하고 있다. 결과적으로 일반적인 것으로부터 특수한 것에로 혹은 특수한 것으로부터 일반적인 것에로 진행하는 추리의 방식에 의해서 연역논증과 귀납논증을 구별하는 것은 실제로 그렇게 좋은 방법이 아니라는 것이 분명해진다.

연습문제 2-9

다음의 각 논증에 대하여 전제가 참이라는 가정 하에 (a) 연역논증인지 귀납논증인지를 조사하고, (b) 그 이유를 설명하라.

1. 모든 새는 날 수 있다. 나는 날 수 없는 새를 결코 본 적이 없다.

2. 어떤 목수도 미장공이 아니다. 박 씨는 목수이다. 그러므로 박 씨는 미장공이 아니다.

3. 달성공원에 있는 10마리의 고니는 흰색이다. 그러므로 모든 고니는 흰색이다.

4. 김 씨는 함경도 출신이다. 그러므로 그는 참을성이 강하다.

5. $3X + Y = 10$이고 $Y = 4$이다. 그러므로 $X = 2$이다.

6. 대졸사원들의 평균연봉은 고졸사원들의 평균연봉보다 많다. 미숙이는 대졸사원이다. 그래서 미숙이의 연봉은 고졸사원들의 평균연봉보다 많다.

7. 오늘은 수요일이다. 당신은 4일 전에 왔다. 이것은 당신이 토요일에 왔다는 것을 의미한다.

8. 인간의 모든 선택은 예정(豫定)되어 있다. 왜냐하면 우주 안에서의 모든 사건은 예정되어 있고, 인간의 모든 선택은 우주 안에서의 사건이기

때문이다.

9. 철수와 만수는 둘 다 검은 눈을 가지고 있다. 그러므로 장래에 태어날 그들의 자식도 검은 눈을 가지게 될 것이다.

10. 폴 게티가 『러브 스토리』의 작가라면, 그는 부자였을 것이다. 폴 게티는 부자이다. 그래서 그는 틀림없이 『러브 스토리』의 작가이다.

11. 용의자 중에서 일정한 거리를 두고 38구경 리볼버를 정확하게 쏠 수 있는 사람은 버틀러와 치솔름 뿐이었다. 로포드 여사는 화요일 밤 9시에 100피트의 거리에서 저격당했다. 치솔름은 화요일 밤 9시에 범죄 현장으로부터 100마일 떨어진 거리에 있었다. 그러므로 버틀러가 로포드 여사를 저격했다.

12. 인간을 제외하고는 현재까지 관찰된 어떤 종(種)의 생명존재도 이성적 사고를 할 수 없다. 그러므로 인간은 유일한 이성적 생명존재이다.

13. 배를 묶어 두는 밧줄이 지금 선착장에 묶여져 있다. 그 선착장에는 한 번에 한 가지만 묶여질 수 있을 뿐이다. 그러므로 그 선착장에는 다른 아무 것도 묶여져 있지 않다.

제7절 좋은 논증의 기준

지금까지 우리는 논증의 의미와 논증을 식별해 내는 방법 및 논증의 두 가지 유형을 살펴보았다. 그러나 우리는 아직까지 좋은 연역논증 혹은 좋은 귀납논증의 구성요소가 무엇인지에 대해서는 다룬 적이 없었다. 이제 우리는 이 주제에로 관심의 방향을 돌리기로 하자.

(1) 좋은 연역논증

가장 좋은 논증, 즉 그 결론의 참을 신뢰할 수 있는 논증은 **견실한 논증**(a sound argument)이라고 불린다. 견실한 논증이 되기 위해서는 논증이 다음의 두 가지 조건을 만족시켜야 한다. **그것은 타당한 논증이어야 하며 동시에 그것의 모든 전제들의 참이 합리적으로 잘 수립될 수 있는 논증이어야 한다.** 앞에서 우리는 이미 연역논증이라 할지라도 거짓인 전제들과 참인 결론으로 구성될 수 있으며, 마찬가지로 거짓인 전제들과 거짓인 결론으로 구성될 수도 있다는 것을 주목한 적이 있었다. 앞에서 예로 들었던 적이 있는 두 개의 타당한 논증을 다시 한 번 생각해 보기로 하자.

돌고래는 상어의 일종이다.
상어는 숨 쉬는 구멍을 가지고 있다.
그러므로 돌고래는 숨 쉬는 구멍을 가지고 있다.

에펠탑은 런던에 있다.
런던은 독일에 있다.
독일은 아프리카에 있다.
그러므로 에펠탑은 아프리카에 있다.

첫 번째 예에서 두 전제는 거짓이지만 결론은 참이다. 두 번째 예에서는 모든 전제와 결론이 거짓이다. 두 논증 중의 어느 것도 견실하지는 않지만, 둘 다 타당한 논증이다. 견실함이란 한 가지 유형의 연역논증에만, 즉 그 참이 잘 수립되는 전제들로 구성되는 연역논증에만 적용되는 말이다. 견실한 논증의 경우에 결론의 참은 필연적으로 잘 수립되는 것이 틀림없다. 왜냐하면 타당한 논증이란 만약 그 전제들이 참이라면 그 결론도 틀림없이 참이 되는 그러한 논증이고, 조금 전에 살펴보았듯이 견실한 논증의 전제들은 실제로 그 참이 잘 수립되어 있기 때문이다.

이제 우리는 타당하면서도 그 참이 잘 수립되지 않는 전제들로 구성되는 다음과 같은 논증에 대해서 생각해 보기로 하자.

> 담배를 피우는 사람은 누구든지 담배를 피우지 않는 사람보다도 폐암에 걸릴 위험이 높다.
> 철수는 하루에 두 갑을 피우고 민수는 담배를 피우지 않는다.
> 그러므로 철수는 민수보다 폐암에 걸릴 위험이 높다.

이 논증에서 두 번째 전제의 진리치를 어느 정도 확실하게 합리적으로 결정하는 일은 비교적 단순한 작업이다. 왜냐하면 철수와 민수에게 담배를 피우는지 안 피우는지를 물어 볼 수도 있고, 며칠 동안 그들의 행동을 직접 관찰해 볼 수도 있기 때문이다. 그러나 첫 번째 전제의 진리치에 대해서 결정을 내리는 일은 훨씬 더 어렵다. 왜냐하면 그것은 논리학자가 해야 할 일이라기보다는 의학자가 해야 할 일이기 때문이다. 일반적으로 논리학자는 어떤 전제에 의해서 표현된 명제가 참인지 혹은 거짓인지를 결정할 특별한 자격을 전혀 가지고 있지 않다. 여하튼 일련의 진술들을 연구할 때에 논리학자의 일차적인 관심사는 그 진술들이 타당한 연역논증을 구성하고 있는지 혹은 귀납논증을 구성하고 있는지 혹은 전혀 논증이 아닌지를 결정하는 일이다.

어떤 연역논증이 좋은 논증인지 혹은 그렇지 않은지를 결정하는 마지막 기준은 비순환성이라는 기준이다. **순환논증**(a circular argument)이란, **이미 전제에서 명백하게 진술하고 있는 어떤 것을 결론에서 단순히 다른 말로 다시 진술하고 있는 논증**을 말한다. 어떤 의미에서는 모든 타당한 논증이 순환적이라고 볼 수도 있다. 왜냐하면 모든 타당한 논증의 결론은 이미 전제들 속에 포함되어 있어야 하기 때문이다. 그러나 우리는 '순환적'이라는 용어를 다음과 같은 논증에만 한정해서 사용할 것이다.

모든 독신남성은 불행하다.
그러므로 결혼하지 않고 혼자 살고 있는 모든 남성은 불행하다.

독신남성의 정의가 '결혼하지 않고 혼자 살고 있는 남성'이라는 것을 감안해 볼 때, 이 논증의 결론은 본질적으로 전제를 다시 진술한 것 이외의 아무 것도 아닌 것이다. 그래서 우리는 우리가 시작했던 바로 그 지점에 다시 와 있게 된다. 물론 어떤 논증의 순환성이 그 논증의 타당성과 마찬가지로 쉽게 수립될 수 있는 것은 아니다. 왜냐하면 논증의 순환성은 청자(聽者)가 이미 알고 있는 것에 의존하기 때문이다. 따라서 어느 논증이 어떤 사람에게는 순환적이고 다른 어떤 사람에게는 순환적이지 않을 수도 있다. 만약 위의 논증이 '독신남성'이 '결혼하지 않고 혼자 살고 있는 남성'을 의미한다는 것을 모르는 사람에게 제시된다면, 그 사람에게는 그 논증이 순환적이지 않을 수도 있는 것이다. 사실 그 사람은 누군가가 그에게 '독신남성'을 정의해 줄 때까지는 논증이 있다는 것조차도 알아차리지 못할 것이다.

연습문제 2-10

다음의 연역논증들은 타당하다. 각 논증에 대하여 (a) 전제들의 참은 잘 수립되고 있는지를 검토해 보고, (b) 견실한 논증인지 아닌지를 결정하라.

1. 모든 꽃은 식물이다. 모든 장미는 꽃이다. 그러므로 모든 장미는 식물이다.

2. 모든 직사각형은 네 변으로 둘러싸인 도형이다. 모든 정사각형은 직사각형이다. 그러므로 모든 정사각형은 네 변으로 둘러싸인 도형이다.

3. 모든 마천루(摩天樓)는 대단히 높은 빌딩이다. 엠파이어스테이트 빌딩은 마천루이다. 그러므로 엠파이어스테이트 빌딩은 대단히 높은 빌딩이다.

4. 모든 여성은 현명하다. 오 박사는 여성이다. 그러므로 오 박사는 현명하다.

5. 만약 인간이 생명존재라면, 인간은 생존하기 위해서 먹어야 한다. 인간은 생명존재이다. 그러므로 인간은 생존하기 위해서 먹어야 한다.

(2) 좋은 귀납논증

연역논증과 마찬가지로, 귀납논증이 좋은 귀납논증이 되기 위해서는 그 참이 잘 수립될 수 있는 전제들을 가지고 있어야 한다. 그렇지만 귀납논증에서 그 보다 더 중요한 것은, 전제들이 결론의 참을 뒷받침하기 위해서 제공하는 근거의 상대적 강도를 고려해 보는 일이다.

앞에서도 보았듯이, 귀납논증에 있어서는 전제들이 결론을 뒷받침하기 위한 절대적인 근거를 제공하지 않기 때문에 연역논증과는 달리 새로운 전제가 부가됨에 따라서 논증이 강해질 수도 있고 약해질 수도 있다. 앞서 논의된 바 있는 철수의 논리학 점수(평균 90점)에 관한 예에서, 우리는 철수에게 여전히 A학점을 받을 기회가 있음을 보았다. 이제 만약 우리가 철수는 마지막 시험을 위해서 열심히 공부했다든가 시험 전날 밤잠을 설치지 않고 잘 잤다는 전제를 부가시킨다면, 결론이 실현될 가능성은 훨씬 더 높아질 것이다. 새로이 구성된 논증은 원래의 논증보다 더 강하다. 다른 한편으로 만약 우리가 철수가 지금까지 대학에서 치렀던 20번의 시험 중에서 두 번만 태양이 빛나는 날에 치러졌다든가 철수가 백지상태로 시험답안지를 제출하고자 하는 경향이 있을 때마다 더욱 더 열심히 공부한다는 정보를 부가시킨다면, 전제들이 결론을 뒷받침하는 근거는 약해질 것이다.

전제들이 결론을 위한 절대적인 근거를 제공하지는 않는 모든 논증을 가리키기 위하여 우리는 지금까지 '귀납논증'이라는 말을 사용하기만 했지만, 귀납논증에 한 가지의 유형만 있는 것은 아니다. 이

점을 아는 것은 매우 중요하다. 귀납논증에는 수많은 특정 사례들 사이의 유사점을 이끌어내는 논증도 있고 관찰된 사례들로부터 일반화를 행하는 논증도 있다. 또 두 개 혹은 그 이상의 사건 사이의 인과관계를 확인하는 귀납논증도 있으며, 통계적 분석을 행하는 귀납논증도 있다. 그러나 이들 각각의 귀납논증은 전제들이 결론을 뒷받침하는 정도상의 차이를 허용한다. 전제들이 결론을 뒷받침하는 정도는 거의 절대적인 것으로부터 거의 아무 것도 뒷받침하지 못하는 것에 이르기까지 다양하다. 우리는 나중에 여러 귀납논증의 본성에 관하여 상세하게 연구할 것이다.

용어법에 관해서 말하자면, 우리는 '견실한'이라는 용어도 '타당한'이라는 용어도 귀납논증에는 적용하지 않을 것이다. 그 대신에 우리는 어떤 귀납논증이 다른 어떤 귀납논증보다 더 강하다거나 혹은 보다 더 약하다고 말할 것이다. 우리가 어떤 귀납논증이 강하다(혹은 약하다)고 주장할 때, 이 주장은 그 논증의 결론과 동일한 결론을 뒷받침하기 위하여 주어질 수 있는 모든 가능한 논증 중에서 그 특정한 논증이 대부분의 다른 논증들보다 더 강하다(혹은 더 약하다)라는 주장으로서 해석되어야 한다.

제8절 생략논증을 다루는 방법

우리는 앞에서 일련의 진술들 중에서 논증으로서 의도되고 있는 진술들을 식별하는 문제에 대해서 논의할 때에, 일상적 문맥들에서는 의도된 논증의 부분들 모두가 명시적으로 진술되는 것은 아님을 살펴본 적이 있었다. 그런 논증(혹은 그와 같이 논증으로서 의도된 일련의 진술들)은 생략논증이라고 알려져 있음도 역시 설명한 적이 있었다. 더 나아가서 우리는 생략된 전제들을 보충할 때 너그러움의 원리를 고수해야 한다는 것도, 즉 가능한 한 좋은 논증을 만드는 데 필요한 전제들이 있으면 무엇이든 부가시켜야 한다는 것도 지적한 바 있다. 이제 우리는 '가장 좋은' 논증이란 견실한 논증, 즉 그 참이 잘 수립되는 전제들을 가지고 있는 타당한 논증임을 실제로 보여줌으로써 너그러움의 원리를 더욱 더 정교하게 다듬을 수 있다.

다음은 생략논증의 한 예이다.

만약 대구가 한국에 있다면, 대구는 아시아에 있다.
그러므로 대구는 아시아에 있다.

여기에서의 진술들은 진술되어 있는 그대로는 타당한 논증을 구성하고 있지 않지만, 이 진술들이 논증으로서 의도되었다고 가정하는 것이 합리적일 것 같다. 따라서 우리는 이 진술들에 전제로서 부가될 수 있는, 그리고 결과적으로 이 진술들을 타당한(또한 견실한) 논증으로 만들어 줄 잘 수립된 진리들(참들)을 발견하고자 노력해야 한다. 이 진술들에 생략된 전제를 보충하면 다음과 같이 타당한 논증이 된다.

만약 대구가 한국에 있다면, 대구는 아시아에 있다.
【대구는 한국에 있다.】

그러므로 대구는 아시아에 있다.

이 예에서 부가된 전제의 참은 잘 수립될 수 있으며, 따라서 부가된 전제는 위의 논증을 타당한 논증이 되도록 한다.

이 예에서는 모든 작업이 단순하게, 그리고 잘 수행되었지만 너그러움의 원리를 고수하더라도 견실한 논증이 만들어지지 않는 경우도 매우 많다. 예를 들어 다음의 경우를 생각해 보기로 하자.

셰익스피어는 영국인이었다. 따라서 모든 영국인은 위대한 극작가이다.

잘 수립되어 있는 진리인 '셰익스피어는 위대한 극작가였다.'를 이 예에 전제로서 부가시킨다고 하더라도, 우리는 여전히 타당한 논증을 가지지 않는다. 결과하는 논증은 기껏해야 약한 귀납논증이다.

셰익스피어는 영국인이었다.
【셰익스피어는 위대한 극작가였다.】
그러므로 모든 영국인은 위대한 극작가이다.

이 예를 타당한 논증으로 만들기 위해서 새로이 부가해야 할 전제들이 어떤 전제들인지가 전혀 명백하지 않다. 그러나 새로이 부가되어야 할 전제들은 가령 '만약 지금까지 한 명의 영국인이 위대한 극작가였다면, 모든 영국인은 위대한 극작가임에 틀림없다.'와 같이 그 참이 매우 의심스러운 진술이어야 할 것이다.

이처럼 우리가 타당하지 않은 논증(상대적으로 높은 귀납적 강도를 가지고 있는 논증)을 만들게 될 (잘 수립된) 참 전제들을 부가시키는 것과 타당한 논증을 만들게 될 (참이 의심스러운) 전제들을 부가시키는 것 중에서 어느 하나를 선택해야 하는 경우에, 논리학자들은 보통 타당한 논증을 만들고자 노력하는 것을 더 좋아한다. 왜냐하면 논리학자들의 전문성은 사실적 진리를 수립하는 데 있는 것이 아니라 타당성을 결정하는 데 있기 때문이다. 그러나 참이 잘 수립되어 있는 전제들을 부가함으로써 연역적으로 타당한 논증이 만들어지는 것은 아니지만 강한 귀납논증이 만들어지는 상황들도 더러 있다. 이런 경우들에서 우리는 아마 거짓이거나 혹은 그 참이 매우 의심스러운 전제들을 가지고 타당한 논증을 구성하는 것보다는 오히려 그 참이 아주 잘 수립되어 있는 전제들을 가지고 강한 귀납논증을 구성하는 것이 더 나을 것이다.

연습문제 2-11

다음의 각 논증이 일상적인 문맥에서 구성된다는 가정 하에 (a) 결론을 확인하고 (b) 진술된 전제를 확인하라. 그리고 (c) 연역적으로 타당한 논증이 될 수 있도록 생략된 전제를 보충하라.

1. 그것은 장미나무가 아니다. 왜냐하면 그것에는 가시가 없기 때문이다.

2. 삶의 끝은 삶의 완성이다. 그래서 죽음은 삶의 완성이다.

3. 색깔이 붉은 것을 보니, 그 술은 소주가 아니다.

4. 양 팀이 형편없는 경기를 했기 때문에 야구경기는 너무 재미없었다.

5. 모든 형이상학자는 괴벽스러운 사람이라서 그런지 J 교수도 괴벽스럽다.

6. 명호는 그 회사에 근무하지 않았으므로, 그 돈을 훔치지 않았을 것이다.

7. 사람이라면 누구나 실수를 저지르는 법이다. 그러니까 원길이도 실수를 저지른다.

8. 그는 합격했다. 그러므로 그는 틀림없이 거짓말을 했다.

9. 국회의원 L모씨는 민주당원이 아니다. 그러므로 그는 국민당원이다.

연습문제 2-12

다음의 각 논증이 일상적인 문맥에서 구성되는 귀납적 논증이라는 가정 하에서 (a) 결론을 확인하고 (b) 진술된 전제(들)를 확인하라. 그리고 (c) 보다 더 강한 논증으로 만들 전제를 부가시켜 보고 (d) 보다 더 약한 논증으로 만들 전제를 부가시켜 보라.

1. 나는 내가 마셨던 2009년산(産) 안동소주를 좋아했다. 나는 내가 마셨던 2010년산 안동소주를 좋아했다. 나는 내가 마셨던 2011년산 안동소주를 좋아했다. 그러므로 나는 내가 마시게 될 2012년산 안동소주를 좋아하게 될 것이다.

2. 철수는 여태까지의 수학시험에서 줄곧 좋은 점수를 받아 왔으므로, 오늘 치르게 될 마지막 수학시험에서도 좋은 점수를 받을 것이다.

3. 오늘과 마찬가지로 내일도 청명한 날씨가 계속될 것이라는 일기예보가 있었기 때문에, 우리는 부분일식을 볼 수 있게 될 것이다.

4. 내가 사닥다리 아래를 걸어가고 있을 때, 검은 고양이 한 마리가 내 앞을 가로질러 갔다. 그래서 무시무시한 일이 나에게 닥쳐올 것만 같다.

5. 지방신문사의 편집인들은 대개 개혁주의자들이다. 오 씨는 지방신문사의 편집인이다. 그러므로 오 씨는 아마 개혁주의자일 것이다.

6. 외국전쟁에 참전했던 대부분의 병사들은 병역기피자들을 비난한다. 로빈슨 씨는 외국전쟁에 참전했던 사람들 중의 한 사람이다. 그러므로 그는 아마 병역기피자들을 비난할 것이다.

7. 나는 오늘 대구에서 벌어지는 프로야구경기에서 삼성라이온즈가 이길 것임을 알고 있다. 왜냐하면 오늘의 경기에 출전하는 삼성라이온즈의 선수들 중에는 어젯밤 돼지꿈을 꾼 선수가 7명이나 되기 때문이다.

8. 마침내는 자동차가 다른 수송수단으로 대체되어야 할 것이다. 왜냐하면 현재의 소비율에 비추어 볼 때, 전 세계가 보유하고 있는 원유가 2050년에는 고갈될 것이기 때문이다.

제9절 복합논증의 구조분석

지금까지 우리가 들었던 예와 연습문제에는 단 한 개의 결론과 그 결론을 직접 뒷받침하는 한 묶음의 전제들이 있었다. 그러나 일상적인 문맥에서 우리와 마주치는 논증들은 대개 이보다 훨씬 더 복잡하다. 예를 들어 한 개의 결론을 뒷받침하기 위하여 제공되는 전제들이 두 묶음 혹은 그 이상인 경우도 흔하다. 혹은 논증들이 "연쇄적으로" 나타나는 경우도 있는데, 이 경우에는 일련의 전제들이 어느 한 결론을 뒷받침하고 그 결론이 다시 다른 어떤 결론을 뒷받침하는 전제로 사용된다. 단 한 개의 복합논증에 연역논증과 귀납논증이 섞여 있을 수도 있다.

복합논증에 대한 논리적 분석은 본질적으로 단순논증에 대한 논리적 분석과 동일하다. 왜냐하면 복합논증을 구성하고 있는 하위의 논증들 그 자체는 단순논증으로 간주될 수 있기 때문이다. 그러나 여전히 중요한 것이 하나 있는데, 그것은 복합논증이 나타날 때 그것이 복합논증임을 알아보고 그 복합논증에 대한 형식적 분석을 시도하기 전에 하위의 구성요소들에로 진입하는 것이다. 이제 우리는 너무 복합적이지 않은 논증의 몇몇 예를 간단하게 살펴보기로 하자.

철수는 논리학 강좌를 열심히 수강할 예정이다. 왜냐하면 철수는 합리적인 사람이고 H대학교 로스쿨에 입학하고 싶어 하기 때문이다.

어떤 논증이든 그 논증을 도식화하는 첫 단계는 명백하게 진술되어 있는 것들의 목록을 만들고 다음과 같이 각 진술에 라벨을 붙이는 것이다.

A : 철수는 논리학 강좌를 열심히 수강할 예정이다.
B : 철수는 합리적인 사람이다.
C : 철수는 H대학교 로스쿨에 입학하고 싶어 한다.

우리는 또한 명백하게 진술되어 있지는 않지만 그 논증의 문맥에서 합리적으로 가정할 수 있는 전제들의 목록도 만들어야 한다. 이렇게 가정된 전제들은 논증을 분석하는 우리가 공급한 것이므로 애초의 논자가 의도하지 않은 것일 수도 있다. 따라서 우리가 합리적으로 가정한 진술들임을 다른 사람이 확인할 수 있도록 그 진술들의 라벨은 【 】로 묶어야 한다.

【D】: 철수는 논리학 강좌를 열심히 수강하는 것이 H 대학교 로스쿨에 입학하는 데 도움이 될 것이라고 믿고 있다.
【E】: 뭔가를 열심히 하는 것이 원하는 어떤 것을 성취하는 데 도움이 될 것이라고 믿는 모든 사람은 뭔가를 열심히 할 것이다.

이제 우리는 네 개의 전제가 함께 결론을 뒷받침하게 될 것임을 보여주는 도식을 작성할 수 있다. 다음과 같이 전제인 라벨들을 선 위에 나란히 적고, 선 아래쪽으로 결론인 라벨을 향하여 수직 화살표를 그리면 된다.

여기에서 수직 화살표가 점선으로 표기되어 있다는 사실을 주목해

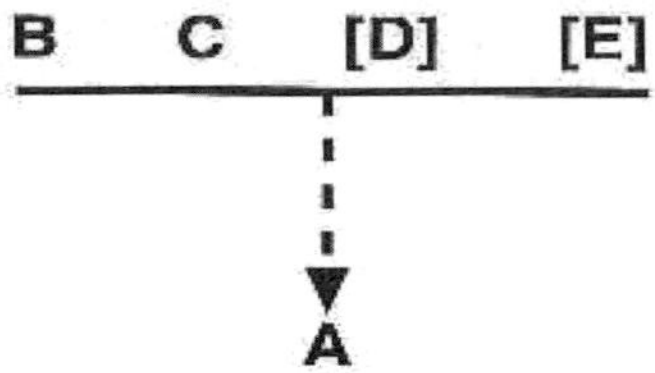

야 한다. 이것은 그 논증이 귀납논증이라는 것을 의미한다. 즉 이 논증의 전제들이 결론을 부분적으로(불완전하게) 뒷받침한다는 것을 의미한다. 만약 우리가 어떤 논증이 타당하다는 것을 알고 있다면, 우리는 전제들과 결론을 연결하는 선을 점선이 아닌 실선으로 표기해야 한다. 우리는 다음과 같은 일반 원리를 따른다. **어떤 논증의 타당성에 대한 명확한 증거가 없다면, 우리는 신중한 입장을 취해야 하며 그 논증의 타당성이 현재까지는 입증되지 않았다는 것을 가리키기 위하여 항상 점선을 사용해야 한다.**

현 단계에서 제대로 이해하기가 어렵지만 언급할 가치가 있는 것이 한 가지 더 있다. 그것은 하위 논증들 중에 어떤 논증은 연역논증이고 어떤 논증은 귀납논증인 복합논증도 있을 수 있다는 것이다. 이런 논증을 도식화하면 실선 화살표도 나타나고 점선 화살표도 나타날 것이다.

앞에서 들었던 예보다 약간 더 복합적인 논증을 살펴보기로 하자.

> 이번 논리학 강좌에서 적어도 한 명의 학생은 A학점을 받을 것이다. 왜냐하면 이번 논리학 강좌를 수강하는 학생들 중에서 적어도 한 명의 학생은 운이 좋은 학생이거나 열심히 공부하는 학생이기 때문이다. 운이 좋은 모든 학생은 A학점을 받으며 열심히 공부하는 모든 학생도 A학점을 받는다.

분석의 첫 단계는 다음과 같이 명백하게 진술되어 있는 것들의 목록을 만들고 각 진술에 라벨을 붙이는 것이다.

A : 이번 논리학 강좌에서 적어도 한 명의 학생은 A학점을 받을 것이다.
B : 이번 논리학 강좌를 수강하는 학생들 중에서 적어도 한 명의 학생은 운이 좋은 학생이거나 열심히 공부하는 학생이다.
C : 열심히 공부하는 모든 학생은 A학점을 받는다.
D : 운이 좋은 모든 학생은 A학점을 받는다.

다음 단계는 명백하게 진술되어 있지는 않지만 합리적으로 가정할 수 있는 진술들이 있다면 그러한 진술들의 목록을 만드는 것이다. 그러나 이 논증의 경우에는 명백하게 합리적으로 가정할 수 있는 진술이 전혀 없어 보인다. 전제들끼리의 연결고리 및 전제들과 결론의 연결고리는 다음과 같이 그려질 수 있다.

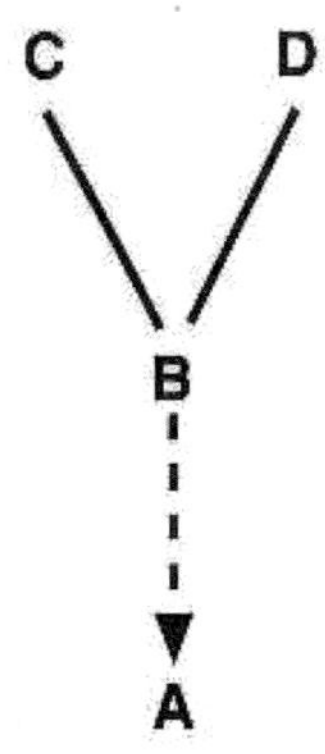

여기에서 C와 B를 연결하는 선과 D와 B를 연결하는 선의 어느 쪽 끝에도 화살표가 없다는 것을 주목해야 한다. 화살표가 없는 이유

는 C와 B 중의 어느 진술도 다른 진술을 함의하는 것도 아니고 어느 한 진술이 다른 진술을 뒷받침하는 것도 아니기 때문이다. D와 B의 관계도 이와 마찬가지이다. 화살표가 없는 선은 결론 A를 뒷받침하기 위하여 진술 C, B, D가 함께 연결되어야 한다는 것을 보여준다. 그리고 B에서 A를 향하고 있는 화살표는 진술 C, B, D가 진술 A를 뒷받침하고 있음을 보여준다.

한 개의 예를 더 살펴보기로 하자.

시험에서 부정행위를 하다가 적발된 학생들은 언제나 마음의 상처를 입는 처벌을 받는다. 시험에서 부정행위를 하는 모든 학생이 적발되는 것은 아니다. 그러나 시험에서 부정행위를 하고도 적발되지 않은 학생들은 도덕성이 약화된다. 그리고 도덕성의 약화는 처벌만큼 그들에게 마음의 상처를 준다. 그러므로 시험에서 부정행위를 하는 모든 학생은 마음의 상처를 입을 것이다.

이 논증에서 명백하게 진술되고 있는 것들은 다음과 같다.

A : 시험에서 부정행위를 하다가 적발된 학생들은 언제나 마음의 상처를 입는 처벌을 받는다.

B : 시험에서 부정행위를 하는 모든 학생이 적발되는 것은 아니다.

C : 시험에서 부정행위를 하고도 적발되지 않은 학생들은 도덕성이 약화된다.

D : 도덕성이 약화된 모든 사람은 처벌에 의해서 마음의 상처를 입는 만큼 마음의 상처를 입는다.

E : 시험에서 부정행위를 하는 모든 학생은 마음의 상처를 입을 것이다.

B를 다음과 같은 문장으로 표현하면 그 의미가 보다 더 분명해진다.

【B1】: 시험에서 부정행위를 하는 학생들은 적발되거나 적발되지 않는다.

이 논증의 기본구조는 다음과 같은 도식으로 나타낼 수 있다.

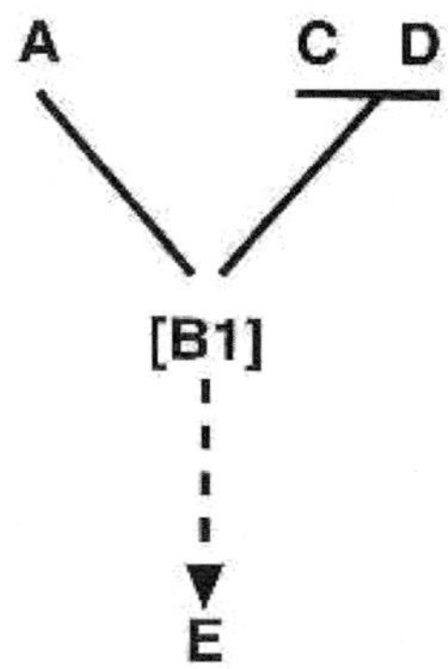

이 논증을 다른 방식으로 도식화하는 것도 가능하다. 예를 들어 전제 B1이 다른 전제들과 결론 앞에 위치할 수도 있다. 혹은 우리가 전제 B1을 완전히 배제할 수도 있다. 그러나 직관적으로 분명한 것이 있다. 그것은 다른 전제들과 결론 사이에 위치하고 있는 전제 B1이 표현된 전제들을 함께 묶어주고 그 전제들을 의도된 결론과 연결하는 '접착제'를 제공한다는 사실이다. 만약 전제 B1이 다른 전제들 앞에 위치한다면, 전제들을 한 데 모아 결론과 묶어주는 전제 B1의 기능이 불분명해진다. 그리고 만약 전제 B1이 완전히 배제된다면, 이 논증은 상당한 정도로 약화된다.

제10절 논증분석의 몇 가지 사례

장기나 바둑과 같은 게임과 마찬가지로 논리학도 인간의 관심영역이나 활동영역과 밀접하게 연관되어 있지 않은 일련의 추상적인 규칙과 절차를 다루는 것은 사실이지만, 논리학은 여러 영역에 유용하게 적용될 수 있다. 우리는 본서에서 논리학의 추상적인 규칙과 절차들이 실생활에 어떻게 적용되는가를 가능한 한 많이 살펴 볼 것이다. 논리학은 (제1장에서 논의된 바와 같이) 진술들의 논리적 구조 및 진술들 상호간의 논리적 관계를 이해하는 데도 도움을 주지만, 결론을 함의하거나 뒷받침한다고 **주장된** 일련의 진술들이 **실제로** 결론을 뒷받침하기 위한 절대적인 근거를 제공하고 있는지 혹은 부분적인 근거를 제공하고 있는지를 결정하는 데도 역시 유용한 도움을 준다. 우리는 이미 앞에서 일상적인 논증이 형식논리적인 의미에서 좋은 논증인지 혹은 그렇지 않은지를 결정하기 위하여 논증을 분석하는 데에 필요한 기본적인 개념들을 충분히 살펴보았다.

비교적 단순한 일상적 논증부터 분석해 보기로 하자.

> 영희는 이번 논리학 강좌에서 좋은 학점을 받을 것이다. 왜냐하면 영희는 인문학 강좌에서는 항상 좋은 학점을 받기 때문이다.

이 예문에서 두 번째 진술이 어떤 방식으로든 첫 번째 진술을 뒷받침하고 있다고 해석하는 것은 매우 합리적이다. 그런데 우리는 여기에서 두 번째 진술이 첫 번째 진술을 뒷받침하고 있긴 하지만, 두 번째 진술이 첫 번째 진술을 함의하고 있는 것은 아님을 직관적으로 알아차릴 수 있어야 한다. 그러므로 우리는 분석의 두 번째 단계로서, 이 예문을 타당한 논증으로 만들지도 모를 진술들을 전제로서 부가할 수 있는지 어떤지를 살펴보도록 하자. 여기에 부가될 수 있는 전제는 아마 '논리학은 인문학이다.'라는 진술일 것이다. 이 진술을 부가시켜 논증을 구성해 보면 다음과 같다.

【논리학은 인문학이다.】
영희는 인문학 강좌에서는 항상 좋은 학점을 받는다.
그러므로 영희는 이번 논리학 강좌에서도 좋은 학점을 받을 것이다.

이 논증은 원래의 논증보다 더 강한 논증이기는 하지만 여전히 연역적으로 타당한 논증인 것은 아니다. 왜냐하면 영희가 논리학 강좌에 수강신청을 하지 않는 일이 벌어질 수도 있기 때문이다. 만약 이러한 일이 실제로 일어난다면, '영희는 이번 논리학 강좌에서도 좋은 학점을 받을 것이다.'라는 진술이 거짓으로 될 가능성은 충분히 있는 것이다. 왜냐하면 어떤 학생이 수강신청하지 않은 강좌에서 좋은 학점을 받을 수는 없기 때문이다. 그리고 정의상 전제들은 참이고 결론은 거짓인 논증은 타당하지 않은 논증이다. 그러므로 우리는 위의 논증을 보다 더 강하게 할 수 있는 전제, 그리고 희망사항이긴 하지만 위의 논증을 타당하게 할 수 있는 전제를 적어도 한 개 이상 발견하고자 노력해야 한다. 영희가 이번 논리학 강좌에 실제로 수강신청할지의 여부는 우리가 알 수 없지만, 영희가 이번 논리학 강좌에 수강신청 한다는 것을 명백하게 진술한다면 위의 논증은 **논리적으로** 보다 더 강한 논증이 될 것이다. 이 진술을 부가시켜 논증을 구성해 보면 다음과 같다.

【A】: 【논리학은 인문학이다.】
【B】: 【영희는 이번 논리학 강좌에 수강신청 한다.】
C: 영희는 인문학의 강좌에서는 항상 좋은 학점을 받는다.
D: 그러므로 영희는 이번 논리학 강좌에서도 좋은 학점을 받을 것이다.

형식상 이 논증은 타당하다. 그러나 우리는 현재로서는 이 논증이 타당하다는 것을 입증할 수 없기 때문에, 이 논증이 아주 강한 논증일 것 같다고 말할 수 있을 뿐이다. 각 진술에 라벨을 붙여 이 논증의 비교적 단순한 구조를 도식화하면 다음과 같다.

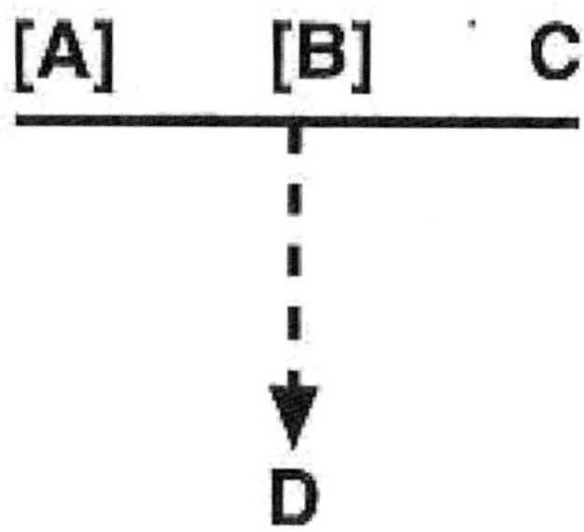

이와 같은 분석은 형식논리학의 테크닉들을 전혀 사용하지 않고 원래의 논증의 타당성을 검사하기 위하여 우리가 할 수 있는 최대한의 분석이다. 그러나 우리는 원래의 논증을 다소 다른 방식으로 분석할 수도 있다.

'영희는 인문학의 강좌에서는 항상 좋은 학점을 받는다.'라는 진술을 과거, 현재, 미래에 모두 다 적용되는 넓은 의미로 해석하는 대신에 영희가 과거에 수강신청 했던 강좌들에만 적용되는 좁은 의미로 해석할 수도 있을 것이다. 이렇게 해석한다면 위의 진술은 쉽게 검증될 수 있다. 그 반면에 현재와 미래의 강좌들에도 적용될 수 있는 진술은 적어도 영희가 죽을 때까지는 결코 절대적으로 참인 진술로 수립될 수 없을 것이다. 영희가 죽을 때까지 적용되는 진술도 여전히 영희가 이미 수강신청 했던 과거의 강좌들에만 적용되는 진술일 것이다. 위의 진술을 이런 방식으로 해석해서 논증을 구성해 보면 다음과 같다.

【A】: 【논리학은 인문학이다.】
【B】: 【영희는 이번 논리학 강좌에 수강신청 한다.】
E : 영희는 과거에 인문학 강좌에서 항상 좋은 학점을 받았다.
D : 그러므로 영희는 이번 논리학 강좌에서도 좋은 학점을 받을 것이다.

형식상 이 논증은 귀납논증이다. 그러나 세 번째 전제는 이 논증의 연역적 버전에서의 세 번째 전제보다 참일 가능성이 더 많다. 이 논증의 강도는 나중에 귀납의 일반적 원리들을 연구하고 난 다음에야 비로소 평가할 수 있을 것이다.

원래의 논증에 대한 또 다른 분석도 주목해 볼 만한 가치가 있다. 방금 분석했던 논증에 새로이 전제 한 개를 부가시키면, 귀납논증이 다음과 같은 타당한 연역논증으로 바뀔 수 있다.

【A】: 【논리학은 인문학이다.】
【B】: 【영희는 이번 논리학 강좌에 수강신청 한다.】

E : 영희는 과거에 인문학 강좌에서 항상 좋은 학점을 받았다.

【F】: 만약 영희가 과거에 인문학의 강좌에서 항상 좋은 학점을 받았다면, 영희는 미래에도 인문학의 강좌에서 항상 좋은 학 점을 받을 것이다.

D : 그러므로 영희는 이번 논리학 강좌에서도 좋은 학점을 받을 것이다.

새로이 부가된 전제 【F】는 이 논증을 논리적으로 강하게 하지만, 이 논증이 반드시 '보다 나은' 논증인 것은 아니다. 왜냐하면 새로이 부가된 전제 【F】가 명백하게 참인 것은 전혀 아니기 때문이다. 그리고 사실 그 전제의 참이 의심스럽다고 말하는 사람도 많을 것이다. 이 논증은 전부는 아닐지라도 대부분의 귀납논증에 일정한 어떤 전제들을 부가하면 그 귀납논증이 타당한 논증으로 바뀔 수 있다는 일반 원리의 진실을 보여주는 또 다른 하나의 실례이다.

이상에서 제시된 분석들은 일상 언어적인 의미에서 논증을 구성하고 있었던 원래의 논증에 대하여 행하여 질 수 있는 여러 가지 분석들 중의 세 가지일 뿐이다. 이 세 가지는 모두 그럴듯한 분석이다. 그러나 전문적인 논리학자들 사이에서 조차도 이 세 가지 중에서, 만약 가장 그럴듯한 혹은 가장 합리적인 것이 있다면, 그것이 어느 것인지에 대해서 의견일치를 보기가 어려울 것이다. 어느 것이 가장 합리적인가에 대한 판단은 부분적으로 연역 혹은 귀납 및 참인 전제 혹은 그럴듯할 뿐인 전제 등의 상대적 가치를 어떻게 가정하는가에 의존한다. 일상 언어적 논증을 어떻게 분석하는 것이 '가장' 좋은지에 대해서 의견이 일치하지 않을 경우에 일반적으로 적용될 수 있는 형식적 기준은 전혀 존재하지 않는다. 만약 의견이 일치할 수 있다면,

그것은 당사자 모두가 마음을 비우고 토론하고 협상한 결과일 것이다.

위에서 제시된 분석들 이외에도 다른 많은 분석이 가능할 뿐만 아니라, 위에서 제시된 분석들은 단지 예비적인 분석에 불과할 뿐이다. 다시 말해서 이 분석들은 애초에 의도된 논증이 형식논리학의 기법들에 의해서 분석될 수 있도록 하기에 충분할 뿐이며, 애초에 의도된 논증이 연역적으로 타당한 논증인지 타당하지 않은 논증인지 혹은 귀납적으로 약한 논증인지 강한 논증인지를 결정하기에 충분할 뿐이다. 우리는 여기에서 더 이상 이것을 자세하게 설명할 수 없지만, 원래의 논증에 대하여 행해질 수 있는 상이한 종류의 몇몇 형식적 분석을 보여주기 위하여 나중에 다시 이 예에로 되돌아 올 것이다.

논리적 분석의 기본적인 방법은 본질적으로 동일하다는 것을 이해하기 위하여 완전히 다른 종류의 예를 살펴보기로 하자.

1977년 10월 세계보건기구(WHO)는 '자연발생적으로' 천연두에 걸린 마지막 환자가 치유되었으며, 전염성이 매우 강한 이 질병이 지상으로부터 완전히 제거되었다고 선언했다. 그런데 1978년 8월 영국 버밍엄에 있는 한 대학병원의 직원인 파커 부인이 천연두로 진단받고 사망했다. 그래서 곧 바로 파커 부인이 분명히 소멸된 이 질병에 어떻게 해서 감염되었는가를 결정하기 위한 조사가 실시되었다.

조사자들은 파커 부인이 그녀가 근무하던 건물에 있는 실험실로부터 공기에 의해서 전달된 바이러스에 의하여 감염되었다고 결론을 내렸다. 그들의 결론은 다음과 같은 증거에 근거하고 있었다. 의학실험자들은 천연두의 바이러스가 파커 부인의 신체로부터 격리되어 있었으며, 그 바이러스가 '아비드'라고 알려져 있는 세균임을 확인했다. 그리고 이 세균에 대한 실험은 파커 부인이 근무했던 사무실 바로 아래층에 있는 실험실에서 행해졌다. 사람들은 오랫동안 천연두의 바이러스가 신체적 접촉에 의하지 않고서는 전염될 수 없다고 믿어 왔지만, 1970년 독일의 어느 병원에서 천연두가 공기에 의해서 전염될 수 있다는 것을 실험으로 증명했다. 그러므로 파커 부인이 천연두의 바이러스를 실험하는 사람들과 신체적 접촉은 없었지만, 그 바이러스가 공기를 통하여 그녀의 사무실로 전달되었을 것이라고 생각해 보는 것은 가능했다. 그녀를 죽음으로 몰고 간 바이러스가 있었을 만한 다른 장소는 전혀 없었기 때문에, 조사자들은 그 바이러스가 그녀의 사무실 바로 아래층으로부터 전달되었음을 확신하고 있었다. 그녀가 죽은 지 얼마 되지 않아 그 실험실의 책임자가 자살했을 때 비극은 더욱 더 커졌다.

이러한 경우에 조사자들의 추론을 재현하는 논증은 다음과 같이 표현될 수 있을 것이다.

A : 파커 부인은 '아비드'라고 하는 천연두 바이러스에 감염되었다.

B : 다량의 '아비드'라고 하는 천연두 바이러스가 파커 부인이 근무했던 사무실 바로 아래층의 실험실에 저장되어 있었고, 이 실험실에서 이 바이러스에 대한 연구도 진행되고 있었다.

C : 파커 부인이 근무했던 사무실 바로 아래층의 실험실 이외에는 '아비드'라고 하는 바이러스의 출처가 될 만한 다른 장소가 전혀 없었다.

D : 그러므로 천연두 바이러스의 출처는 틀림없이 파커 부인이 근무했던 사무실 바로 아래층의 실험실이었다.

E : 천연두 바이러스가 공기를 통해서 전염되는 것은 가능하다.

F : 바이러스는 아래층 실험실로부터 그 실험실의 공기에 의해서 전달되었거나 그 실험실에 있던 사람에 의해 전달되었거나 그 실험실의 물체에 의해서 전달되었다.

G : 파커 부인은 그 실험실에 있는 사람이나 그 실험실의 물체와 접촉한 적이 없었다.

H : 그러므로 파커 부인은 틀림없이 그 실험실로부터 공기를 통하여 전달된 바이러스에 감염되었다.

이 논증의 기본구조를 도식화하면 다음과 같다.

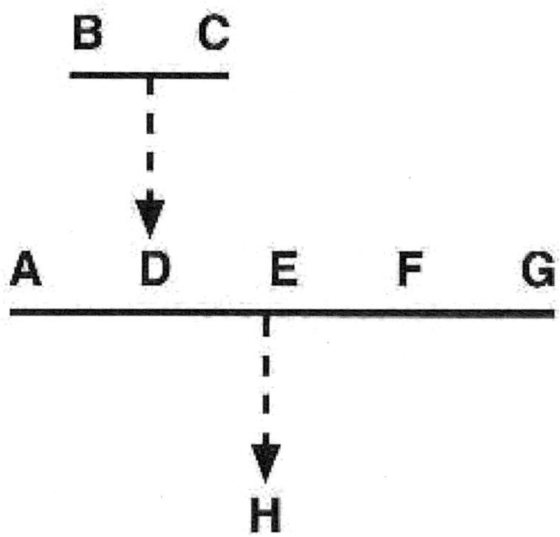

형식상 이 논증은 직관적으로 타당한 것처럼 보인다. 즉 전제가 모두 다 참이라면 결론도 틀림없이 참인 것이 분명하다. 달리 말해서 전제들 중의 적어도 하나는 거짓이라는 주장 외에 결론을 거짓으로 만들기 위하여 전제들에 부가될 수 있는 정보가 하나도 없다.

파커 부인의 죽음과 관련된 사례로부터 위의 논증과는 다소 상이한 논증을 이끌어 내는 것도 가능하다. 예를 들어 다음과 같은 버전에 대하여 생각해 보기로 하자.

> 의학실험자들은 파커 부인이 '아비드'라고 하는 천연두 바이러스에 감염되었다고 보고했다.
>
> 다량의 '아비드'라고 하는 천연두 바이러스가 파커 부인이 근무했던 사무실 바로 아래층의 실험실에 저장되어 있었고, 이 실험실에서 이 바이러스에 대한 연구도 진행되고 있었다.
>
> 수년에 걸쳐 행해졌던 천연두 바이러스에 대한 수백만 건의 실험 중에서 천연두 바이러스가 공기를 통하여 전달될 수 있다는 것을 입증한 실험은 단 한 번뿐이었다.
>
> 파커 부인은 그 실험실에 있는 어떤 사람이나 그 실험실의 어떤 물체와 접촉하지 않은 것으로 알려져 있다.
>
> 조사자들은 파커 부인이 근무했던 사무실 바로 아래층의 실험실 이외의 다른 어떤 장소에서도 '아비드'라고 하는 바이러스의 출처를 전혀 발견할 수 없었다.
>
> 그러므로 파커 부인은 틀림없이 그 실험실로부터 공기를 통하여 전달된 바이러스에 감염되었다.

분명히 이 논증은 타당한 논증이 아니다. 왜냐하면 이 논증에는 주어진 전제들의 참을 변화시키지는 않을 것이지만 결론을 거짓으로 만들거나 혹은 적어도 의심스럽게 할 수 있는 수많은 전제들이 부가될 수 있기 때문이다. 예를 들어 파커 부인이 그녀가 근무하던 사무실의 바로 아래층에 있는 실험실의 연구원들과 신체적으로 접촉했을지도 모르는 것이다. 비록 의학실험자들이 이 사실을 전혀 몰랐다고 하더라도 말이다. 혹은 의학실험자들이 실수를 저질렀을지도 모른다. 즉 의학실험자들이 위의 사례를 '아비드'라고 하는 천연두의 바이러스와 관련된 것으로 진단한 것은 여전히 참일 수 있지만, 파커 부인이 실제로 '아비드'라고 하는 천연두의 바이러스에 감염되었다는 것은 거짓일 수도 있는 것이다.

그리고 이런 종류의 예는 우리들 각자가 내리는 판단이 논증을 해석하는 방식에 얼마나 큰 영향을 미치는가를 보여 준다. 거의 모든 논증은 정도의 차이는 있지만 연역논증으로 해석될 수도 있고 귀납논증으로 해석될 수도 있다. 그러므로 우주 안에서 일어나는 일에 대한 모든 일반화는 특정 개인 혹은 집단의 신념에 관한 주장이라고 해도 과언이 아닐 것이다. 예를 들어 천연두에 관한 논증에서 '천연두 바이러스는 공기를 통해서 전염되는 것이 가능하다.'라는 전제는 바이러스가 공기를 통하여 전염시키는 '능력'에 대한 주장이라고 볼 수도 있지만, 또한 의학실험자의 신념을 기술하는 진술로도 볼 수 있는 것이다.

이러한 예들에 대한 분석의 이론적 한계를 계속해서 논하는 것보다는 에드윈 A. 로버츠 주니어에 의해서 제기된 보다 더 복잡한 예에 대하여 부분적으로, 그리고 예비적으로 분석해 보기로 하자.

Mainstreams

. . . *Thoughts on the 10 Greatest Liars*

By Edwin A. Roberts, Jr.

It fell to me the other week, in connection with a story assignment, to ask a dozen or so motel operators in a Florida town how business was. They all said business was just fine, the gasoline shortage wasn't hurting them at all, and if they were making any more money the local bank couldn't accommodate their deposits.

Oddly under such happy circumstances, the motel parking lots were practically empty. So I asked an officer of the local bank how the cashing of travelers' checks this year compared to last. As a matter of fact, said the banker, such check cashings were "way below" 1973. This information suggested that the motel operators

Comment

were dissembling, and so I am putting motel owners in resort towns on my list of The 10 Greatest Liars.

National Observer, April 6, 1974.

주류(主流)

…10대 거짓말쟁이에 관한 의견들

에드윈 A. 로버츠 주니어

필자가 작성해야 할 기사와 관련하여 지난 주 플로리다의 어느 휴양지에서 모텔을 운영하고 있는 십여 명의 사람들에게 사업이 잘 되고 있는지를 물어보는 임무가 필자에게 부여되었다. 그들은 모두 사업이 잘 된다고 말했으며, 휘발유 부족사태가 그들에게 전혀 피해를 주지 않았다고 말했다. 그리고 만약 그들이 더 많은 돈을 벌었다면, 그 지역의 은행이 그들의 예금을 수용할 수 없었을 것이라고 말했다.

그와 같은 행복한 상황이었는데도 이상하게 모텔 주차장은 실제로 텅 비어 있었다. 그래서 필자는 그 지역 은행의 임원에게 작년과 비교했을 때 금년에 여행자 수표를 현금으로 바꾼 것이 어느 정도였는지 물었다. 은행 임원은 수표의 현금화수치가 사실상 1973년보다 '훨씬 아래에' 있다고 말했다. 이 정보는 모텔 운영자들이 진실을 숨기고

********* 논 평 **********

있다는 것을 암시했다. 그래서 필자는 그 휴양지의 모텔 소유주들을 필자의 10대 거짓말쟁이 명단에 등재했다.

로버츠의 논증의 명백한 결론은 10대 거짓말쟁이 중에는 휴양지의 모텔 운영자들도 포함된다는 것이다. 그러나 신뢰성과 관련하여 모텔 운영자들과 다른 거짓말쟁이들과의 비교가 어떻게 행해졌는지에 대해서는 아무 것도 말해진 것이 없기 때문에, 결론을 뒷받침하기 위하여 주어진 근거는 아무 것도 없는 것처럼 보인다. 이 예를 다시 한 번 자세히 살펴보면, '10대 거짓말쟁이들'이라는 말이 글자 그대로 해석되어서는 안 되는 언어적인 혹은 수사적인 고안물임을 알 수 있을 것이다. 이런 해석을 따른다면 결론은 '모텔 운영자들은 그들의 사업에 대하여 거짓말을 많이 하고 있다.'와 같은 어떤 것이 될 것이다. 이 결론과 관련되는 진술들을 찾아내어 논증을 구성해 보면 다음과 같다.

A : 플로리다의 어느 휴양지에 있는 모텔 운영자들은 모두 그들의 사업이 잘 된다고 말했다.
B : 모텔들의 주차장은 실제로 텅 비어 있었다.
C : 그 지역 은행의 임원은 여행자들의 수표를 현금으로 바꾸어 준 비율이 작년보다 낮았다고 말했다.
D : 그러므로 모텔 운영자들은 그들의 사업에 대해서 거짓말을 많이 하고 있다.

이 논증을 타당한 연역적 논증으로 만들기 위해서는 은폐되어 있지만 합리적으로 추정할 수 있는 다른 많은 전제들을 부가시켜야 한다. 다음과 같은 버전은 보다 더 완전한 논증이 되지만 여전히 타당한 논증이 되지는 않는다.

A : 플로리다의 어느 휴양지에서 인터뷰에 응했던 모텔 운영자들은 모두 그들의 사업이 잘 된다고 말했다.

B : 모텔들의 주차장은 실제로 텅 비어 있었다.

C : 그 지역 은행의 임원은 여행자들의 수표를 현금으로 바꾸어 준 비율이 작년보다 낮았다고 말했다.

【E】: 만약 모텔들의 주차장이 거의 비어 있다면, 모텔의 사업은 잘 된 것이 아니다.

【F】: 만약 지역 은행에서 수표를 현금으로 바꾸어 준 비율이 작년보다 낮다면, 틀림없이 여행자가 많지 않았다.

【G】: 그러므로 여행자가 많지 않았다.

【H】: 만약 여행자가 많지 않다면, 모텔의 사업은 잘 된 것이 아니다.

【I】: 그러므로 모텔의 사업은 잘 된 것이 아니다.

【J】: 사업이 잘 되지도 않으면서 잘 된다고 말하는 사람은 모두 거짓말을 하고 있다.

【K】: 그러므로 플로리다의 어느 휴양지에서 인터뷰에 응했던 모텔 운영자들은 모두 거짓말을 했다.

【L】: 만약 플로리다의 어느 휴양지에서 인터뷰에 응했던 모텔 운영자들이 모두 그들의 사업에 대해서 거짓말을 했다면, 모텔 운영자들은 모두 그들의 사업에 대해서 거짓말을 한다.

D : 그러므로 모텔 운영자들은 그들의 사업에 대해서 거짓말을 많이 하고 있다.

앞에서 제시되었던 다른 도식과 비교했을 때, 이 논증의 기본구조에 대한 도식은 아주 복잡하다. 그러나 우리가 일상적 상황에서 마주치게 될 많은 논증들에 비하면, 이 논증의 도식은 여전히 비교적 단순하다. 새로이 부가된 진술들에 포함되어 있는 '그러므로'라는 말에서 알 수 있듯이, 이 논증에는 여러 개의 하위 논증이 있으며 각 하위 논증의 결론은 추론의 연쇄에서 이어지는 논증의 전제가 되고 있다. 다음의 도식에서 알 수 있듯이, 하위 결론 중의 한 개는 서로 분리되어 있는 두 개의 하위 논증에 의해서 뒷받침되고 있다.

이 논증을 타당하게 하기 위하여 이처럼 모든 전제를 명백하게 나타내고 필요한 모든 전제를 보충하더라도 몇몇 새로운 난점이 생긴다. 그 중의 하나는 이제 더 이상 결론이 주장하는 바가 전혀 명료하지 않다는 것이다. 결론은 미국(혹은 전 세계)의 휴양지에 있는 모든 모텔 운영자가 거짓말쟁이라고 말하고 있는가? 혹은 플로리다의 어느 휴양지에 있는 모텔 운영자들이 거짓말쟁이라고 말하고 있을 뿐인가? 분명한 것은, 미국(혹은 전 세계)의 휴양지에 있는 모든 모텔 운영자들이 거짓말쟁이라는 주장은 매우 강한 주장이라는 것이다. 이 예에 너그러움의 원리를 적용한다면, 즉 이 예를 가능한 한 좋은 논증이 되도록 해석하고자 한다면, 결론이 모든 모텔 운영자를 언급하고 있다기보다는 특정한 어느 한 지역의 모텔 운영자들을 언급하고 있는 것으로 해석하는 것이 아마도 나을 것이다.

이 예를 다른 방향에서 분석하는 것에 대해서도 언급할 가치가 있다. 여태까지 우리는 로버츠가 작성한 기사에서 의도된 결론을 표현하고 있는 문장을 거의 글자 그대로 해석하고 있었다. 그러나 우리는 로버츠의 의도를 잘못 읽고 있었을 수도 있다. '필자는 그 휴양지의 모텔 소유주들을 필자의 10대 거짓말쟁이 명단에 등재했다.'라는 문장은 '휴양지의 모텔 소유주들이 하는 말을 액면 그대로 받아들이지 말라!' 혹은 '휴양지의 모텔 소유주들이 말하는 모든 것을 항상 믿지는 말라!' 등과 같은 문장에 의해서 표현된 것과 유사한 권고 혹은 명령으로서 읽혀질 수도 있는 것이다. 이와 같은 해석은

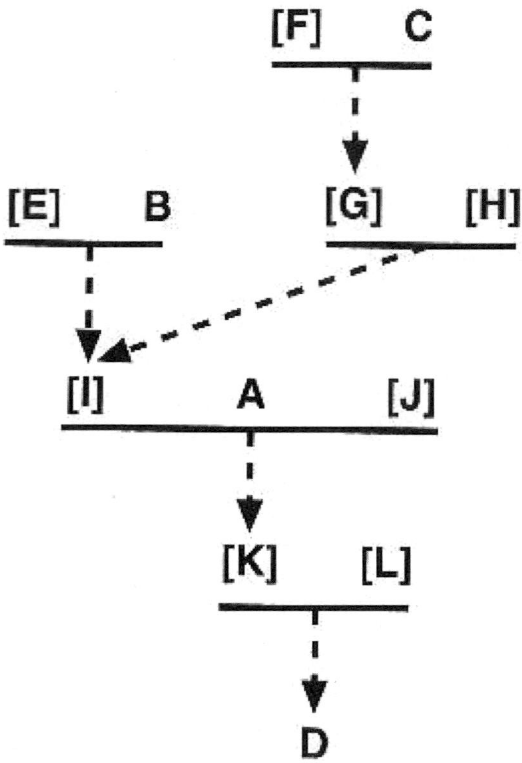

로버츠의 논증을 본서에서 논의되는 형식적인 논리적 분석방법들의 범위 밖으로 밀어낼 것이다. 다른 방법들을 사용하면 로버츠의 논증이 분석될 수도 있겠지만 말이다. 비록 우리가 본서에서 더 상세하게 다룰 수는 없다고 하더라도, 그러한 해석을 가장 그럴듯한 해석으로 간주하는 것은 분명히 비합리적이지 않을 것이다. 그러나 우리는 앞에서 살펴보았던 해석들도 여전히 비합리적이지 않은 것으로 간주할 것이며, 따라서 우리는 이하의 여러 장들에서 제시될 논리학의 다양한 체계들이 지니고 있는 일정한 특징들을 예증하기 위하여 이 예를 사용할 수 있다.

제11절　논증분석의 기본요소

논증을 분석하고 평가할 때에 고려되어야 할 요소들 중에서 다음에서 열거되는 것들은 실질적인 내용이나 상세함의 정도가 결코 완전하지는 않다. 다음에서 열거되는 것들은 기껏해야 보다 더 중요하고 중대한 요소들 중의 몇 가지일 뿐이며, 따라서 여러분들은 특정한 논증들을 평가할 때에 다소간의 차이는 있지만 빈번하게 관련되는 다른 요소들도 많이 있음을 알고 있어야 한다. 또한 어떤 작업에 대한 단순한 기술(記述)이 항상 그 작업이 단순하다는 것을 의미하지는 않는다는 것이다. 예를 들어 주결론(main conclusion)이 확인되면 명료하고 정확하게 정식화되어야 한다고 약정하기란 쉬운 일이다. 그러나 실제로 논증을 다룰 때에는 이렇게 하는 작업이 매우 지루하고 복합적인 경우가 너무나도 자주 있다. 이 복합성은 부분적으로는 너그러움의 원리, 즉 항상 어떤 논증을 가능한 한 가장 강한 형식으로 해석하고 정식화하도록 노력해야 한다는 원리를 고수하라고 요구한 결과이다. 논증의 강도는 전제들과 결론 간의 관계의 함수이기 때문에, 만약 우리가 전제들의 내용이 무엇인지에 대한 약간의 관념을 미리 가지고 있지 않다면 우리는 결론을 어떻게 정식화해야 어떤 논증을 보다 더 강하게 혹은 보다 더 약하게 할지를 사실상 알 수 없다. 그러므로 이것은 또한 다음에 열거되는 것들이 구체적인 요소들을 고려할 때에 일종의 확정적인, 그리고 필수적인 순서를 나타내는 것으로 이해되어서는 안 된다는 것을 상기시켜 준다. 실제로 논증을 분석할 때에 몇 가지 요소를 동시에 고려하는 것이, 그리고 어느 한 요소로부터 다른 요소에로 갔다가 다시 첫 번째 요소에로 되돌아오는 일종의 주기적 패턴을 취하는 것이 일반적이며 심지어 필수적인 경우도 종종 있다. 이와 같은 포기사항 및 경고사항과 더불어 이제 우리는 논증을 분석하거나 평가하는 데에 중요한 요소들을 다음과 같이 제시한다.

논증분석지침

1. 논증의 주(主)결론을 확인하고 필요하다면 적절히 바꾸어 표현하라.

2. 암묵적 전제들을 명백하게 하면서, 논증의 전제들을 확인하고 필요하다면 적절히 바꾸어 표현하라.

3. 타당한 논증으로 구성하는 것이 적절할지 혹은 강한 귀납논증으로 구성하는 것이 적절할지를 결정하라.

4. 전제들을 뒷받침하기 위하여 제공되는 또 다른 논증이 있으면, 그 논증을 앞의 세 가지 요소에 의해서 확인하고 평가하라.

5. 주(主)논증의 타당성 혹은 귀납적 강도를 검사하라.

6. 전제들이 어떤 종류의 전제인가를 확인하라. 즉 정의(定義)된 것인가, 과학적 사실 혹은 과학적 이론에 관한 진술인가, 형이상학적 이론 혹은 윤리적 이론에 관한 진술인가 등등을 확인하라.

7. 각각의 전제들의 참 혹은 개연성의 정도를 결정하라.

연습문제 2-13

다음의 각 논증에서 결론을 확인하고, 논증 안에 분명하게 진술되어 있는 전제들을 모두 찾아보라. 그리고 귀납적 형식으로든 연역적 형식으로든 각 논증을 가장 강한 형식으로 만들기 위해서 부가적으로 다른 전제들이 필요하다고 생각된다면, 그러한 전제들이 무엇인지를 말해 보라. 각 논증에 대해서 여러분들이 분석한 것을 동료 학생들이 분석한 것과 비교해 보라. 여러분들이 분석한 것을 잘 보관해 두기 바란다. 나중에 다시 필요할 때가 있을 것이다.

1. 우리는 여성으로서의 권리, 즉 자유롭게 될 권리뿐만 아니라 자유를 위해서 투쟁할 권리를 주장해야 합니다. 우리가 믿고 있듯이 모든 인류의 거듭남을 의미하는 여성해방운동에 참여하는 것은, 우리의 자랑이자 기쁨이요 특권입니다. 단지 부당한 억압에 복종할 것을 우리에게 요구하는 사람들이 우리를 경멸하고 있을 뿐입니다. 앞으로 우리는 결코 부당한 억압에 복종하지 않을 것입니다.
【크리스타벨 팽크허스트(1880~1958), 영국의 여성참정권운동가】

2. 만약 내가 철도회사의 선로보수 반에서 일하는 노동자이거나 혹은 그 밖의 어떤 형태로든 공장에 고용된 임금노동자라면, 나는 의심할 바 없이 내가 고용된 공장의 노동조합에 가입할 것입니다. 만약 노동조합의 정책이 부당하다고 생각되면, 나는 그 정책과 대결하기 위하여 다른 조합원들과 연대할 것입니다. 만약 노동조합의 대표들이 정직하지 못하다면, 나는 그들을 물러나게 하기 위하여 다른 조합원들과 연대할 것입니다. 나는 노동조합을 믿습니다. 그리고 노동조합의 혜택을 입은 모든 사람들은 능력이 미치는 데까지 공정하게 추진되는 노동조

합의 정책에 협조할 만큼 도덕적으로 결속되어 있음을 나는 굳게 믿습니다.

【시어도어 루스벨트(1858~1919), 미국의 제26대 대통령】

3. 두렵게 되는 것보다 사랑받는 것이 더 좋을지 혹은 사랑받는 것보다 두렵게 되는 것이 더 좋을지가 문제입니다. 우리는 사랑받기를 원하기도 하면서 동시에 두렵게 되기를 원하기도 해야 한다는 대답도 아마 있을 수 있을 것입니다. 그러나 사랑과 두려움은 함께 존재하는 것이 거의 불가능하기 때문에, 만약 우리가 사랑과 두려움 중에서 하나를 선택해야 한다면 사랑받는 것보다는 두렵게 되는 것이 훨씬 더 안전할 것입니다.

【니콜로 마키아벨리(1469~1527), 이탈리아의 정치이론가】

4. 필요한 양(量)보다 더 많이 부(富)를 축적하거나 숨겨두는 모든 사람은 도둑입니다. 만약 부가 편중되지 않고 사회정의가 실현된다면, 그런 도둑이 생길 여지가 전혀 없을 것입니다.

【모한다스 카람찬드 간디(1869~1948), 인도의 민족해방운동지도자】

5. 서민들이 비참한 운명으로부터 벗어날 수 있는 방법은 오로지 세 가지밖에 없습니다. 첫째 방법은 술을 마시는 것이고, 둘째 방법은 교회나 성당에 가는 것이며, 셋째 방법은 사회적 혁명을 일으키는 것입니다.

【미하일 알렉산드로비치 바쿠닌(1814~1876), 러시아의 급진적 무정부주의자】

6. 만약 자유가 모든 사람에게 무엇이든지 마음대로 해도 좋다는 면허증 이상의 다른 아무 것도 의미하지 않는다면, 자유를 위해서 투쟁할 필요가 없습니다. 그럼에도 불구하고 자유는 쟁취되어야 할 가치가 있습니

다. 왜냐하면 자유는 무제한적으로 움켜쥐는 것 이상을 의미하기 때문입니다.

【도로시 캔필드 피셔(1879~1958), 미국의 여류소설가】

7. 마르크스는 공산주의적 사회주의국가로 진보하거나 혹은 붕괴되어 공산주의적 사회주의국가로 될 첫 번째 대상이 산업 강대국들일 것이라고 예언했다. 그가 러시아에서 경제학자로서 성공을 거두었다는 사실은 결과적으로 예언자로서의 그의 생명이 절멸되었음을 의미했다.
【길버트 셀즈(1893~1970), 미국의 작가이자 문화비평가】

8. 인습(因襲)은 도덕이 아닙니다. 독선(獨善)은 종교가 아닙니다. 인습이나 독선을 비난하는 것은 도덕이나 종교를 공격하는 것이 아닙니다.
【샬롯 브론테(1816~1855), 영국의 소설가】

9. 진리가 박해에 대해서 항상 승리를 거둔다는 금언(金言)은 너무나 진부하게 되었을 정도로 사람들이 반복해서 말해온 유쾌한 거짓말들 중의 하나입니다. 왜냐하면 우리들의 모든 경험은 저 금언을 반박하기 때문입니다. 역사상 박해에 의해서 진리가 무력해진 사례는 헤아릴 수 없을 정도로 많이 있습니다. 만약 진리가 박해에 의해서 영원히 은폐되지 않는다면, 수세기가 지나는 동안에 이미 진리가 박해를 격퇴시켰을 것입니다.
【존 스튜어트 밀(1806~1873), 영국의 철학자이자 경제학자】

10. 인간의 주요한 목적은 일반 명제들을 짜 맞추어 내는 것이지만, 조금이라도 가치가 있는 일반 명제는 하나도 없다.
【올리버 웬델 홈즈(1809~1894), 같은 이름의 미국 법률가의 아버지, 미국의 의학자, 문필가】

요 약

1. 논리학적 차원에서는 **논증**이 진술들 중의 어느 하나, 즉 **결론**이 다른 진술들, 즉 **전제들**에 의해서 뒷받침되고 있거나 다른 진술들에 함의되고 있는 일련의 진술들로서 정의된다. 어떤 한 생각으로부터 다른 생각에로 이동하는 심리적인 과정인 **추리**와 논증은 전혀 다른 것이지만, 모든 추리에 상응하는 논증이 구성될 수 있다. 논증이라고 주장되거나 의도된 일련의 진술들이 모두 논증인 것은 아니다. 즉 겉으로 보기에는 전제인 것들이 실제로는 결론을 뒷받침하는 근거를 전혀 제공하지 않는 경우도 있다.

2. 모든 논증 혹은 모든 의도된 논증에는 정의상 꼭 한 개의 결론만이 포함되어 있지만, 전제는 여러 개일 수 있다. '그러므로'나 '따라서' 혹은 '~라고 추리될 수 있다' 등과 같은 결론지시어가 나타나 있을 때에는 결론의 확인이 용이할 수도 있다. '왜냐하면', '~이기 때문에', '만약 ~라고 한다면' 등과 같은 단어들은 그것들이 포함되어 있는 진술들이 전제로서 의도되고 있음을 지시해 준다. 이와 같은 **지시어들**이 없을 때에는 진술이 사용되고 있는 문맥으로부터 그 진술의 논증 안에서의 기능이 결정되어야 한다. 왜냐하면 결론인 진술들과 전제인 진술들이 그 자체적으로 본래부터 상이한 것은 아니며(즉 어떤 논증에서는 결론인 것이 다른 논증에서는 전제로 될 수도 있다), 한 논증 안에서 그것들의 위치가 고정되어 있는 것도 아니기 때문이다. (즉 결론은 전제들보다 앞에 있을 수도 있고 전제들 다음에 올 수도 있으며 전제들 사이에 있을 수도 있다.)

3. 몇 가지 이유로 해서 의도된 논증을 확인하는 작업이 어려울 수도 있다. 일련의 진술들이 참이라고 주장될 수도 있지만, 결론을 제공하지 않거나 결론을 뒷받침하는 근거를 제공하지 않을 수도 있다. 때때로 전혀 논증이 의도되고 있지 않을 때에도 지시어들이 나타나 있는 경우가 있으며 혹은 지시어들이 주어진 일련의 진술들 간의 논리적 연관을 표시하는 기능과는 다른 기능을 위해서 사용될 수도 있다. 이 때 우리는 논증이 의도되고 있는지 혹은 그렇지 않은지를 결정하기 위해서 어쩔 수 없이 다른 언어적 실마리를 찾아보거나 혹은 문맥을 검토해야 한다.

4. 논증으로서 의도된 일련의 진술들이 결론이나(혹은 결론과) 한 개 혹은 그 이상의 전제를 결여하고 있을 수도 있다. 그러나 생략된 명제들이 보충된다면 논증으로서의 자격을 부여받을 수 있다. 이와 같이 의도된 논증들은 **생략논증**이라고 불리는데, 생략논증은 일정한 어떤 결론을 강하게 함의할 수도 있고 혹은 생략된 전제들은 의도된 청중들에 의해서 이미 알려져 있다는 것을 당연시할 수도 있다. 전자의 경우에 우리는 정당하게 생략된 결론을 제공할 수 있다. 후자의 상황에서는 생략된 전제(들)를 부가시킬 때에 우리는 문맥을 검토하고 **너그러움의 원리**를 적용할 것이다. 우리는 이 너그러움의 원리를 다음과 같이 약정한다. 어떤 논증을 가능한 한 좋은 논증으로 만들기 위하여 부가될 수 있는 전제들이 있다면 무엇이든 부가시켜야 한다.

5. 논증에는 두 가지 유형이 있다. 연역논증과 귀납논증이 그것들이다. **연역적**(혹은 **타당한**) 논증에 있어서는, 전제들이 그 자체 참이든 그렇지 않든 간에 결론을 뒷받침하는 절대적인 근거를 제공한다. 즉 만약

전제들이 참**이라면**, 결론은 필연적으로 참일 것이다. 그러므로 연역논증의 타당성은 그것의 내용이 아니라 그것의 논리적 형식에 근거해서 평가될 수 있다. 연역적이지 않은 논증은 귀납논증을 구성한다. **귀납적** 논증의 전제들은 결론을 뒷받침하는 절대적인 근거를 제공하지 않는다. 연역논증으로서 주장되거나 의도된 일련의 진술들이 사실은 귀납논증일 수도 있고(혹은 전혀 논증이 아닐 수도 있고), 그 역일 수도 있다.

6. 연역논증이 좋은 논증으로서의 자격을 부여받기 위해서는 **견실한** 논증, 즉 모든 전제들의 참이 잘 수립되는 논증이어야 한다. 그러나 주어진 어떤 명제의 진리치를 결정하는 일은 종종 어떤 주제에 대한 전문적인 지식을 요구하기 때문에, 논리학자는 주로 연역논증의 견실성보다는 타당성을 평가하는 일에 관심을 가지게 된다. 좋은 연역논증은 **순환적인 논증이 아니다**. 다시 말해서 좋은 연역논증에서는 전제들이 결론을 함의하고 있지만(따라서 결과적으로 결론을 포함하고 있지만), 결론은 전제들에서 이미 표현되었던 진술의 자구(字句)만 단순히 바꾼 것에 불과한 것이 아니다.

7. 귀납논증들을 평가함에 있어서는 견실성, 타당성 및 그 밖의 절대성을 지시하는 용어들은 사용될 수 없다. 귀납논증이 좋은지 혹은 그렇지 않은지를 결정할 때에 우리는 전제들의 참과 결론의 개연성을 고려해야 한다. 어떤 특정한 논증을 그것의 결론을 뒷받침하기 위하여 제공될 수 있는 모든 가능한 다른 논증들과 비교했을 때에, 만약 그 논증이 대부분의 다른 논증들보다 더 강하다면(혹은 더 약하다면) 우리는 그 귀납논증이 강하다(혹은 약하다)고 말할 수 있다. 연역논증과는 달리 귀납논증은 부가적인 정보에 의해서 강화될 수 있거나 약화될 수 있다.

8. 생략논증들(한 개 혹은 그 이상의 암묵적인 진술들을 가지고 있는 논증들)을 다룰 적에, 연역적으로 타당한(그러나 아마 견실하지는 않은) 논증을 결과하게 할 진술들을 부가시키는 것은 보통 가능하며 또한 생략논증을 (강한 혹은 약한) 귀납논증으로 만들게 될 상이한 진술들을 부가시키는 것도 역시 가능하다.

9. 일상적인 문맥에서 의도된 논증들을 분석할 때에 고려되어야 할 요소에는 여러 가지가 있는데, 그 중에는 전제들과 결론을 확인하고 재구성하는 일과 그 전제들을 뒷받침하는 또 다른 논증들을 확인하고 평가하는 일 및 타당성이나 귀납적 강도를 검사하는 일 등이 포함된다.

제3장

비형식적 오류

3

비형식적 오류

우리는 이미 제2장에서 어떤 논증이 좋은 논증이 되기 위해서는 다음의 세 가지 조건을 만족시켜야 한다는 것을 지적한 바 있다.

1. 연역논증이라면 타당한 논증이어야 한다. 귀납논증이라면 전제들은 결론을 뒷받침하는 합리적인 근거를 제공해야 한다.
2. 전제들의 참은 잘 수립될 수 있어야 한다.
3. 순환논증이어서는 안 된다.

논증의 타당성 혹은 귀납적 강도를 결정하는 엄격한 형식적 절차가 있다. 그러나 그와 같은 정교한 테크닉이 우리들 각자가 일상생활에서 자주 접하게 되는 수많은 좋지 않은 논증들을 확인하는 데에 반드시 필요한 것은 아니며, 심지어는 매우 부적절할 수도 있다. 본 장에서 우리는 형식적 절차에 비교적 적게 의존하고서도 확인될 수 있는 여러 종류의 좋지 않은 논증들에 관하여 논의하고자 한다.

전통적으로 논리학자들은 '나쁜 추론'의 동의어로서 '오류'(fallacy)라는 용어를 사용해 왔다. 어떤 논증들은 오류를 범하고 있다는 것이 빤히 들여다보여서 기껏해야 우리들의 기분전환을 위한 웃음거리로만 사용될 수 있을 뿐이지만, 오류를 범하고 있는 대부분의 논증들은 매우 기만적이고 또 오류를 범하고 있다는 사실이 쉽게 확인되지도 않는다. 왜냐하면 그러한 논증들의 결론은 참인 전제들로부터 논리적으로 도출되는 것처럼 보이기 때문이며, 또한 그 논증을 주의 깊게 조사해 볼 때에만 오류가 드러나기 때문이다. 본 장에서 우리는 우리들이 속기 쉽도록 오류를 범하고 있는 논증(이러한 논증이 일상적 상황 하에서는 종종 좋은 논증으로 받아들여지기도 한다. 왜냐하면 의식적이든 무의식적이든 작가, 광고주, 정치가, 변호사 등에 의해서 사용되는 오류는 모두다 상대방으로 하여금 그들의 결론을 받아들이게끔 설득하는 것을 목표로 하기 때문이다)들만을 다룰 것이다. 이처럼 형식논리학적인 방법에 전혀 의존함이 없이도 확인될 수 있는 오류를 기만적으로 범하고 있는 논증을 **비형식적 오류**(informal fallacy)를 범하고 있는 논증이라고 한다. 아리스토텔레스가 최초로 논리학에 관한 체계적인 저술을 집필한 이래로 약 2천 3백 년 동안 논리학자들은 그야말로 수백 개의 비형식적 오류를 확인하고 명명하고 정의해 왔다. 우리는 본 장에서 전형적인 비형식적 오류들 중의 일부만을 제시할 것이다.

제1절 위장 논증들

무심한 독자나 청자에게는 논증인 것처럼 보이지만, 사실상 전혀 논증이 아닌 일련의 진술이 있다. 흔히 이 진술들은 논증인 것처럼 위장하는 데 사용된다. 이러한 위장 논증의 몇 가지 유형을 검토하면서 시작해 보기로 하자. 일단 이 유형들에 대해서 배우고 나면, 일상적 문맥에서 이러한 유형들의 사례가 나타날 때 여러분들이 속임수에 넘어갈 가능성은 거의 없다.

(1) 선결문제요구의 오류

이미 제2장에서 우리는 순환논증이 정의상으로는 연역적으로 타당한 논증이지만 좋은 논증은 아니라는 것을 지적한 바 있다. 또 연역적으로 타당한 논증이 가지는 특징들 중의 하나는 전제들 속에 이미 결론이 포함되어 있어야 한다는 것이기 때문에, 연역적으로 타당한 모든 논증을 순환적 논증의 부류에 포함시키지 않는 방식으로 정의하는 것이 불가능한 것은 아니지만 어렵다는 것도 지적한 바 있다. 그래서 '순환논증'이라는 말을 논증 자체의 형식적 특징을 가리키는 말로서 정의하는 것보다는 차라리 그 논증을 대하는 사람(청자나 독자)의 지식이나 신념에 관한 심리적 사실을 가리키는 말로서 정의하는 것이 더 유용하다. 즉 **청자나 독자의 입장에서 볼 때 어떤 논증의 결론이 전제들에 이미 분명히 진술되어 있는 바의 것을 단순히 다시 진술한 것에 불과하다면**, 그 논증은 순환적인 것이다. 이 때 순환적이기 때문에 좋지 않은 논증을 **선결문제요구의 오류**(라 petitio principii, 영 the fallacy of begging the question)를 범하고 있는 논증이라고 한다. 이러한 종류의 오류적 추론을 행하고 있는 몇몇 예들을 살펴볼 필요가 있다.

선결문제요구의 오류를 범하고 있는 논증에는 제2장에서 제시되었던 순환논증의 예보다 훨씬 더 순환적인 요소가 많다. 예를 들어 어떤 사람이 텔레비전에서 오락프로그램보다는 교양프로그램이 더 낫다고 말하면서 그 이유는 교양프로그램을 좋아하는 사람이 오락프로그램을 좋아하는 사람보다 더 지성적이기 때문이라고 말한다고 하자. 이 때 그 사람에게 교양프로그램을 보는 사람이 더 지성적이라는 것은 어떻게 알 수 있는가라고 물으면, 그는 교양프로그램을 보는 사람이 고상한 취미와 비판정신을 가지고 있기 때문에 식별될 수 있다고 대답하면서 고상한 취미와 비판정신을 가지고 있는 사람을 텔레비전에서 교양프로그램을 즐기는 사람으로 정의할 것이다.

> 만약 지성적인 사람들이 B보다 A를 더 좋아한다면, A는 B보다 좋다.
> 텔레비전에서 교양프로그램을 좋아하는 사람들은 고상한 취미와 비판정신을 가지고 있는 사람들이다.
> 고상한 취미와 비판정신을 가지고 있는 사람들은 지성적인 사람들이다.
> 지성적인 사람들은 텔레비전에서 오락프로그램보다 교양프로그램을 더 좋아한다.
> 그러므로 텔레비전에서 교양프로그램은 오락프로그램보다 좋다.

순환논증이 순환적이라는 것은 너무나도 명백하지만, 순환논증에는 보통 순환성을 위장하고자 하는 시도가 포함되어 있다. 순환성을 위장하기 위한 방법 중에서 가장 흔한 방법은 논증의 핵심 구성요소들의 동의어를 사용하는 것이다. 다음의 만화에서 이영구 씨의 문제에 대한 오말자 의사의 분석에도 역시 이와 같은 방법이 사용되고 있다. 오말자 의사는 사실상 이영구 씨의 문제에 관하여 인과적으로 논증하고 있는 것이 아니다. 왜냐하면 오말자 의사는 단지 이영구 씨가 맨 처음에 제시한 말의 동의어들을 제공하고 있을 뿐이기 때문이다. 약점이나 단점은 결점의 원인이 아니라, 본질적으로 결점과 동일한 것이다.

순환논증이 길면 길수록 마치 결론의 참이 증명되기라도 한 듯이 별다른 검토도 못해 보고 결론을 받아들이게 될 가능성은 그 만큼 더 많아진다. 나치 정부의 과학자이자 히틀러의 대변인이었던 후버(Huber)에 의해서 매우 효과적으로 적용되었던 다음과 같은 예가 그러한 경우의 예가 될 것이다.

지도자는 국민의 의지를 반영하고 있는 사람입니다. 그는 어떠한 집단의 이익에도 무관하지만 자기 국민의 본성에 의해서 유산으로 전승되어진 법률에 굳게 결속되어 있습니다. …… 지도자는 특수집단의 "대표자"가 아닙니다. …… 그는 스스로 국민의 집합적 의지를 담지하고 있습니다. 그는 국민의 단순한 감정을 의식적인 의지로 변형시킵니다. …… 그러므로 국민들 사이에 내재해 있는 주관적인 의견이나 개인의 신념이 국민의 객관적 운명에 배치되는 것이라면, 지도자는 자기 국민의 참된 의지의 이름으로 그런 것들에 대항하는 것이 가능합니다. …… 지도자는 자기 자신 안에서 국민의 집합적 의지를 구현시킵니다.

이 예에는 논점은 수립되어 있지만, 어느 곳에도 그 논점에 대한 증명은 없다. 왜냐하면 그 증명이 동일한 것을 여러 번 반복하는 데에 있는 것은 아니기 때문이다. 이처럼 어떤 의미에서는 선결문제 요구의 오류가 실제로는 논증이 아닐지도 모른다. 그러나 위의 예에서처럼 역사가 입증해 주듯이, 위장 논증이 종종 매우 설득적일 수도 있다.

요약하자면, 선결문제 요구의 오류를 범하고 있는 위장 논증은 사실상 전혀 논증이 아니다. 그러한 논증들은 본질적으로 동일한 진술을 반복하고 있을 뿐이다. 이 진술들에는 흔히 이러한 사실을 위장하려는 시도가 포함되어 있다. 그 수법은 동일한 생각을 다른 문장으로 나타내는 것이다.

(2) 애매어(語)의 오류

애매어의 오류(the fallacy of equivocation)에는 선결문제요구의

오류와는 정반대의 방법을 사용하는 위장 논증이 포함되어 있다. 애매어의 오류는 동일한 의미를 가지는 다른 단어나 표현을 사용하는 대신에 **하나의 논증 내에서 두 개 혹은 그 이상의 서로 다른 의미를 가지는 동일한 단어를 사용한다.** 일단 의미상의 차이가 명백하게 밝혀지면, 표면상 진짜 논증인 것처럼 보였던 것이 실제로는 위장 논증임을 알 수 있다.

다음의 예에서처럼, 애매어의 오류는 하나의 논증 내에서 두 개 혹은 그 이상의 전혀 다른 의미를 가지는 특정한 어떤 단어(혹은 일련의 단어들)에 전적으로 의존하고 있다.

모든 **살인자**는 마땅히 사형되어야 한다.
모든 사형집행관은 **살인자**이다.
그러므로 모든 사형집행관은 마땅히 사형되어야 한다.

이 논증은 표면상 타당한 것처럼 보인다. 부분적인 이유이긴 하지만, 그 이유는 '살인자'라는 단어의 반복이 두 전제를 논리적으로 연결하는 것처럼 보이기 때문이다. 심지어 두 전제는 실제로 참인 전제라고 볼 수 있기 때문에, 이 논증은 아마도 견실한 논증일 것이다. 그런데 어떻게 해서 결론은 거짓인가? 이 물음에 대한 대답은 '살인자'라는 단어가 이 논증에서 서로 다른 두 가지의 의미로 사용되고 있다는 것이다. 첫 번째 전제에서 살인자는 '불법적인' 살인자를 의미하고 두 번째 전제에서 살인자는 '합법적인' 살인자를 의미한다. 두 가지의 의미는 둘 다 합당하다. 그러나 그 두 가지의 의미는 상호 교환될 수 있는 것이 아니다.

애매어의 오류 중에서 어떤 것은 다음과 같이 명백하게 불합리한 것도 있다.

어떤 사람이 6시에 파티 장에 도착했다.
어떤 사람이 9시에 파티 장을 떠났다.
어떤 사람은 3시간 동안 파티 장에 머물러 있었다.

이 논증에서의 오류는 '어떤 사람'이라는 말의 애매한 사용에 있다. 만약 이 논증을 '타당한' 논증으로 간주한다면, 그것은 '어떤 사람'이라는 말이 이 논증 전체를 통하여 동일한 사람을 지시하고 있다는 가정에 의존하고 있는 것이다.

애매하게 사용되고 있는 단어나 구(句)를 확인하는 것이 위에서 제시된 예들에서처럼 항상 쉬운 것은 아니다. 왜냐하면 다음의 논증에서처럼 애매성이 통계상의 수치 속에 감추어지는 경우도 종종 있기 때문이다.

범죄와의 전쟁이 일부 지역에서는 매우 큰 성공을 거두었다. 1993년 T시(市)의 범죄증가율은 1992년의 그것보다 훨씬 낮았다. 1992년의 범죄증가율은 1991년에 비해 50% 증가했지만, 1993년의 범죄증가율은 1992년에 비해 33.3%만 증가했다.

이 논증의 결론이 전제들에서 주장되고 있는 사실들로부터 도출될 수 없다는 것을 보여 주기 위해서 다음과 같이 각각의 전제에 수치를 대입해 보기로 하자. 가령 1991년의 범죄가 1000건이고 1992년에 그것의 50%가 증가했다면, 1992년의 범죄는 1500건이 된다. 그리고 1993년에 그것의 33.3%가 증가했다면, 1993년의 범죄는 약 2000건이 된다. 그러므로 1993년의 범죄 증가 수는 1992년의 그것과 마찬가지로 500건이 되는 것이다. 이렇게 볼 때 위 논증에서의 애매성은 '범죄증가율 50%'라는 구가 '범죄증가율 33.3%'라는 구보다 훨씬 많은 건수의 범죄를 제시한다는 잘못된 가정에 있었다는 것이 입증되는 것이다. '범죄증가율 50%'라는 구와 '범죄증가율 33.3%'라는 구는 사실상 같은 양(量), 즉 500명을 언급한다.

애매어에 의한 오류의 마지막 형식은 '상대어'(relative terms)를 사용하고 있는 논증에서 나타난다. 이 상대어는 문맥이 다름에 따라 정도에 있어서 상이한 상대적인 의미를 지닌다. 예를 들어 우리들 중의 누구라도, 무거운 자동차를 들어 올릴 수 없다고 해서 무거운 어린애를 들 수 없다고 말하는 사람은 아무도 없을 것이다. 왜냐하면 우리는 이 때 '무거운'이라는 말이 상대적으로 서로 다른 의미를 가지고 있다는 것을 알고 있기 때문이다. 그러나 다음과 같은 경우에는 심각한 문제가 야기될 수도 있다. 미국의 남부에 있는 어느 도시에 폭설이 내렸다는 뉴스가 미국의 북동부에 사는 사람들로 하여금 그 도시에서는 차가 다닐 수 없을지도 모른다고 생각하게 할 수도 있다. 그렇지만 그 도시에서는 2인치의 눈만 내려도 폭설이라고 말하기 때문에 '폭설'이라는 말의 애매성이 중대한 오류를 불러일으킬 수도 있는 것이다. 이와 유사하게 애매어의 오류는 '좋은', '나쁜', '어려운' 등과 같은 말의 부정확한 사용에 기인할 수도 있다. 예를 들면 '좋은 법은 좋은 시민을 만든다.'라든가 '학업성적이 나쁜 학생은 나쁜 학생이다.' 등과 같이 논증하는 경우이다.

이러한 오류들이나 이와 유사한 오류들로부터 우리가 배우게 되는 중요한 사실은, 때때로 귀납적으로 강한 **것처럼 보이는** 논증이나 심지어는 타당한 논증인 **것처럼 보이는** 논증, 그리고 형식논리학의 테크닉에 의해서 그 타당성이 입증될 수 있는 논증이 오류를 범할 때에 반드시 자연어(自然語) 그 자체가 지니고 있는 애매성에 기인하지는 않는다는 사실이다. 우리는 이처럼 자연어에 기인하지 않는 오류들을 항상 경계해야 한다. 이제 우리는 애매어의 오류들과 유사한 애매문의 오류에 대해서 간략하게 살펴보기로 하자. 타당한 논증인 것처럼 보이는 것의 근저에 이 애매문의 오류가 놓여 있는 경우가 많다.

(3) 애매문(文)의 오류

문법이 부정확하거나 문장구조로 말미암아 두 가지 이상의 해석을 허용하는 진술이 있다. 이러한 진술을 애매한 진술(an amphibolous statement)이라고 한다. 애매한 진술은 두 가지 이상의 해석을 허용하지만, 그 중에서 하나만이 정확할 뿐이다.

애매문의 오류(the fallacy of amphiboly)는 **어떤 사람이 문법적으로 애매한 진술을 잘못 해석하고 난 다음에, 그 잘못된 해석을 이용하여 결론을 뒷받침하고자 시도할 때** 발생한다. 애매어의 경우와 마찬가지로 애매문의 경우에 진짜 문제는 잘못된 추론이 아니라 비형식적인 일상적 문맥들에서 제시되는 논증들을 잘못 해석하는 것이다. 현대의 상업광고가 이 오류의 예들로 가득 차 있음을 쉽게 알 수 있다. 광고업자들은 의도적으로 소비자들이 오해하기 쉬운 애매한 진술들을 사용한다. 예를 들어 어떤 상품에 붙어 있는 '수명이 다할 때까지 신용을 보증함'이라는 광고를 보고 소비자들은 자기들이 살아 있는 한 그 상품의 신용이 보증된다고 생각하기 쉽다. 그러나 실제로는 신용보증이 그 상품의 수명에 제한되어 있다고 보아야 한다. 이와 마찬가지로 어떤 의약품 제조자가 '10명의 의사 중에서 9명이 우리 회사의 약품을 추천했음'이라고 말한다면, 그는 소비자들이 그 진술을 '의사는 모두 합하여 10명인데 그 중에서 9명이 자기 회사의 약품을 추천했다.'라는 말로 오해하기를 바라고 있는 것이다. 그러나 실제로는 그 10명의 의사가 수없이 많은 의사 중에서 자기 회사의 약품을 선전하기에 유리하게끔 선택된 의사일 수도 있는 것이다.

나쁜 어떤 논증이 애매문의 오류를 범하고 있는지 혹은 애매어의 오류를 범하고 있는지를 결정하기가 어려울 때가 종종 있다. 리디아의 왕이었던 크로에수스에 관한 이야기가 그러한 경우의 고전적인 예가 될 것이다. 크로에수스는 신전(神殿)에 가서 리디아가 페르시아와 전쟁을 할 경우에 승리할 수 있다는 확신을 가져도 좋은지 어떤지를 물었다.

'그대는 위대한 왕국을 멸망시킬 것이니라.'라는 신탁(神託)을 받고 크로에수스는 자신만만하게 전쟁을 감행했지만, 결국 멸망된 위대한 왕국은 자기 자신의 나라였다. 그는 분명히 오류 추리의 희생물이 되었던 것이다. 그러나 여기서 오류가 '위대한 왕국'이라는 말의 애매성에 기인했는지(이러한 경우에는 애매어에 의한 오류가 될 것이다), 혹은 문장 전체의 애매성에 기인했는지(이러한 경우에는 애매문에 의한 오류가 될 것이다)가 분명하지 않다. 논리학 시험을 치는 경우가 아니라면 실제적인 목적을 위해서 중요한 것은, 정확하게 어떤 종류의 오류를 범하고 있는가를 결정하는 것보다는 어떤 추리가 오류적임을 인식하는 일이다.

"I always promise them the good life. They always re-elect me and that's exactly what I get — the good life."

Reprinted courtesy of The Boston Globe.

Although it may be debatable whether the politician in this cartoon committed the fallacy of equivocation or the fallacy of amphiboly, it is certainly clear that he intentionally deceived his constituents in his choice of wording for his campaign pledge.

"나는 언제나 유권자들에게 훌륭한 삶을 약속하지. 유권자들은 언제나 나를 다시 뽑아주는데, 그것이 정확하게 내가 얻은 것, 즉 훌륭한 삶이라네."

이 만화에서 정치인이 애매어의 오류를 범하고 있는지 애매문의 오류를 범하고 있는지에 대해서는 논란이 있을 수 있겠지만, 그 정치인이 선거공약을 위한 용어를 선택할 적에 의도적으로 유권자들을 기만했음은 아주 명백하다.

(4) 허수아비의 오류

주어진 어떤 문제에 대한 어떤 개인의 입장을 공격하기 위하여 가장 일반적으로 사용되는 방법 중의 하나는 그 사람의 진술을 가장 비판하기 쉬운 방식으로 해석하는 (아마 잘못 해석하는) 것이다. 달리 말해서 '진짜의' 인물이 아닌 '저항할 수 없는 인물'에 대해서 공격하는 방법이다. 따라서 이 오류는 지금까지 본서에서 옹호되어 왔던 원리, 즉 어떤 진술을 가급적 타당한 논증에 도움이 되도록 해석해주는 너그러움의 원리와는 정반대되는 원리를 따르는 데서 발생하는 오류이다. 우리가 상대방의 논증을 동정적으로 해석하지 않을 때는 언제나 이 **허수아비의 오류**(the straw person fallacy)를 범하게 된다. 이 오류는 정치적 발언이나 논쟁에서 교묘한 방식으로 매우 널리 이용되고 있지만, 광고나 다른 문맥들에서도 역시 발견될 수 있다.

엄격하게 말하자면, 허수아비의 오류는 위장 논증이 아니다. 허수아비의 오류는 어떤 사람이 이미 주어져 있는 논증을 반박한다고 주장할 때 발생할 뿐이다. 허수아비의 오류는 사실상 논증일 수도 있다. 심지어 견실한 논증일 수도 있다. 그러나 허수아비의 오류는 특정의 다른 어떤 논증이 나쁜 논증이라는 결론을 실제로 뒷받침하는 근거를 전혀 제공하지 않는다. 사람들은 그들이 제시하는 반례가 공격 목표로 삼고 있는 논증에 전혀 적용되지 않는다는 사실을 위장하기 위하여 허수아비의 오류를 범한다.

허수아비의 오류를 범하는 기본적인 방식 중의 하나는 비교적 복잡한 논증을 다루는 과정에서 그 논증에 포함되어 있는 핵심요소들 중의 일부를 제외시킴으로써 그 논증을 지나치게 단순한 형식으로 환원시키는 것이다. 예를 들어 사회질서와 공공의 안전에 대한 요구와 범죄자의 인권을 놓고서 자유당은 보수당이 억압정책을 편다고 해서 비난하고 보수당은 자유당이 위험한 범죄자들을 온건정책에 의해서 보호하려고 한다고 비난하는 경우에, 두 정당은 둘 다 상대방의 실제적 논증을 왜곡하고 있는 것이다. 이렇게 함으로써 두 정당은 둘 다 그 문제가 지니고 있는 복합성과 직접 대결하기를 피하고 있으며, 또한 찬성과 반대의 양 입장에서 합리적으로 제공할 수 있는 수많은 논증들과 직접 대결하기를 피하고 있는 것이다.

요약해서 말하자면, 논증을 평가함에 있어서 가급적 필요한 내용을 부가시키려고 애쓰지 않을 때는 언제나 이 허수아비의 오류를 범하게 된다. 우리는 언제나 어떤 논증을 오류로서 규정하기 전에, 그 논증을 가능한 한 여러 가지 방식으로 해석해 보아야 한다. 그렇지 않으면 우리들 스스로가 오류에 빠져 추론하고 있을 것이다.

(5) 무관한 결론의 오류

서로 불화가 심한 두 가정이 있었는데, 그 중의 어느 한 가정의 처녀가 상대방 가정의 청년과 사랑에 빠지게 되었다. 처녀의 아버지가 청년을 만나지 못하게 했을 때 처녀는 열정적으로 자신의 사랑을 변호했다. 처녀는 두 가정은 오랫동안 적이었지만 그녀와 그녀의 애인은 적이 아니라고 논증했다. 처녀와 청년은 그들이 결혼을 해서 그들의 부모들에게 싸움이 불필요하다고 역설한다면, 두 가정 간의 불화가 종식될 수 있다고 진정으로 믿었다. 처녀의 얘기가 끝나자 그녀의 아버지는 침통하게 그녀를 쳐다보면서, "그러나 그 청년의 할아버지가 너의 할아버지를 죽였어."라고 말했다.

여기에서 아버지의 반응은 **무관한 결론의 오류**(라 ignoratio elenchi, 영 the fallacy of irrelevant conclusion)의 명백한 예이다. 아버지는 딸의 입장이 잘못되었다는 것을 '증명하기 위해서' 실제로는 다른 어떤 결론(이 결론은 심리적으로는 딸의 결론과 관계가 있지만, 딸의 결론을 논박할 수는 없는 결론이다)을 수립하는 증거를 제공했던 것이다. 처녀는 불화가 나쁘다는 것과 그녀와 청년은 싸울 까닭이 없으며, 따라서 그들에게 결혼이 허용되어야 한다고 논증하고 있다. 그러나 그녀의 아버지는 할아버지의 죽음을 끌어들이고 있는데, 이것은 처녀의 아버지가 두 가정 간의 불화가 다음 세대에도 계속되어야 한다는 결론을 은근히 도출하고 있음을 의미한다. 이 결론이 가능하다 할지라도 아버지는 불화가 불필요하다는 딸의 논증에 대답하고자 하지 않고 있으며, 사랑하는 청년과 결혼해서는 안 되는 이유에 대해서 실질적으로 설명한 것은 아무 것도 없다.

때때로 법정에서 무관한 결론의 오류가 일어나기도 한다. 왜냐하면 이 오류에 의한 논증이 열정적으로, 그리고 영리하게 행해진다면 유관한 결론에 의한 논증보다도 더 큰 효과를 거둘 수 있기 때문이다. 또 그러한 논증은 적절한 증거가 부족할 때, 그 점을 흐리게 하기 위하여 사용될 수도 있다. 특히 검사들은 피고의 범죄를 입증할 수 있는 증거가 부족할 때 배심원들의 주의를 다른 데로 돌리기 위하여 범죄의 잔인함과 관련되는 사진이나 다른 증거에 초점을 맞춤으로써 무관한 결론의 오류를 자주 활용한다. 그러한 정보는 재판을 받고 있는 사람이 실제로 범죄를 저지른 사람인지 아닌지를 결정하는 것과 관련이 없는데도 명백하게 대부분의 배심원은 그러한 정보에 깊은 인상을 받는다.

연습문제 3-1

다음의 위장 논증들이 범하고 있는 오류가 어떤 오류인지 결정해 보라.

1. 음식 평론가는 이 레스토랑의 요리가 특히 'well done'(훌륭하다)이라고 말했다. 그러나 그는 틀렸다. 나는 이 레스토랑의 스테이크처럼 not well done(설익은) 스테이크를 결코 본 적이 없다.('well done'은 '훌륭하다'를 의미하기도 하고 '잘 익었다'를 의미하기도 한다)

2. 사람들에게 경쟁하는 것을 허용하는 것은 우리 사회가 대성공하기 위한 필요조건이다. 미국자본주의제도의 기술적 경제적 진보는 세계 역사에서 보기 드문 독특한 것이며, 경쟁에 의해서 촉발된 진보가 없었다면 가능하지 않았을 것이다.

3. 당뇨병 환자들은 설탕을 많이 함유하고 있는 것을 피해야 한다. 사탕단풍나무는 설탕을 많이 함유하고 있다. 그러므로 당뇨병 환자들은 사탕단풍나무를 피해야 한다.

4. 모든 사람들에게 자기의 마음을 말하는 것이 허용되어야 한다. 왜냐하면

그렇게 하지 않을 경우 언론의 자유에 위배되기 때문이다.

5. 한용운의 시(詩)를 좋아하는 모든 사람들은 탁월한 문학적 취향을 가지고 있는 사람들이다. 왜냐하면 탁월한 문학적 취향을 가지고 있는 사람들은 한용운의 시를 좋아하는 사람들이기 때문이다.

6. 조깅은 걷기 운동보다 더 좋은 운동이다. 조깅하는 사람들이 걷기 운동하는 사람들보다 더 정력적이라는 것이 이를 증명한다. 그리고 걷기 운동을 하는 사람들은 걷기만 하지만 조깅하는 사람들은 걷기도 하고 조깅도 하기 때문에 조깅하는 사람들이 걷기 운동하는 사람들보다 더 정력적이다.

7. 그루버(Gruber)의 논증은 '고양이는 털이 많은 동물이다.'라는 전제와 더불어 시작한다. 그러나 이 진술은 소수의 고양이에게는 전혀 털이 없다는 것을 설명해 주지 않는다. 그래서 그루버의 첫 번째 전제는 거짓이며, 이 때문에 그의 논증은 견실하지 않다.

제2절 타당하지만 오류를 범하고 있는 논증들

형식적 방법들을 사용하면서도 타당하지 않게 되는 논증들이 있다. 제2장에서 언급했듯이, (진짜 논증이든 진짜 논증인 것처럼 위장하고 있는 논증이든) 거의 모든 논증은 생략 논증으로, 그리고 타당한(즉 연역적인) 논증으로 재구성될 수 있다. 그러나 그러한 논증을 연역적 형식으로 표현할 때에 우리는 전제들을 부가해야 하는데, 이 때 부가되는 전제들은 누구나 거짓임을 알 수 있는 전제들이거나 매우 의심스러운 전제들인 경우가 많다. 본 장의 나머지에서 논의되는 오류들은 다양한 일상적 문맥에서 흔하게 발견되는 오류들이다.

(위장 논증에 대비되는) 진짜 논증이 범하는 모든 오류를 평가하는 데 사용될 수 있는 기본적인 한 가지 방법이 있다. 이 방법을 적용하기 위해서는 우선 진짜 논증이 있다는 것을 확인해야 한다. 이 말은 우리가 다루고자 하는 것이 앞서 제1절에서 논의했던 오류들, 즉 위장 논증들이 범하는 오류들 중의 어느 것도 범하고 있지 않다는 것을 체크해야 한다는 것을 의미한다. 일단 진짜 논증을 다루고 있다고 확신한다면, 우리는 그 논증을 타당하게 하는 데 필요한 전제들을 무엇이든 부가해야 한다. 그런 다음에 우리는 그렇게 부가된 전제들 중의 어떤 전제가 매우 의심스럽거나 어처구니없이 잘못된 것인지를 결정하기 위하여 전제들을 체크해야 한다. 오류를 범하고 있는 논증들은 대개 얼핏 보기에는 비교적 좋은 논증인 것처럼 보이기 때문에, 문제가 있는 전제가 논증이 처음 제시될 때에는 명백하게 진술되지 않았던 전제인 경우가 허다하다. 본 장의 나머지에서 논의될 각 오류는 특정한 전제를 은폐하고 있다.

(1) 무지(無知)로부터의 논증

많은 사람들은 다음과 같은 논증을 받아들인다. 정신 이외에 다른 어떤 것의 도움도 받지 않고 물체를 움직이는 능력, 즉 염력(念力)

현상에 대한 '명백한' 과학적 증거가 지금까지 전혀 제시되지 않았기 때문에, 염력은 존재하지 않는다. 다시 말해서 많은 사람들은 염력 현상을 검증할 수 없었기 때문에, 염력의 발생에 관한 모든 주장을 거짓이라고 정당화한다. 그렇게 하는 가운데 그들은 **무지로부터의 논증**(㉣ argumentum ad ignorantiam, ㉮ argument from ignorance)이라고 불리는 유형의 오류 논증을 사용하고 있다. 지금까지 어떤 명제가 참 혹은 거짓으로 결정적으로 증명되지 않았다는 사실은, 우리가 그 명제를 증명하거나 반박할 능력이 없다는 것을 의미할 뿐이다. 위의 예에서 정신에 의하여 물체를 움직이는 능력을 검사하기 위한 방법은 계속 연구 중에 있으며, 앞으로 언젠가는 그러한 능력의 존재를 긍정하거나 부정하는 논증을 구성하기 위한 충분한 자료가 주어질 수도 있다. 그 때까지 염력의 존재에 대하여 합리적으로 논증하는 방식은, 현존하는 증거로는 그러한 능력의 존재를 적극적으로 주장하거나 부인할 수 없다고 말하는 것이다.

기본형식상 무지로부터의 논증은 다음의 진술과 유사한 전제의 사용을 요구한다.

만약 X가 참이라는 증거가 전혀 없다면, not-X가 참이다.

이 형식의 'X'에 '흡연은 암을 유발한다.'라는 진술을 적용하여 논증을 구성해 보면 다음과 같다.

흡연이 암을 유발한다는 증거가 전혀 없다.
그러므로 흡연은 암을 유발하지 않는다.

이 논증은 타당하지 않다. 왜냐하면 전제가 참이라 하더라도 결론은 거짓일 수 있기 때문이다. 사실 전제 자체의 참에 대해서도 논란의 여지가 없는 것은 아니다. 왜냐하면 어떤 사람들(예를 들면 보건복지부장관)은 흡연이 암을 유발한다는 사실이 증명되었다고 주장하고 또 다른 사람들(예를 들면 전매청장)은 이것을 부인하기 때문이다. 이러한 논란에 대해서는 전제가 참일 수도 있다고 말하는 것이 좋다. 그러나 다음과 같이 위의 논증을 생략논증으로 간주하여, 위의 논증을 타당하게 하는 전제를 부가하는 것은 가능하다.

만약 어떤 것이 참이라는 증거가 전혀 없다면, 그것은 참이 아니다.
흡연이 암을 유발한다는 증거가 전혀 없다.
그러므로 흡연은 암을 유발하지 않는다.

이 논증은 분명히 타당한 논증이지만, 새로이 부가된 전제가 명백하게 참인 것은 결코 아니다. 사실 새로이 부가된 전제는 매우 의심스러운 전제이며 분명히 거짓일 수도 있다. 중요한 것은 이 논증의 오류가 타당성에 있는 것이 아니라, 전제가 의심스럽다는 데에 있다는 점이다.

어떤 논증들은 겉으로 보기에는 무지로부터의 논증이라는 오류를 범하고 있는 것처럼 보이지만, 자세히 관찰해 보면 그렇지 않은 경우도 있다. 특히 귀납논증들 중의 어떤 것들은 무지로부터의 논증과 동일한 형식을 취하지만, 아주 좋은 논증이 되는 경우가 많다.

어떠어떠한 사실이 증명될 수 있는 가능한 모든 시도가 행해졌다.
어떠어떠한 사실을 증명하는 어떠한 시도도 성공하지 못했다.

그러므로 아마 어떠어떠한 사실은 주장될 수 없을 것이다.

이 논증은 본질적으로 19세기 말에 일부 물리학자들이 중력을 가진 에테르가 존재하지 않는다는 결론을 이끌어 내면서 사용했던 논증과 같은 유형의 논증이며, 또 연금술의 종말을 고하게 했던 것과 같은 유형의 논증이다. 비록 오늘날의 이론은 납과 같은 금속이 금으로 바뀌는 것이 적어도 이론적으로는 가능하다는 것을 보여 주고 있지만, 그와 같은 변화가 불가능하다는 결론이 17세기나 18세기에는 비합리적인 것이 아니었던 것이다. 아무튼 무지로부터의 논증이라는 오류를 포함하고 있는 것처럼 보이는 논증과 마주칠 때, 우리는 그 논증이 합리적으로 좋은 귀납논증으로서 해석될 수는 없는지를 확인해야 한다.

(2) 거짓 딜레마의 오류

공적인 논쟁에 사용될 때 종종 매우 효과를 얻는 오류가 **거짓 딜레마**(false dilemma)이다. 거짓 딜레마는 당면한 문제를 해결하는 방법이 실제로 그 논증에서 제시되는 것 이외에는 아무 것도 없는 것처럼 보이게 하는 논증이다. 이 때 보통 '~이거나 ~이다.'라는 형식으로 두 개의 선언지(選言肢)만 제시된다. 예를 들면 다음과 같은 논증이 거짓 딜레마이다.

만약 새로 생기게 될 고속도로가 본래 설계된 대로 착공된다면, 공원이 망가질 것이다.

만약 새로 생기게 될 고속도로가 수정해서 설계된 대로 착공된다면, 공원 주변의 주택들이 망가질 것이다.
새로 생기게 될 고속도로는 본래 설계된 대로 착공되거나 수정해서 설계된 대로 착공될 것이다.
그러므로 공원이 망가지거나 공원 주변의 주택들이 망가질 것이다.

이 논증은 형식적으로 타당하다. 즉 전제들이 참이라면 결론도 역시 참일 것이다. 그러나 '~이거나 ~이다.'라는 형식으로 되어 있는 세 번째 전제는 참이 아닐 수도 있다. 왜냐하면 고속도로를 설계함에 있어서 공원도 망가지지 않고 주택도 망가지지 않는 다른 방법으로 설계하는 것도 가능하기 때문이다. 혹은 아마도 그 고속도로의 설계를 전혀 고려하지 않을 수도 있는 것이다.(이것이 위의 논증을 구성한 사람이 진정으로 의도하고 있는 것일지도 모른다.) 그와 같은 다른 가능성들이 실제로 있다면, 위에서 제시된 논증은 거짓 딜레마의 오류를 범하게 된다.

하나의 예를 더 들어보기로 하자.

광부들은 석탄가루를 마셔서 폐병에 걸리거나 일하지 않아서 돈을 벌 수 없거나 둘 중의 하나이다.
광부들은 돈을 벌어야 한다.
그러므로 광부들은 폐병에 걸릴 수밖에 없다.

이 논증 역시 형식적으로는 타당하다. 그러나 '~이거나 ~이거나 둘 중의 하나이다.'라는 진술은 거짓이다. 왜냐하면 광부들이 석탄가루를 많이 마시게 됨으로써 폐병에 걸리게 될 경우도 있지만, 반드시 석탄가루를 마실 필요는 없기 때문이다. 석탄가루를 마시지 않기 위해서 석탄가루를 안 마시게 하는 장비를 사용하면 되는 것이다. 그러므로 여기에서 제시된 두 개의 선택지(選擇枝)만이 유일한 선택지들인 것은 아니며, 이 딜레마는 거짓 딜레마가 된다. 즉 광부들이 돈을 벌 수 있고 폐병에 걸리지도 않는 결론이 도출되도록 전제를 만들 수도 있는 것이다.

© 1979 Jules Feiffer.

The executive in this cartoon commits the fallacy of false dilemma. Explain what is wrong with his formulation of the alternative courses of action.

사실 우리는 공기와 바다와 육지를 오염시키고 있습니다.
그러나 제품을 만드는 것이 우리의 사업입니다.
제품은 일자리를 낳고, 일자리는 직업을 창출합니다. 직업은 수입을 생기게 하고 수입은 재산을 형성합니다.
우리가 만들어 내는 오염은 미국인들의 건강과 부를 지켜줍니다.
우리에게 공기와 바다와 육지를 오염시키지 못하도록 해 보세요. 그렇게 하면 여러분들은 경제를 오염시킬 것입니다.
여러분들이 오염시킨 것에 이름을 지어보세요.

이 만화에서 회사 중역은 거짓 딜레마의 오류를 범하고 있다. 다른 행동방안을 공식적으로 제시하는 가운데 회사 중역이 무엇을 잘못했는지 설명해 보라.

현실 세계에서 실제로 '~이거나 ~이거나 둘 중의 하나이다.'라는 진술이 참이 되는 경우는 매우 드물다. 그러므로 정치가나 웅변가 혹은 광고업자들이 딜레마의 형식으로 우리를 설득시키고자 할 때, 우리는 그 딜레마를 조심스럽게 조사해 보아야 한다. 하나의 선택지가 다른 선택지의 직접적인 모순이 아니라면, 즉 X이거나 not-X의 관계가 아니라면 아마도 유용한 다른 선택지들도 있을 것이다. 이 선택지들은 논자가 명백하게 밝히기를 원하지 않는 선택지들이다.

거짓 딜레마이든 정당한 딜레마이든, 딜레마들이 항상 단순한 '~이거나 ~이거나 둘 중의 하나이다.'의 문제이어야 하는 것은 아니다. 때때로 딜레마가 아주 복잡한 경우도 있다. 딜레마를 오류이게 하는 것은, 선택할 수 있는 것들 중의 한 두 가지만 제시해 놓고 모두가 열거되어 있다고 은밀하게 가정하는 것이다.

(3) 거짓 원인의 오류

벽이 축축하고 진딧물이 많은 집에 살고 있는 사람은 축축한 벽이 진딧물을 생기게 했다고 생각할 수도 있고 진딧물이 벽을 축축하게 했다고 생각할 수도 있다. 그러나 지금까지 어느 쪽에 대해서든 아무런 증거가 제공되지 않고 있다. 미국의 공화당원들은 민주당이 전쟁을 촉발시킨다고 주장하고, 민주당원들은 공화당이 불경기를 촉발시킨다고 말한다. 확실하게 알려져 있는 것은 양차 세계대전이 발발했을 때는 민주당 소속의 대통령이 재직 중에 있었고, 두 차례에 걸친 불경기가 닥쳐왔을 때는 공화당 소속의 대통령이 재직 중에 있었다는 사실 뿐이다. 이 두 개의 예는 흔히 범해지는 또 다른 종류의 오류인 **거짓 원인의 오류**(the fallacy of false cause)를 예증해 주고 있다.

'인과성'(causality)이라는 개념을 둘러싸고 있는 많은 난점들이 있다. 인과성 개념 중의 몇 가지는 귀납논증을 연구할 때에 다루게 되겠지만, 두 개의 사건 혹은 사태가 시간 공간적으로 연결되어 있다고 해서 그것들 사이에 인과관계가 있다고 주장할 수 없다는 것은 너무나 명백한 일이다. 두 사건의 일치는 우연히 일어난다. 그러므로 우리는 어떤 것이 시간적으로 다른 어떤 것 보다 뒤에 일어났기 때문에, 먼저 일어난 것이 뒤에 일어난 것의 원인이라는 결론을 내려서는 안 되는 것이다.

거짓 원인의 오류는 형식적으로 귀납논증을 포함하고 있다. 얼핏 보기에는 거짓 원인의 오류를 범하고 있는 논증이 매우 강한 귀납논증인 것처럼 보일 수도 있지만, 실제로는 전제들이 결론을 전혀 뒷받침하지 못하고 있는 논증이 되고 만다. 거짓 원인의 오류는 또한 다음과 같이 분명히 거짓인 전제를 포함하고 있는 타당한 연역논증으로도 나타낼 수 있다.

> 다른 어떤 사건에 직접적으로 선행해서 일어나는 사건은 다른 어떤 사건의 원인이거나 원인의 한 부분이다.
> 사건 X는 사건 Y에 직접적으로 선행해서 일어났다.
> 그러므로 사건 X는 사건 Y의 원인이다.

따라서 논증을 일반적으로 다룰 때와 마찬가지로, 우리는 이러한 종류의 논증을 귀납논증으로 만들어 볼 수도 있고 연역논증으로 만들어 볼 수도 있다. 그리고 이러한 종류의 논증을 타당하게 하는 데 필요한 전제(들)를 부가하면, 이 논증이 약화되는 것은 명백하다.

(4) 성급한 일반화의 오류

성급한 일반화의 오류(the fallacy of hasty generalization)는 너무 적은 수의 표본 혹은 고른 분포를 가지지 못하는 표본에 의하여 도달된 결론을 일반화하는 데에서 일어난다. 그러므로 많은 사례들이 그 결론에 대해서 예외가 될 가능성이 항상 남아 있는 것이다. 성급한 일반화의 오류를 범하고 있는 논증을 타당하게 하는 데 필요한 기본전제는, 명백하게 결코 참일 것 같지 않은 다음과 같은 진술이다.

> 어떤 것이 어느 집단의 소수의 구성원들에 대해서 참이라면, 그것은 그 집단의 모든 구성원에 대해서도 참이다.

이것은 기껏해야 제2장에서 논의했던 것처럼 매우 약한 귀납논증에 대한 정의일 뿐이다.

좋은 일반화를 위한 형식적 기준은 나중에 상세하게 언급되겠지만, 우리 모두가 알고 있고 일상적 상황들에서 우리가 규칙적으로 사용하는 비형식적이고 상식적인 몇 개의 규칙이 있다. 그 중에서 가장 분명한 것은 다음과 같다. 합리적으로 안전하게 일반화하여

성급한 일반화의 오류를 피하기 위해서는 우연적인 자료와 대표적인 자료를 구별하면서 당면문제에 관한 자료를 충분하게 수집하는 것이 필요하다.

아일랜드의 극작가이자 시인이었던 윌리엄 버틀러 예이츠와 수많은 그의 동료 및 친구는 사물의 본질이나 궁극적 실재의 참모습은 사람의 경험으로는 결코 인식할 수 없다는 불가지론자(不可知論者)들이었으며 귀족을 존경한 사람들이었다. 예이츠와 주변 인물들은 소수집단이었으며, 따라서 일반적 인물이 아니라 예외적 인물이었다. 지금과 마찬가지로 그 당시 대부분의 아일랜드 사람은 가톨릭 신자였고 공화주의자였다. 예이츠에 관하여 우리가 알고 있는 것에 기초하여 아일랜드 사람들에 관하여 일반화하게 되면 우리는 부적절한 증거에 기초하여 '결론에로 비약하게' 될 것이다. 이러한 유형의 오류가 바로 '편견'을 낳게 하는 원인이 된다. 예를 들어 폴란드 사람들은 멍청하다든가, 유대인들은 탐욕적이라든가, 라틴계 연인들은 섹시하다든가, 여자들은 악의적인 말을 잘한다는 등의 편견은 성급한 일반화의 오류로부터 비롯된 것이라고 볼 수 있다.

누구나 성급한 일반화를 행할 경향성을 가지게 되는 데에는 적어도 부분적으로는 심리학적 근거가 있다. 심리학자들은 사람들이 자신의 신념을 강화시켜주는 사례들을 찾아내려는 경향이 있다는 것을 뒷받침하는 증거를 축적해 왔다. 가령 푸에르토리코 인에게 목조르기 강도를 당한 적이 있는 할머니는 아무리 관대한 할머니라 할지라도 나중에 푸에르토리코 인들을 보면 각별히 경계하게 될 것이다. 이와 같은 행동에 의해서 그 할머니는 모든 푸에르토리코 인들은 위험한 존재라는 그녀의 확신을 뒷받침하고자 하는 경향성을 가지게 된다. 그러나 누구든지 이런 식으로 생각하는 경향성이 있다는 것이 사실이라 하더라도, 이러한 사실 그 자체가 이런 식으로 생각하는 것이 잘 추리하는 방식이라는 가정을 조금이라도 정당화해 주지 않을 것이다.

관찰된 것으로부터 관찰된 것이 별로 뒷받침하는 것이 없는 결론에로 나아간다는 점에서 거짓 원인의 오류와 성급한 일반화의 오류 사이에는 일정한 유사성이 있다. 논증을 타당하게 하기 위하여 어떤 종류의 전제가 부가되어야 하는지를 우리가 조심스럽게 결정한다면, 두 오류는 쉽게 구별될 수 있다. 두 오류를 분리시키는 또 다른 방식은 다음과 같다. 거짓 원인의 오류를 범하고 있는 논증의 결론은 명백하게 어떤 것이 다른 어떤 것의 **원인**이라고 주장해야 한다. 그 반면에 성급한 일반화의 오류를 범하고 있는 논증의 결론은 명백하게 어떤 종류의 **모든** 것이 어떤 특성을 가진다고 주장해야 한다. (그렇지만 성급한 일반화의 오류를 범하고 있는 논증의 결론은 인과관계에 관한 그 무엇을 주장하지는 않는다.)

(5) 결합의 오류

결합의 오류(the fallacy of composition)는 종종 성급한 일반화의 오류와 혼동되지만 사실은 전혀 다르다. 왜냐하면 결합의 오류는 어떤 집단에 속하는 소수의 구성원들로부터 그 집단의 구성원 전체에로 나아가는 일반화가 아니라, 어떤 집단의 구성원 모두에 대하여 이미 참인 것으로 알려져 있는 바의 것으로부터 그 집단 자체에 관한 결론에로 나아가는 추리이기 때문이다. 결합의 오류에는 두 가지 형식이 있다. 그 중의 하나는 다음과 같다.

사물 X의 각 부분 혹은 각 구성요소에는 A라는 특성이 있다.
어떤 사물의 모든 부분 혹은 모든 구성요소에 어떤 특성이 있다면, 그 사물에도 그 특성이 있다.
그러므로 사물 X에는 A라는 특성이 있다.

이러한 형식의 오류는 어떤 사람이 (단일한 실체로서 간주되는) 전체의 각 부분에 어떤 특성이 있기 때문에 전체에도 그러한 특성이 있다고 잘못 논증할 때 범해진다. 그러므로 어떤 사람이 둥근 천장에 붙어 있는 각각의 유리가 삼각형이므로 천장 전체가 삼각형임에 틀림없다는 결론을 내린다면, 그는 결합의 오류를 범하게 될 것이다.

결합의 오류의 두 번째 버전은 다음과 같은 형식을 가진다.

집단 X의 모든 구성원에게는 A라는 특성이 있다.
어떤 집단의 모든 구성원에게 어떤 특성이 있다면, 그 집단에도 그 특성이 있다.
그러므로 집단 X에는 A라는 특성이 있다.

예를 들어 어떤 관현악단의 각각의 연주자가 모두 탁월한 음악가라면, 그 관현악단도 탁월하게 연주할 것이라고 논증하는 것은 오류일 것이다. 이 때 오류는, 집단은 구성원들의 원리와는 다른 어떤 원리에 따라 작동하는 상황에서 각각의 구성원들 모두에게 공통적인 어떤 속성을 취해서 그 속성이 그 집단 자체의 속성인 것으로 가정하는 데서 일어난다. 따라서 관현악단은 개별 연주자들의 기량을 반영하지 않는 다수의 원리, 가령 연주자의 협연 능력이나 지휘자의 능력에 따라 작동한다.

우리가 일반 명사(名辭)의 분배적 용법과 집합적 용법을 구별하면, 이 오류를 더 잘 이해할 수 있다. 어떤 단어가 어떤 집합체의 개별적 구성원이 지니는 특성을 지시할 때 그 단어는 분배적 의미로 사용되고 있는 것이며, 그 집합체의 구성원 전체가 지니는 특성을 지시할 때는 그 단어가 집합적 의미로 사용되고 있다. 예를 들어 모든 깃털은 가볍지만, 1톤의 깃털도 가볍다고 결론 내리는 것은 명백한 오류이다. 이 때 오류는 분배적 개념을 집합적 실체에 적용하는 데서 발생한다. 각 깃털은 분배적으로 가볍지만, 1톤의 깃털은 집합적으로 가볍지 않다.

(6) 분해의 오류

분해의 오류(the fallacy of division)는 어떤 집단이나 어떤 실체에 대하여 참이라고 알려져 있는 어떤 것으로부터 각 구성원이나 구성요소에 관한 결론에로 추리한다는 점에서 결합의 오류와는 정반대의 오류이다. 분해의 오류의 타당한 형식도 (거짓임을 쉽게 알 수 있는 전제가 아니라면) 매우 의심쩍은 전제를 포함하고 있다.

X에는 A라는 특성이 있다.
어떤 집단(혹은 실체)에 어떤 특성이 있다면, 그 집단의 모든 구성원(혹은 부분들)에게도 그러한 특성이 있다.
그러므로 X의 구성원(혹은 부분) 하나하나에도 A라는 특성이 있다.

결합의 오류와 마찬가지로 분해의 오류도 두 가지 형식으로 일어난다. 첫 번째 형식은 전체가 어떤 속성을 가지기 때문에 부분도 그러한 속성을 가진다고 잘못 논증할 경우에 일어난다. 예를 들면 농담은 우스운 것이기 때문에 그 농담 속에 들어 있는 하나하나의 낱말이 모두 다 우스운 것이라고 하거나, 국회에서 어떤 안건이 부결되었다고 해서 모든 국회의원이 그 안건에 반대했다고 생각하는 경우이다. 이런 경우에는 오류가 쉽게 확인된다. 그러나 다음과 같은 경우에는 오류가 그렇게 쉽게 확인되지는 않을 것이다. 영희가 여자 축구월드컵 경기에서 우승할 당시 국가대표선수로 있었기 때문에 틀림없이 영희는 최고의 여자 축구선수 중의 한 명이라고 논증하는 경우이다.

분해의 오류의 두 번째 형식은, 어떤 사람이 항목들의 집합에 대해서 참인 것을 항목들 그 자체에 대해서도 참이어야 한다고 논증할 때 일어난다. 이 때 고려되고 있는 속성이 분배적 속성일 경우에는 추리가 타당하게 되겠지만, 집합적 속성일 경우에는 타당하지 않게 될 것이다. H대학의 신입생에 관한 다음과 같은 자료에 대해서 생각해 보기로 하자.

> 1995년도 신입생들의 출신지역은 7개도 32개 시군에 걸쳐 있다. 그들의 취미는 고고학, 중국어회화, 우표수집, 사진촬영, 물리학, 수예 등을 비롯하여 매우 다양했다. 그들은 모두 미혼이었으며 60%가 여학생이었고, 연령분포는 15세에서 24세까지로 밝혀졌다.

위의 진술들로부터 신입생 중의 어느 한 학생이 7개도 32개 시·군 출신이라든가 그 학생의 60%가 여학생이라는 귀결은 도출되지 않는다. 이와 같은 귀결을 도출하고자 하는 것은 그 집단의 집합적 속성을 분배적으로 할당하고자 하는 것이라고 볼 수 있다. 위의 진술들 중에서 신입생이라는 집단에 대해서 집합적으로 참이면서 분배적으로도 참인 진술은 신입생은 누구나 미혼이라는 진술뿐이다.

연습문제 3-2

다음의 각 논증에 포함되어 있는 비형식적 오류(만약 오류가 여러 개 포함되어 있다면 그 중에서 적어도 한 개)를 확인해 보라. 여러분들은 또한 비형식적 오류를 발견함에 있어서 먼저 필요한 전제들을 부가시키면서 각 논증을 타당한 연역논증으로 재구성하고, 그 다음에 부가된 전제들 중의 어느 것이 의심스러운지 혹은 명백한 거짓인지를 확인해 보면 도움이 된다는 것을 알 수 있을 것이다.

1. 베르사유 궁전은 우리의 머릿속에 17세기와 18세기에 그 궁전에서 살았던 사람들의 우아함과 호화로움을 떠오르게 한다.

2. 그 환자의 혈액과 소변을 검사한 결과 음성이었다. 그러므로 그 환자의 질병은 생리학적 질병이라기보다는 심리학적 질병이다.

3. 신앙요법은 일종의 사기이다. 어떤 경우들에 있어서는 넌지시 떠오르게 하는 힘이 사람들로 하여금 치료되었다고 생각하도록 하기에 충분할 만큼 클 수도 있지만, 실제로 의학적인 치유가 되었음을 암시하는 과학적인 증거는 전혀 없다.

4. 회계감사실로부터 입수한 최근의 자료에 의하면, 그 도시의 세입은 상당히 감소되었다. 나는 그 도시의 시청이 시청 내의 모든 국(局)에 대하여 전면적으로 예산을 25퍼센트씩 삭감했으리라고 생각한다. 그 도시의 시민들은 지금까지 그들이 누려왔던 행정서비스를 앞으로는 3/4 밖에 누릴 수 없음을 인식해야 할 것이다.

5. 만약 우리가 나이트클럽에 간다면, 우리는 봉사료를 지불할 것이다. 만약 우리가 남학생 사교 클럽에 간다면, 우리는 입장료를 지불할 것이다. 그러므로 우리는 뭔가를 지불해야 할 것이다.

6. 합창소리가 형편없이 들린다. 그래서 합창단원 한 사람 한 사람의 소리도 형편없이 들린다.

7. 예빈이가 대구의 소매치기였다는 것이 결코 입증되지 않았다. 그러므로 예빈이는 대구의 소매치기가 아니었다.

8. 나는 최근에 서귀포에 있는 대저택으로 여행을 다녀왔다. 제주도민들은 부유한 사람들임이 명백하다.

9. 우리에게는 결코 훌륭한 정치인들이 없을 것이다. 야심에 찬 정치인들은 개인의 이득을 위해 국민의 행복을 희생시킬 것이며, 야심차지 않은 정치인들은 무능할 것이다.

(7) 힘에 호소하는 논증

힘에 호소하는 논증(㉣ argumentum ad baculum, ㉢ appeal to

force)은 비형식적 오류 중에서 가장 명백한 오류 중의 하나이다. 그럼에도 불구하고 가장 효과적인 오류 중의 하나이다. 라틴어 'argumentum ad baculum'을 글자 그대로 번역하면 '막대기를 향하고 있는 논증'을 의미한다. 이 오류의 설득력은 청자로 하여금 공포를 불러일으키는 데 있다. 힘에 호소하는 논증은 합당한 추리나 증거를 제시함으로써 동의를 얻는 대신에, 청자를 위협하여 논자의 주장을 묵묵히 받아들일 것을 요구한다.

이러한 종류의 논증을 타당하게 하기 위하여 부가할 수 있는 유일한 전제는 '힘은 정의이다.'와 같은 어떤 것일 것이다. 이러한 전제를 부가하여 완전한 형식으로 나타내 보면, 힘에 호소하는 논증은 다음과 같이 되어야 할 것이다.

> 다른 사람의 보건복지를 장악하는 힘을 가지고 있는 사람들은 항상 옳은 신념이나 의견을 가진다.
> X는 다른 사람의 보건복지를 장악하는 힘을 가지고 있으며, A를 참이라고 믿는 사람이다.
> 그러므로 A는 참이다.

이 논증의 첫 번째 전제가 거짓이라는 것은 너무나 분명하므로 여러분들은 아무도 이 오류를 범하지 않을 것이라고 생각할지도 모르지만, 불행하게도 우리는 역사책이나 신문에서 이 오류를 사용한 예들을 너무나 많이 볼 수 있다.

15세기 스페인 종교재판이 로마 가톨릭교도의 신앙을 옹호하는 데 성공을 거둘 수 있었던 것은 바로 힘에 호소하는 논증을 사용했기 때문이다. 이교도들은 개종하지 않으면 지옥에서 영원이라는 시간을 보낼 것이라는 말을 들었다. 그리고 이 말을 듣고도 신앙으로 버티면, 고문이나 죽음이라는 보다 더 직접적인 위협이 가해졌다. 이런 식의 협박은 문제가 된 종교이론을 직접 다루고 있지는 않지만 수 천 명의 사람이 개종하도록 영향을 미쳤다. 이와 같은 방법은 결코 진부하지 않다. 1968년 미국의 정보수집함이었던 푸에블로호가 북한의 포함(砲艦)에 나포된 후 북한당국이 선장에게 '자백하라, 그렇지 않으면 당신이 보는 앞에서 승무원들을 모조리 사살하겠다.'라고 위협했을 때, 선장은 스파이 활동을 시인하고 말았던 것이다. 그러한 위협은 선장이 자백해야만 하는 훌륭한 근거를 제공했지만, 그 '자백'이 참이라는 것은 결코 증명되지 않은 채로 남아 있는 것이다.

'힘'이 반드시 물리적 폭력일 필요는 없다. 예를 들어 어느 국회의원 후보에게 제안된 법률안에 대하여 그의 입장을 재고하지 않는다면 선거유세에 필요한 재정적인 지원을 해주지 않겠다고 위협하는 경우처럼, 한 정치가의 견해를 교묘하게 조작하려는 시도에도 종종 힘에 호소하는 논증이 포함되어 있다. 여기에서의 힘은 재정적인 궁핍과 지위의 상실에 대한 그 정치가의 개인적인 두려움에 작용하고 있으며, 제안된 법률안 그 자체에 관한 논증 대신에 사용되고 있다. 법정에서는 배심원이 힘에 호소하는 논증의 표적이 될 수도 있다. 예를 들어 검사가 배심원들에게 '만약 이 사람이 유죄판결을 받지 않고 교도소로 보내지지 않는다면, 여러분들은 오늘 저녁에 무사히 귀가할 수 있을까요?'라고 말하는 경우가 있을 것이다. 이 경우에 검사는 피고의 범죄사실을 입증할 수 있는 부가적인 증거를 제시하지는 않고, 범죄를 당할지도 모른다는 배심원들의 공포심을 피고의 유죄 혹은 무죄가 결정될 수 있는 적절한 기준으로 대체함으로써 '유죄' 판결의 기회를 증가시킨다. 물론 변호사는 종종 배심원들에게 '만약 여러분들이 이 결백한 사람에게 무죄판결을 내리지 않는다면, 여러분들은 언젠가는 여러분들이 범하지 않은 범죄로 인

I long to hear that you have declared an independency. And in the new code of laws which I suppose it will be necessary for you to make, I desire you would remember the ladies and be more generous than your ancestors. . . . If particular care and attention is not paid to the ladies we are determined to foment a rebellion and will not hold ourselves bound by any laws in which we have no voice or representation.

ABIGAIL ADAMS, LETTER TO JOHN ADAMS, 1774

Was Abigail Adams committing the fallacy of appeal to force in her letter to her husband, or was she simply indicating that her position is a self-supported axiom and that she would not accept a shifting of the burden of proof, just as her husband and his colleagues were doing with the king of England?

당신이 여성의 독립을 선언했다는 소식을 학수고대하고 있습니다. 제 생각으로는 당신이 새 법전을 마련할 것으로 보입니다. 새 법전을 마련할 때에 여성들을 기억해 주시고 당신의 선조들보다 더 관대하시기를 바라겠어요. ......만약 여성들에 대한 특별한 관심과 배려가 없다면, 우리는 어쩔 수 없이 폭동을 일으킬 수밖에 없으며 우리의 발언권이나 대표성이 명시되지 않은 그 어떠한 법률에도 우리 자신을 내맡기지 않을 것입니다.

- 애비게일 아담스, 남편인 존 아담스에게 보낸 편지(1774) -

애비게일 아담스는 그녀의 남편에게 보낸 편지에서 힘에 호소하는 논증이라는 오류를 범했는가? 혹은 그녀의 입장이 단순히 자명적인 공리라는 것과 남편과 남편의 동료들이 영국의 국왕과 함께 행했던 입증책임의 전환을 받아들이지 않을 것임을 지적하고 있을 뿐인가?

하여 양심의 가책을 받게 될 것입니다.'라고 '경고하면서' 친절하게 응수할 것이다.

힘에 호소하는 논증은 실로 너무나 빤한 오류여서 단순히 전혀 논증이 아니라고 주장하더라도 잘못 주장하는 것이 되지는 않을 것이다. 힘에 호소하는 오류논증을 타당한 논증으로 만들기 위하여 부가되어야 하는 전제들은 분명히 매우 의심스러운 전제들이다. 따

라서 다음의 만화에서 힘에 호소하는 오류논증의 희생물이 나타내고 있는 반응은 아마 그러한 '논증'의 가장 좋은 예가 될 것이다.

"Sir, the logic of your argument is questionable, but your method of presentation is irrefutable."

Reprinted with permission of National Review.

> 나리, 나리께서 주장하는 것의 논리는 의심스럽습니다만 나리께서 주장하는 것을 제시하는 방식에 대해서는 반박할 수가 없군요.

(8) 권위자에게 호소하는 논증

우리는 우리의 입장을 뒷받침하기 위하여 전문가의 의견을 인용함으로써 자주 권위자에게 호소한다. 종종 사실로서 인정되고 있는 것이 논의 중인 주제에 관한 권위자들의 진술들로부터 도출되기 때문에, 권위자들의 의견에 의존하고 있는 논증이 반드시 오류를 범하는 것은 아니다. 그러나 **권위자에게 호소하는 논증**(라 argumentum ad verecundiam, 영 appeal to authority)은 권위자로서 인용되고 있는 사람이 고려 중에 있는 어떤 문제에 대한 진정한 권위자가 아닐 때 오류논증이 된다. 권위자에게 호소하는 논증이 오류논증이 되는 것은 그와 같이 **사회적 통념에 어긋나는 권위자** 혹은 유사권위자(pseudo- authority)에 호소하기 때문이다. 이 오류의 라틴어 명칭은 '존경심(verecundiam)에 호소하는' 오류이다. 예를 들어 맹장염의 원인에 대하여 내과 의사의 보충의견을 인용하는 것은 합당하지만, (그 내과의사가 주식 시장에 대해서도 합당한 권위자라는 증거가 제시되지 않는다면) 주식 시장에 대한 권위자로서 내과 의사를 인용하는 것은 논리적으로 관련성이 거의 없을 것이다. 마찬가지로 법정에서 반대심문을 하는 테크닉에 관하여 유명한 변호사를 인용하는 것은 적절하겠지만, (그 변호사가 식이요법에 관하여 보통 사람보다 전문적 지식을 더 많이 가지고 있다는 증거가 전혀 없다면) 다른 사람들이 그 변호사의 식이요법 계획서를 구매하도록 설득하기 위하여 그 변호사의 식이요법 계획에 관한 견해를 사용하면 오류를 범하게 된다.

권위자에게 호소하는 오류논증의 기본 형식은 다음과 같다.

사람 A는 주제 X에 관한 전문가이다.
A는 이러이러한 것이 주제 Z에 관해서 사실이라고 말한다.
그러므로 이러이러한 것은 주제 Z에 관해서 사실이다.

이 논증을 타당하게 만들기 위해서 우리는 명백하게 거짓인 다음과 같은 전제를 부가해야 한다.

주제 X에 관한 전문가가 주제 Z에 관하여 말하는 것은 모두 다 참이다.

이 일반적 형식으로부터 정말로 그럴싸하게 만들어질 수 있는 유일한 논증은 다음과 같은 전제를 사용하는 귀납논증일 것이다.

주제 X에 관한 전문가가 주제 X에 관하여 말하는 것은 모두 다 아마도 참일 것이다.

특정한 어떤 권위자에 대한 평가가 시대와 더불어 변화할 수 있다는 사실 때문에, 진짜 권위자가 누구인지에 대한 문제가 더욱 복잡한 논란거리가 될 수도 있다. 갈릴레이의 동시대인들은 성서에 근거해서 지구는 지축을 중심으로 해서 자전하는 반면에 태양은 정지해 있다는 그의 견해를 일축해 버렸다. 이 당시 서양사회에서는 성서가 모든 것에 관한 궁극적 권위로서 받아들여졌던 것이다. 그러나 오늘날 우리들의 대부분은 천문학적인 측정과 계산을 반박하기 위하여 구약성서에 나오는 말들을 인용하지는 않을 것이다. 왜냐하면 그렇게 할 경우에 권위자에게 호소하는 오류를 범하게 되기 때문이다.

적절한 권위자에게 호소했다 하더라도 권위자에게 호소하는 논증이 항상 결정적으로 입증되는 것은 아니다. 왜냐하면 동일한 분야에서 권위자들이 상호 모순적인 여러 이론들을 승인해 주는 경우가 종종 있기 때문이다. 예를 들어 남성과 여성의 혼전성관계가 지난 20년 동안에 두 배로 증가했다고 말하면서 유명한 심리학자를 인용하는 것은 합리적이다. 그러나 다른 유명한 심리학자는 지난 20년 동안에 증가했던 것은 혼전성관계라는 사건이 아니라 성(性)에 관해서 토론하는 자유라고 주장한다. 이러한 상황에서는 두 권위자의 견해가 상호 모순된다. 이런 경우들에 직면할 때는 주제가 논란의 여지가 많은 본성을 가지고 있음과 양 논증이 둘 다 결정적인 논증이 아님을 인정하는 것이 중요하다. 그보다 훨씬 더 중요한 것은, 비록 합당한 권위자들이라 할지라도 불필요하게 그 권위자들에게 의존하는 것보다는 가능할 때에는 언제나 곧바로 사실적인 증거를 확보할 필요가 있음을 인식하는 것이다.

우리는 상업광고에서 유사권위자에 의한 오류를 매우 빈번하게 발견할 수 있다. 현재는 그 효력을 완전히 상실했지만 영화배우에게 의사가 입는 흰 옷을 입힌 다음, 시청자에게 어떤 의약품을 사용하도록 유도하는 텔레비전 광고업자가 그 한 예이다. 광고업자들은 또한 유명 인사들의 대중적 인기를 활용하기도 한다. 그러나 유명 인사들이 '권위자'로서의 자격을 가지게 된다면, 그것은 운동선수나 연예인으로서의 명성 때문일 뿐이다. 유명 인사들은 상품이나 서비스를 홍보한다. 다른 상품이나 서비스와 비교 검토해 보고 그들이 홍보하는 상품이나 서비스가 다른 상품이나 서비스보다 우월하다는 것을 발견했기 때문이 아니라, 홍보에 대한 대가를 지불받았기 때문에 홍보할 뿐이다.

(9) 대중에 호소하는 논증

명백하게 잘못 추론했음에도 불구하고 종종 설득력을 가지는 또 다른 유형의 일반적 논증이 **대중에 호소하는 논증**(㉣ argumentum ad populum, ㊎ appeal to the people)이다. 이 논증을 '잘못 추론한 논증'이라고 명명하는 것 그 자체가 어쩌면 잘못인지도 모른다. 왜냐하면 이 논증의 설득력의 원천은 흔히 청중의 감정이나 선입견 및 자존심 등을 교묘하게 조작하기 위하여 추리의 과정을 거치지 않는다는 사실에 있기 때문이다.

타당한 형식으로 바꾸어 보면, 대중에 호소하는 오류논증 중의 대부분은 다음과 같은 형식을 취한다.

> 대부분의 사람이 어떤 것을 믿는다면(혹은 좋아한다면, 혹은 바란다면 등등), 그 어떤 것은 참이다(혹은 좋다, 혹은 가치 있다 등등).
> 대부분의 사람이 X를 믿는다(혹은 좋아 한다, 혹은 바란다 등등).
> 그러므로 X는 참이다(혹은 좋다, 혹은 가치 있다 등등).

대중에 호소하는 오류논증은 '편승효과', 즉 '모든 사람이 그렇게 하니까, 당신도 역시 그렇게 해야 한다.', '백옥진주 치약으로 양치질을 하는 사람이 천 9백만 명이나 된다.', '간혹 창고에서 물건을 마음대로 가져도 된다. 왜냐하면 모든 직원이 그렇게 하니까.'라는 식의 방법을 이용하고 있다.

광고업자들이 선호하는 '대중에 호소하는 오류논증'의 아이러니한 버전(이 버전은 '다른 모든 사람과 비슷하게 되고자 하는' 욕망을 이용한다)은 '개인주의자'에게 직접 호소하는 것이다. 예를 들어 어느 한 담배회사는 집단 내에서 어떤 사람이 자기 회사의 담배를 피우는지를 소비자가 직접 확인하도록 한다. 광고 사진에서 괴로움이 전혀 없는 평온의 섬이자 독립의 섬인 양 점잖게 자기 회사의 담배를 피우고 있는 '정신상태가 정상인 한 여성'을 제외한 나머지 사람들은 다른 회사의 담배를 피우면서 비굴한 순종자에서 가벼운 정신병자에 이르기까지의 모든 징후를 보여준다. 이러한 호소는 직접적이다. 왜냐하면 '밖'에 있는 것은 '안'에 있는 것이 아니며, 그 회사의 담배가 여러분들을 '안'에 도착하도록 도와줄 것이기 때문이다.

미국의 보건당국은 관련 증거를 제시하고 합당하게 주장하면서 대중에게 흡연의 위험에 관하여 알리고자 엄청 노력했음에도 불구하고, 1990년대 초의 조사에 의하면 24세 이하의 흡연자가 증가했다고 우려를 표명했다. 이것은 담배회사가 광고에 쏟아 부은 수백억 달러의 돈이 효과적이었음을 암시한다.

(10) 대인(對人) 논증

다른 어떤 사람의 논증이나 입장에 응답하거나 다른 어떤 사람의 논증이나 입장을 비판하는 맥락에서 주로 발생하는 몇몇 오류가 있다. 응답하거나 비판하는 논증이 다른 사람의 논증이나 결론에서 어떠한 약점도 확인하지 못할 때에, 그와 같이 응답하거나 비판하는 논증은 오류논증이 된다. **대인 논증의 오류**(㉣ argumentum ad hominem, ㉧ argument against the person)는, 어떤 사람의 신변에 관계되는 것을 이러저러한 방식으로 공격함으로써 그 사람의 신념이나 주장을 공격하는 오류이다. 대인 논증은 종종 'argumentum ad hominem'이라는 라틴어로 언급되기도 하는데, 라틴어를 글자 그대로 번역하면 '사람을 향하고 있는 논증'(argument toward the man)을 의미한다. 대인 논증의 오류는 주로 세 가지 형식, 즉 인신공격적 논증, 정황적 논증, 피장파장 논증 중의 어느 한 가지 형식으로 나타난다.

(10-1) 인신 공격적 논증

어느 논객이 논쟁상대자에게 '비현실주의적인 바보'라는 별명을 붙였다고 하더라도 논쟁상대자가 자신의 의견을 바꿀 개연성은 낮다. 그러나 청중의 입장에서는 '비현실주의적인 바보'라는 딱지가 붙어 있음에도 불구하고 그 논쟁상대자를 지지하기 위해서는 상당할 정도의 독자적 사고가 필요하다. 따라서 논쟁상대자를 공개적으로 비난하는 **인신 공격적 논증**(the abusive argument)을 사용하면 논쟁상대자들이 만들어 내는 어떠한 진술도 불신하게 하는 효과를 거둘 수 있다. 정치인들은 이 효과를 잘 알고 있는 듯하다. 예를 들어 1992년 미국의 대선 공약에서 공화당원들이 사용한 주요한 '논증들' 중의 하나는 민주당원들이 '진보주의자들'이라는 것이었다. 공화당원들은 진보주의자(liberals)를 'I-word'라고 언급하면서 진보주의는 나쁜 것이라는 점을 강조했다. 'I-word'는 진보주의가 외설(indecency)과 같은 것임을 암시했다. 선거에서 공화당이 졌지만, 선거를 지켜 본 많은 사람들은 공화당의 이 특별한 전략이 민주당에 표를 주지 않도록 일부 유권자들에게 영향을 미치는 데 꽤 효과적이었다는 느낌을 받았다.

대인 논증을 타당하게 만들기 위해서는, 다음에서 볼 수 있는 바와 같이 매우 의심스러운 전제를 부가하는 것이 필요하다.

특성 A를 지니고 있는 사람이 말하거나 믿거나 옹호하는 것은 무엇이든지 거짓이다.
사람 X는 특성 A를 지니고 있고 P를 옹호한다.
그러므로 P는 거짓이다.

특성 A가 '결코 진실을 말하지 않는다.' 혹은 'IQ가 10이다.'와 같은 어떤 것이 아니라면, 그리고 사람 X가 실제로 특성 A를 지니고 있다는 데에 대한 강력한 증거가 제시되지 않는다면, 논증은 오류논증이 된다.

인신 공격적 논증에는 욕설이 사용되기도 하지만, 상대방에 관해서 사실이긴 하지만 논리적으로 무관한 자료를 활용하여 인신 공격적 오류논증을 전개할 수도 있다. 예를 들어 상대방이 사형제도에

Would it be fallacious for an attorney to challenge this witness' testimony on the grounds that she has a poor sense of time? Why or why not?

1979년으로 생각을 돌이켜 주시기 바랍니다.
정확하게 1979년 6월 19일입니다.
오후 2시 30분에........
오늘이 몇 월 며칠일이에요?

변호사는 목격자가 시간감각이 떨어진다는 것을 근거로 목격자의 증언에 이의를 제기하고 있다. 변호사가 오류를 범하고 있을까? 오류를 범하고 있다면, 그 이유는 무엇인가? 오류를 범하고 있지 않다면 그 이유는 무엇인가?

반대하는 사람이고 마리화나 사용의 합법화에 찬성하는 사람이라는 사실은 건강관리에 관한 토론과는 논리적으로 전혀 관계가 없다. 그렇지만 이러한 사실들이 일부 청자에게는 혐오감을 불러일으켜 건강관리를 포함하는 특정 이슈와 관련해서 그런 사람과 연대하는 것을 원치 않게 할 수도 있다. 다른 한편으로 법정에서 검찰의 핵심증인이 습관적인 거짓말쟁이이거나 정신적으로 무능한 사람이라는 것이 밝혀진다면, 이것은 논리적으로 매우 관련이 많다. 왜냐하면 말을 신뢰할 수 있고 정신적으로 아무런 문제가 없어야 하는 것이 증언의 신뢰성을 평가하는 데 있어 핵심요소이기 때문이다.

(10-2) 정황적 논증

정황적 논증(the circumstantial argument)이란 상대방이 만들었던 진술을 고려할 가치가 없다고 묵살하기 위한 충분한 이유로서 상대방의 신상에 관한 정황(情況)을 인용하는 논증을 말한다. '물론 상대방은 고속도로건설에 찬성한다. 왜냐하면 그 사람의 선거운동에 가장 기여를 많이 한 사람은 도로건설기계 제조업자이기 때문이다.' '모자 가정의 어머니들이 왜 탁아 시설을 후원해서는 안 되는가? 그들은 탁아 시설의 혜택을 받는 사람들이다. 그래서 그들은 탁아 시설을 위해 돈을 지불해서는 안 된다.' 개인의 신상과 관련되는 정황들에 관한 이와 같은 진술들은 지극히 참인 진술들일 수도 있다. 그러나 이 진술들이 자력(自力)으로 특별한 이슈들에 대한 그들의 입장을 합리적으로 반박하는 것은 아니다.

상대방의 생활방식과 제시된 견해 간의 차이를 언급하는 정황적 대인 논증들도 있다. 그렇게 언급하는 가운데 상대방과 상대방의 진술들을 진실하지 않은 것으로서 묵살해도 된다는 것이 암시된다. 예를 들어 '철수가 진정으로 그 병원의 인력이 부족하다고 믿는다면, 그는 그 병원에서 자원봉사자로 일할 것이다.' 그와 같은 가정들 그 자체로서는 병원에서의 인력 상황에 관한 결론을 뒷받침하기에 불충분하다는 것은 아주 명백하다.

정황적 대인 논증의 오류를 범하고 있는 논증을 타당한 논증으로 만들기 위하여 부가되어야 하는 전제는 다음과 같다. (혹은 다음과 유사한 어떤 것이다.)

> 사람 A가 제시하는 논증의 결론을 우리가 받아들였을 때 A가 개인적으로 혜택을 본다면, 그 논증은 틀림없이 나쁜 논증이다.

Of course we say that we do not believe in god. We know perfectly well that the clergy, the landlords, and the bourgeoisie all claimed to speak in the name of god, in order to protect their own interests as exploiters.

V.I. LENIN

Lenin is committing the *ad hominem*-circumstantial fallacy in this statement. Why?

물론 우리는 신을 믿지 않는다고 말합니다. 성직자, 지주, 부르조아지, 이들은 모두 착취자로서의 그들 자신의 이익을 보호하기 위하여 신의 이름으로 말하기를 주저하지 않습니다. 우리는 이러한 사실을 너무도 잘 알고 있습니다.

- 레닌 -

이 진술에서 레닌은 정황적 논증의 오류를 범하고 있다. 그 이유는 무엇인가?

이러한 주장에서 어떤 진실성이 느껴질 수도 있지만, 곰곰이 생각해 보면 다음과 같은 점은 명백하게 참이 아니다. 우리가 어떤 논증의 결론을 받아들임으로써 누군가가 혜택을 볼 것이라는 사실은 그 논증이 틀림없이 나쁜 논증이라는 것을 함의한다. 혜택을 입는 사람들이 옹호하고 있는 논증들을 보다 더 자세하게 살펴보는 것은 분명히 어리석은 일이 아닐 것이다. 그러나 그 논증을 평가할 때에 우리는 여전히 다른 논증을 평가할 때와 동일한 기준을 적용해야 하며, 실제로 그 논증이 좋은 논증이라면 그 논증을 좋은 논증이라고 인식할 마음의 준비를 해야 한다.

(10-3) 피장파장 논증

피장파장 논증(㉣ tu quoque, ㉢ 'you too,' argument)들에서 사람들은 자신들에게 제기된 문제에 관하여 직접 대답하지 않는다. 그 대신에 상대방의 유죄를 입증함으로써 자신들에게 제기된 문제를 해소시켜 버리고자 시도한다. 반대의견이나 고발내용에 응답할 때에 피장파장 논증을 전개하면, 몇 가지 전략적 이점이 있다. 이 논증을 사용하면 비난의 실질적인 내용에 대해서 대답하는 것을 회피할 수 있으며, 상대방의 경계로부터 벗어날 수도 있다. 그리고 상대방의 약점에 주의를 집중시킴으로써 자기 자신의 약점이 부각되지 않도록 할 수도 있다.

피장파장 오류논증을 타당하게 만들기 위하여 부가할 수 있는 전제는 다음과 같다.

다른 어떤 사람이 X를 행했다면, 내가 X를 행하는 것은 옳다.

이런 이유로 해서 피장파장 오류논증은 때때로 '두 가지의 잘못을 옳은 것으로 만드는' 오류라고 명명되기도 한다. 피장파장 논증을 타당하게 만들기 위해서 부가할 수 있는 또 다른 전제는 '유사한 경우들은 유사하게 다루어져야 한다.'라는 취지의 전제이다. 이 전제로부터 우리는 '다른 어떤 사람이 행한 X가 잘못된 것으로 간주되지 않았다면, 내가 행한 X도 잘못된 것으로 간주되어서는 안 된다.'라는 것을 타당하게 연역해 낼 수 있을 것이다. 그러나 이 전제는 두 번째 가능성, 즉 '내가 행한 X가 잘못된 것으로 간주된다면, 다른 어떤 사람이 행한 X도 역시 잘못된 것으로 간주되어야 한다.'라는 것을 타당하게 연역해 낼 가능성도 남겨두고 있다. 그러므로 이 전제가 합리적인 것처럼 보인다 할지라도, '내가 행한 X는 옳은 것으로 간주되어야 한다.'라는 결론을 타당하게 이끌어 내기에는 이 전제가 충분하지 않다.

연습문제 3-3

다음의 각 논증에 포함되어 있는 비형식적 오류(만약 오류가 여러 개 포함되어 있다면 그 중에서 적어도 한 개)를 확인해 보라. 여러분들은 또한 비형식적 오류를 발견함에 있어서 먼저 필요한 전제들을 부가시키면서 각 논증을 타당한 연역논증으로 재구성하고, 그 다음에 부가된 전제들 중의 어느 것이 의심스러운지 혹은 명백한 거짓인지를 확인해 보면 도움이 된다는 것을 알 수 있을 것이다.

1. 진화론은 참이 될 수 없다. 성서(聖書)에는 세계가 7일 만에 창조되었다고 적혀 있다.

2. 보험사원들은 여러분들에게 그들의 회사가 보험금을 지불하지 않아도 되는 경우들에 관하여 결코 얘기해 주지 않는다. 여러분들은 실제로 보험금을 청구하면서 그러한 경우들을 알게 된다. 그런데도 사고나 도난을 당한 사람들이 실제의 피해액보다 더 많은 보험금을 청구한다고 해서 보험회사들이 그 사람들을 비난할 수 있단 말인가?

3. 모세의 십계명 중에서 제6계명은 '살인하지 말라.'라는 것입니다. 그런데도 성직자인 그대는 미국의 베트남 파병이 옳았다고 주장하고 있습니다. 그대는 신의 계율을 부정하고 있는 것이 너무도 분명합니다.

4. 생활보조비를 받아 생계를 유지하는 사람들에게 투표권을 주어서는 안 된다. 왜냐하면 명백하게 그들은 모두 노동자에게 증세하는 쪽에 표를 던질 것이기 때문이다.

5. 진정한 건강보험위기는 전혀 존재하지 않는다. 의사들은 의료서비스를 억제하여 수요를 증가시키고자 시도한다. 그렇게 함으로써 그들은 진료비를 인상할 수 있고 수입을 증가시킬 수 있다.

6. 『햄릿』을 해석함에 있어서 자네가 계속해서 나의 견해와 다른 관점을 고집하게 되면, 학기말 시험도 곧 닥쳐오는데 자네가 학점을 따게 될지 모르겠네. 자네가 알다시피, 나는 교수이자 셰익스피어에 관하여 연구해 온 학자가 아닌가?

제3절 다른 비형식적 오류들

지금까지 논의된 비형식적 오류들은, 수 천 년에 걸쳐 인류문명이 진행되는 가운데 고안되었던 수없이 많은 종류의 나쁜 논증 중에서 발췌한 표본적인 약간의 오류일 뿐이다. 이 정도의 오류만으로도 인간의 커뮤니케이션과 논증적 입론(立論)이 얼마나 복잡 미묘한지를 보여주기에 충분하다. 다시 한 번 강조되어야 할 것이 있다. 흔히 우리는 서로 다른 여러 가지 방식으로 특정 문장들을 해석할 수 있으므로, 구체적인 어떤 사례에서 어떤 오류가 범해지고 있는지에 대해서 혹은 과연 오류가 범해지고 있는지에 대해서 두 사람의 의견이 일치하지 않을 수도 있다. 여러분들은 오류의 사례들이 복잡 미묘하다는 것을 명심해야 한다. 특히 다음의 연습문제를 풀이할 때 이 점을 명심하기 바란다.

연습문제 3-4

다음의 각 논증에 포함되어 있는 비형식적 오류(만약 오류가 여러 개 포함되어 있다면 그 중에서 적어도 한 개)를 확인해 보라. 여러분들은 또한 비형식적 오류를 발견함에 있어서 먼저 필요한 전제들을 부가시키면서 각 논증을 타당한 연역논증으로 재구성하고, 그 다음에 부가된 전제들 중의 어느 것이 문제가 되는지(혹은 명백한 거짓인지)를 확인해 보면 도움이 된다는 것을 알 수 있을 것이다.

1. 룰렛 휠이 돌기 전에 내가 자옥이 생각을 할 때마다 주사위가 검은 색 위에서 멈춘다. 그래서 나는 검은 색에 돈을 걸고 계속해서 룰렛 휠이 돌기 전에 자옥이 생각을 할 예정이다. 자옥이에 대한 나의 생각이 주사위를 검은 색 위에서 멈추게 했기 때문에 나는 반드시 이길 것이다.

2. 나는 어린 시절 석류를 맛있게 먹었다. 그러므로 모든 석류는 맛있다.

3. 달나라 토론동아리의 회원은 길동, 만수, 춘자, 명호, 말자인데, 이들 5명은 모두 개를 소유하고 있다. 그래서 달나라 토론동아리는 틀림없이 개를 소유하고 있다.

4. 행복드림 4중창단이 화물용 저울 위에 올라갔을 때, 그들의 체중은 360kg이었다. 그러므로 4중창단의 멤버인 수동, 경원, 태희, 자량 각각의 몸무게는 틀림없이 360kg이다.

5. 김의준 박사는 QXZ 바이러스 검사가 항상 신뢰할 수 있는 것은 아니라고 말합니다. 그러나 김의준 박사는 악명 높은 바람둥입니다. 그래서 여러분은 걱정할 일이 아무 것도 없습니다. 검사 결과 여러분에게 QXZ 바이러스가 없다면, 여러분은 QXZ바이러스가 없다고 확신해도 됩니다.

6. 물론 승엽이는 당신에게 티켓의 가격이 아주 싸다고 말했다. 그런데 당신이 승엽이에게서 티켓을 구매하면, 승엽이는 상당한 수수료를 챙긴다. 그러므로 승엽이가 한 말을 믿지 마라. 왜냐하면 당신이 그의 권유를 받아들이면 승엽이는 가장 혜택을 많이 보는 사람이기 때문이다.

7. 물론 피고는 자기가 결백하다고 말하고 있습니다. 그러나 피고가 하는 말을 믿지 마십시오. 피고는 자기가 결백하다는 것을 여러분에게 납득시키지 못하면 감옥에 갈 것임을 알고 있습니다. 피고가 결백하다고 주장하고 있는 이유는 바로 이것입니다.

8. 만약 여러분이 자지 않고 깨어 있고 싶다면, 물을 아주 많이 마셔야 한다. 나는 밤늦게까지 공부할 필요가 있을 때마다 거의 전적으로 물로 구성되는 커피를 마신다.

9. 물론 UFO는 외계로부터 온 방문객입니다. 지금까지 그렇지 않다는 증거의 일부를 제공할 수 있었던 사람은 아무도 없습니다.

10. 나의 손자손녀 중에 과학 과목을 좋아하는 아이는 아무도 없다. 다음 세대에는 과학자가 한 명도 없을 것 같다.

11. 만약 자네가 수업이 끝날 무렵까지도 여전히 내가 자네를 공정하게 대접하지 않았다고 확신한다면, 다른 학생들은 운동장으로 나가더라도 자네는 교실에 남아 있어야 할 것이다.

12. 나트륨도 유독하고 염소도 유독하다. 그러므로 나트륨과 염소의 결합물인 소금도 유독하다.

13. 다른 경영자들은 토요일 오전 근무가 도움이 된다는 것을 알고 있다. 당신의 전임자는 토요일 오전 근무를 결코 못하게 했다. 우리가 그를 교체한 이유가 바로 이것이다. 우리는 당신이 주말 근무에 동의할 것을 희망한다.

14. 그 체조선수는 날렵한 운동선수라고 결론 내려도 된다. 왜냐하면 우리는 체조선수들이 탄력 있다는 것을 알고 있으며, 그들에게 탄력이 있다면 그들은 유연하기 때문이다. 그리고 유연한 모든 운동선수는 날렵하다.

15. 당신은 전화로 'two seconds' 내에 여기에 있을 것이라고 말했다. 자, 거의 2분이 지났고 당신은 방금 도착했다. 그래서 당신은 전화로 거짓말했다.('two seconds'에는 '잠시 후'라는 뜻도 있음)

16. 회사를 효과적으로 경영하는 유일한 방법은 당신 회사의 노동자들에게 두려움을 주입시키는 것입니다. 당신이 피고용인들을 친절하게 대하면, 그들은 당신을 이용할 뿐만 아니라 할 일을 안 하고 빈둥거릴 겁니다. 당신이 피고용인들을 엄하게 대하면, 그들은 당신을 위해 열심히 일하는 척 할 것입니다.

17. 발견하기 어려운 것은 값이 비싸다. 은신처는 발견하기 어렵다. 그러므로 은신처는 값이 비싸다.

18. 지금까지 발견된 것들 중에서 빛의 속도보다 더 빨리 여행하는 것은 아무 것도 없다. 그러므로 빛의 속도보다 더 빨리 여행하는 것은 불가능하다.

19. 백 씨의 논증은 백 씨와 같은 인종주의자로부터 우리가 정확하게 기대할 수 있는 바의 것입니다.

20. 애련이는 베토벤의 월광 소나타 악보에 들어 있는 하나하나의 음을 연주할 수 있다. 그러므로 애련이는 월광 소나타를 연주할 수 있어야

한다.

21. 한국의 축구 대표 팀은 한국에서 가장 축구를 잘하는 팀이어야 한다. 왜냐하면 한국의 축구 대표 팀은 한국의 축구선수들 중에서 가장 축구를 잘하는 선수들로 구성되기 때문이다.

22. 땡칠이의 할아버지는 다음과 같이 말하고 있다. 자기가 만 99세까지 살 수 있었던 것은 평생 동안 매일 마늘 한 조각을 먹었고 소주 한 잔을 마셨기 때문이다.

23. 왜 우리는 죄수들의 법적 권리를 보호하는 일에 그렇게도 많은 관심을 가져야 합니까? 죄수들은 그들로 하여금 감옥에 오게끔 한 범죄를 저질렀을 때 이미 법을 무시하기로 스스로 작정했던 것입니다.

24. 과학의 세계에는 신(神)의 존재를 믿었던 위대한 남성과 여성이 수없이 많다. 그래서 신은 틀림없이 존재한다.

25. 나는 아주 확실하게 너에게 말할 수 있는데, 이번에 공금횡령죄를 저지른 사람은 홍길송이다. 5년 전에 홍길송이가 세금을 횡령하여 유죄판결을 받은 전과자임을 너는 알고 있을 것이다.

26. 만약 당신이 열심히 공부한다면, 대학을 졸업할 때까지 낭만을 즐길 수 없을 것이다. 그리고 만약 당신이 열심히 공부하지 않는다면, 대학을 졸업할 수 없을 것이다. 당신은 열심히 공부하거나 열심히 공부하지 않는다. 그래서 당신은 대학을 졸업할 때까지 낭만을 즐길 수 없거나 대학을 졸업할 수 없을 것이다.

27. 어머니가 자기의 자식을 보호하는 것은 추론의 결과도 아니고, 다른 사람들로부터 학습이나 모방을 통해서 획득한 행동방식도 아니다. 예를 들어 고양이가 새끼를 위험으로부터 보호하는 본능적인 방식을 관찰해 보면 알 수 있듯이, 어머니가 자기의 자식을 보호하는 것은 본래 모성본능(母性本能)의 표명이다.

28. 다음 세기가 지나가기 전에 필연적으로 전 세계의 모든 사람들은 광범위하고도 끔찍한 죽음에 직면하게 됩니다. 만약 폭발적으로 증가하고 있는 세계 인구를 먹여 살릴 수 있을 만큼의 충분한 식량이 생산된다면, 엄청난 양의 화학비료와 살충제의 사용에 의하여 물과 공기는 인간이 견디어 낼 수 있는 한계치를 넘어서 오염되고 말 것입니다. 그래서 사람들은 오염된 물과 공기로 말미암아 죽게 될 것입니다. 만약 엄청난 양의 화학비료와 살충제가 사용되지 않는다면, 경작 가능한 토지에서 충분한 식량이 생산될 수 없을 것이며, 따라서 사람들은 굶어 죽게 될 것입니다.

29. 만약 당신이 진정으로 만사(萬事)를 거침없이 처리하고 싶다면, 발행부수 1,000만부를 자랑하는 우리 잡지사의 잡지를 읽어 보세요.

30. 효리가 값비싼 승용차를 타고 다닌다면 효리는 부자이다. 효리가 값싼 승용차를 타고 다닌다면, 효리는 가난하다. 효리는 값비싼 승용차를 타고 다니거나 값싼 승용차를 타고 다닌다. 그러므로 효리는 부자이거나 가난하다.

31. 만약 그가 방글라데시에 있는 사람들이 굶고 있었기 때문에 그곳에 돈을 보냈다면, 그는 아마 우리들에게도 역시 돈을 보내줄 것이다. 왜냐하면 우리는 식탁에 저녁식사가 마련될 때까지 항상 굶고 있기 때문이

다.

32. 미국은 저개발 국가들을 원조하지 말아야 한다. 원조를 하게 되면, 언제나 곤란한 문제가 야기된다. 미국이 인도를 원조해 주었더니 인도는 원자폭탄을 개발했다. 미국이 월남을 원조해 주었지만 월남은 전쟁에서 지고 말았다. 미국이 터키를 원조해 주었더니 터키는 키프로스를 침공했다.

33. 최근의 여론조사에서 한국인들의 60퍼센트는 대통령의 경제정책에 만족한다고 대답했다. 그러므로 국회의 경제분과위원회에 소속되어 있는 10명의 민주당 국회의원 중에서 정확하게 6명은 대통령의 경제정책에 만족하고 있는 것으로 볼 수 있다.

34. 좋습니다, 피태우씨. 교육의 질(質)이 사립학교인 우리 학교보다도 공립학교인 이웃 학교가 훨씬 더 낫다는 당신의 말씀은 전적으로 옳으신 말씀입니다. 그러나 당신의 딸을 사립학교에 보내는 이유는 무엇입니까?

35. 지난 10년에 걸쳐 텔레비전 시청률이 계속해서 증가하면서, 범죄발생율도 계속해서 증가해 왔다. 사람들이 텔레비전을 많이 보면 볼수록, 그들은 그 만큼 더 많은 범죄를 저지른다. 이처럼 범죄를 일으키는 원인은 바로 텔레비전 시청이다.

36. 명희는 무거운 화장을 자주 한다. 그래서 그녀는 그 의자에 앉기를 꺼린다. 왜냐하면 그 의자는 무거운 사람을 지탱할 만큼 튼튼하지 않기 때문이다.

37. 의지(意志)의 자유는 일종의 신화이다. 행동주의 심리학자인 스키너(B. F. Skinner)가 그의 저서 『자유와 존엄의 피안』에서 이미 이 점을 지적한 바 있다.

38. 오늘날 미국에 살고 있는 우리는 우리의 선조들보다 훨씬 더 운이 좋은 세상에 살고 있다. 현재는 유아 사망률이 1퍼센트도 안되지만, 나의 선조들 중에서 1/3 이상은 유아기에 죽어야 했다. 왜냐하면 나의 선조들은 1910년까지 유아 사망률이 39퍼센트였던 지역에 살고 있었기 때문이다.

39. 인공유산이 합법화되어 있는 주(州)들의 인공유산 통계자료를 보면 엄청나게 많은 미혼여성들이 포함되어 있다. 우리는 이 사실로부터 인공유산의 합법화가 혼전성교를 고무시켰다는 것을 알 수 있다.

40. 낮이 지나가고 나면 언제나 밤이 찾아온다. 그러므로 낮이 밤의 원인이다.

요 약

1. 결론을 논리적으로 뒷받침하는 것처럼 보이기 때문에 흔히 사용되기도 하고 종종 매우 설득적이기도 한 일련의 진술들이 결론을 전혀 뒷받침하지 않거나, 거짓임이 빤히 들여다보이는 전제를 암묵적으로 포함하고 있는 경우가 자주 있다. 이러한 일련의 진술들 중의 일부는 형식논리학의 방법에 거의 혹은 전혀 의존하지 않고 인지될 수 있기 때문에 흔히 비형식적 오류라고 불린다.

2. 오류들 중에는 진짜 논증을 전혀 포함하고 있지 않은데도 일련의 특정한 진술이 비논증(nonargument)이라는 사실을 숨기려고 하는 것들도 있다. 논증인 것처럼 보이게 하기 위하여 이와 같이 위장하려는 시도는 몇 가지 패턴으로 나뉜다.

3. 청중의 입장에서 보았을 때 결론이 전제에서 명백하게 진술되었던 어떤 것을 다시 진술한 것에 불과한 모든 논증은 **선결문제 요구의 오류**를 범한다. 보통 순환논증이 길어지면 길어질수록 순환논증은 기만적이고 설득적일 가능성이 높다.

4. 주어진 문맥에서 두 가지 혹은 그 이상의 상이한 방식으로 해석될 수 있는 단어나 구를 사용하고 있는 논증은 **애매어의 오류**를 범하게 된다. 전제(들)에서 사용된 단어나 구의 의미가 결론에서 사용된 단어나 구의 의미와 상이함으로 해서 논증이 애매해질 수도 있고, 전제들에서 사용된 단어나 구의 의미가 상이함으로 해서 논증이 애매해질 수도 있으며, 논증 안에서 단어나 구가 어떤 의미로 사용되고 있는지를 결정하기가 불가능함으로 해서 논증이 애매해질 수도 있다.

5. **애매문의 오류**는 어떤 사람이 문법적으로 애매한 진술을 그릇되게 해석하고서 결론을 이끌어 내고자 할 때 발생한다. 애매문의 오류와 애매어의 오류는 잘못된 추리의 문제라기보다는 잘못된 해석의 문제이다.

6. 주어진 어떤 문제에 대한 한 개인의 진술을 가장 공격하기 쉽고 가장 비판하기 쉽고 가장 상처 입히기 쉬운 방식으로 해석할 때, 우리는 너그러움의 원리를 위반하게 되며 동시에 **허수아비의 오류**를 범하게 된다. 이 오류는 비교적 복잡한 논증을 단순한 형식으로 환원시킬 때 종종 일어나는 오류이다. 비교적 복잡한 논증을 단순한 형식으로 환원하게 되면 그 논증의 핵심요소들 중의 일부가 무시되는 결과를 가져 온다.

7. 상대방의 결론을 반박하기보다는 다른 어떤 결론을 수립해 줄 뿐인 정보를 제시함으로써 상대방의 결론이 틀렸음을 입증하고자 하는 시도에는 **무관한 결론의 오류**가 포함되어 있다.

8. 일련의 진술이 진짜 논증을 구성하고 있지만 여전히 오류를 범하고 있다면, 그 일련의 진술이 범하고 있는 오류를 확인하는 방법은 그 일련의 진술을 타당한 논증으로 만드는 데 필요한 전제들을 무엇이든 부가시키는 것이다. 부가된 전제들 중의 적어도 한 개는 거짓임이 빤히 들여다보이거나 매우 사실일 것 같지 않은 전제일 것이다.

9. 어떤 명제의 참 혹은 거짓이 지금까지 결정적으로 증명된 적이 없었다는 사실은 — 특히 그 명제를 검증하려는 시도가 거의 행해지지 않았거나 사실상 전혀 행해지지 않았을 때 — 흔히 우리에게 그 명제가 참임을 입증하거나 그 명제가 거짓임을 입증할 능력이 없다는 것을 의미할 뿐이다. 이와 같은 무능력을 그 명제의 참 혹은 거짓을 의미하는 것으로 간주하는 것은 **무지로부터의 논증**이라고 알려져 있는 오류를 이용하는 것이다. 이 오류를 범하고 있는 논증을 타당한 논증으로 만들기 위해서는 명백하게 거짓인 다음과 같은 전제를 부가시키는 것이 필요하다. 'X가 사실이라는 증거가 전혀 없다.(혹은 X가 사실이라는 것이 전혀 증명되지 않았다) 그러므로 X는 사실이 아니다.' 이런 형식을 가지고 있는 것으로 보이는 논증과 마주칠 때, 우리는 그 논증을 오류논증으로 규정하기 전에 혹시 그 논증이 정당한 귀납논증으로 해석될 수는 없는지에 대해서 확인해 보아야 한다.

10. **거짓 딜레마의 오류**는 어떤 문제에 대하여 가능한 해결책을 실제보다 적게 제시해 놓고 마치 더 이상의 해결책이 없는 것처럼 논증을 전개할 때 발생한다. 보통 두 개의 대안이 ' ~이거나 ~이다.'라는 방식으로 제공된다. 그러나 유용한 다른 대안들이 있다.

11. **거짓원인의 오류**를 범하게 되는 데는 두 사건 혹은 일의 두 상태가 시공간적으로 인접해 있다는 사실이 그것들 중의 어느 하나가 다른 것의 **원인**이라는 것을 수립하기에 충분하다는 생각이 깔려 있다.

12. 예외적인 혹은 특별히 선택된 소수의 사례들에 기초해서 일반화를 행하게 되면 **성급한 일반화의 오류**를 범하게 된다. 이 오류를 범하지 않기 위해서 우리는 전형적인 혹은 무작위로 선택된 사례들을 충분히 수집해야 한다. 그렇게 되면 우연적인 사례로부터 전형적인 사례를 구별해 낼 수 있을 만큼 자료가 충분해진다.

13. **결합의 오류**에는 두 가지 형식이 있다. 첫 번째 형식은 전체를 구성하고 있는 부분들 각각이 어떤 특성을 가지고 있기 때문에 단일한 실재물인 전체도 그러한 특성을 가진다고 논증할 때 발생한다. 두 번째 형식은 집합체(가령 팀이나 관현악단)의 구성원이 어떤 특성을 가지고 있기 때문에 그 집합체도 그러한 특성을 가진다고 결론을 내릴 때 발생한다.

14. **분해의 오류**에도 두 가지 형식이 있다. 첫 번째 형식은 단일한 실체에 특정한 어떤 속성이 있기 때문에 단일한 실체의 각 부분에도 그러한 속성이 있다고 논증할 때 발생한다. 두 번째 형식은 집합적 실체에 대해서 참인 것은 그 집합체의 각 구성원에 대해서도 틀림없이 참이라고 논증할 때 발생한다.

15. **힘에 호소하는 논증**은 사람들에게 공포심을 불러일으키고 묵인하도록 사람들을 협박함으로써 사람들이 결론을 받아들이도록 시도한다. 힘에 호소하는 논증에는 직접적인 물리적 폭력에 의한 위협이 포함될 수도 있고 어떤 사람의 신분과 일상적인 행복에 대한 위협이 포함될 수도 있다.

16. 어떤 사람이 자기 자신의 견해를 강화하기 위하여 사이비 전문가의 견해를 인용한다면, 그 사람은 **권위자에게 호소하는 논증**이라고 알려져 있는 오류를 범하게 된다. 주어진 어떤 분야에서 진짜 권위자가 누구인지에 대해서 의견이 일치하지 않을 경우에는 이 오류를 확인하는 일이 어려울 수도 있다. **합당한** 권위자에게 호소하는 것은 오류가 아니다.

17. **대중에 호소하는 논증**은 편승효과에 의존하며 매우 설득적일 수 있다. 왜냐하면 이 논증은 특정 청중의 감정이나 선입견 및 일체감 등을 교묘하게 조종하며 흔히 추리의 과정을 전혀 거치지 않기 때문이다.

18. **대인(對人) 논증**이라는 오류는 이런 저런 방식으로 어떤 사람을 공격함으로써 그 사람의 신념이나 주장을 공격할 때 범하게 되는 오류이다. 이 오류는 보통 인신 공격적 논증, 정황적 논증, 피장파장 논증 등의 세 형식 중에서 어느 한 형식으로 나타난다. **인신 공격적 논증**은 논적(論敵)에 대하여 경멸적인 어귀를 사용하거나 논적에 대하여 사실이긴 하지만 논리적으로 무관한 자료를 사용하여 논적이 어떤 진술을 하더라도 그것을 불신하게 하고자 시도할 때 사용된다. **정황적 논증**에서는 논적이 만든 진술을 일축해 버리기 위한 충분한 근거로서 논적의 개인적 정황(가령 논적의 주장을 받아들이면 논적이 재정적인 이득을 본다)이 인용된다. **피장파장 논증**에는 논적 자신이 주장하는 입장과는 정반대로 논적이 행동했다고 논적을 비판하는 것이 포함되어 있다.

제4장

정 의

LOGIC LOGIC LOGIC LOGIC LOGIC LOGIC LOGIC LOGIC
LOGIC LOGIC LOGIC LOGIC LOGIC LOGIC LOGIC LOGIC
LOGIC LOGIC LOGIC LOGIC LOGIC LOGIC LOGIC LOGIC
LOGIC LOGIC LOGIC LOGIC LOGIC LOGIC LOGIC LOGIC
LOGIC LOGIC LOGIC LOGIC LOGIC LOGIC LOGIC LOGIC
LOGIC LOGIC LOGIC LOGIC LOGIC LOGIC LOGIC LOGIC
LOGIC LOGIC LOGIC LOGIC LOGIC LOGIC LOGIC LOGIC

4

정 의

정의(定義, definition)는 다음과 같은 몇 가지 이유 때문에 명제와 논증의 논리에 관한 연구에서 중요시 된다. 첫째, 흔히 특정 단어의 의미에 대한 이해는 진술이나 논증을 분석하고 평가하는 데 핵심적인 부분이 된다. 둘째, 모든 유형의 논증에서 정의가 종종 전제로서 나타나거나 전제로서 부가되어야 하기 때문에 우리는 필요할 때 적절한 정의를 제공하기 위하여, 그리고 정의가 좋은 정의인지 나쁜 정의인지를 결정하기 위하여 정의가 나타날 때 그것이 정의임을 인지할 수 있어야 한다. 셋째, 많은 정의들은 그 자체적으로 흥미롭고 중요한 진술이 되기도 하는데 이러한 정의들과 마주칠 때 우리는 그것들이 정의임을 인지하고 식별할 수 있어야 한다.

정의가 매우 중대한 정치경제적 결과를 낳을 수도 있다. 예를 들어 1994년 미국 대법원은 '법에 명시된 정의에 따르면 소각로에서 배출되는 것은 유해 폐기물이 맞다.'라는 판결을 내렸다. 몇몇 전문가들은 이 한 개의 정의로 말미암아 일부 도시와 그 도시의 납세자들이 부담해야 하는 폐기물처리비용이 1,000% 가량 증가했다고 주장했다.

정의는 또한 외교정책과 기업경쟁의 영역에 개입하기도 한다. 미국의 자동차 생산업체들은 '미국산'이 아닌 자동차에는 특별관세를 부담하도록 로비를 하였다. 이러한 규제로 말미암아 많은 논란과 재판과 외국정부로부터의 협박이 있었는데, 그러한 일이 벌어지게 된 것은 부분적으로 '미국산'이라는 말을 어떻게 정의할 것인지의 문제 때문이었다. 미국인이 아닌 사람이 소유하고 경영하는 회사가 미국에서 생산한 제품도 '미국산'에 포함시킬 것인가? 혹은 그러한 해석은 너무 넓은 해석인가?

제1절 정의의 종류

정의되어야 할 단어를 가리키기 위한 전문 용어로서 데피니엔둠(definiendum)이라는 라틴어가 사용된다. **데피니엔둠을 정의하기 위하여 사용되는 기호들이나 단어들**은 데피니엔스(definiens)라는 라틴어로 나타낸다. 우리말로는 전자는 '피정의항'으로 후자는 '정의항'으로 번역될 수 있다. 따라서

'정사각형'은 '네 변의 길이가 같은 직사각형'이다.

라는 정의에서 '정사각형'은 피정의항이고 '네 변의 길이가 같은 직사각형'은 정의항이다. 그리고

'직사각형'은 '네 각이 모두 직각인 평행사변형이다'

라는 정의에서 '직사각형'은 피정의항이고 '네 각이 모두 직각인 평행사변형'은 정의항이다.

피정의항이 사용되고 있는 문맥을 뚜렷하게 파악하는 것이 항상 중요하다. 예를 들어 '정의'라는 명사는 사용되는 문맥에 따라서 '단어의 의미를 분명하게 함'(定義)을 의미할 수도 있고, '올바른 도리'(正義)를 의미할 수도 있으며, '감정과 의지'(情意)를 의미할 수도 있다.

동일한 단어가 만족스럽게 정의될 수 있는 방법에도 여러 가지가 있다. 즉 우리는 주어진 어떤 피정의항을 정의하기 위하여 여러 가지 유형의 정의항을 사용할 수 있다. 제공된 정의항의 유형에 따라서 정의는 여러 가지 종류의 정의 중에서 어느 하나로 분류될 수 있는데 우리는 그 중에서 동의어적 정의, 매거적 정의, 내포적 정의, 조작적 정의 등의 4가지만 살펴볼 것이다.

(1) 동의어적 정의

동의어적 정의(同義語的 定義, synonymous definition)란 **적절한 문맥 내에서 정의항을 피정의항과 서로 바꾸어 사용해도 무방한 하나의 단어 혹은 구로 구성되어 있는 정의**를 말한다. 몇 가지 예를 들어 보면 다음과 같다.

서울 = 수도

인간 = 사람
자연적으로 = 있는 그대로

일상적인 담화에서 '동의어적'이라는 용어가 흔히 사용되고 있는 의미에 비추어 볼 때, 사실 모든 정의는 그것이 적절한 정의라면 어떤 의미에서든 정의항은 피정의항과 동의어적 이어야 한다. 따라서 우리가 여기에서 사용하고 있는 '동의어적'이라는 말은 특수하고 전문적인 의미를 지니고 있음을 주목하는 것이 중요하다. 즉 정의항이 정확하게 한 단어로 구성되는(물론 '있는 그대로'와 같은 경우는 예외적이지만) 정의만이 동의어적 정의로서의 자격을 부여받는다.

동의어적 정의는 우리가 제공할 수 있는 모든 정의 중에서 가장 짧고 가장 직접적인 정의이다. 그래서 이 정의는 예를 들어 어린이나 혹은 정의항에는 익숙하지만 피정의항에는 익숙하지 않은 외국인에게 흔히 사용될 수 있는 정의이다.

연습문제 4-1

다음의 각 단어를 동의어적으로 정의하라. 다의어인 경우에는 한 가지만 제시해도 된다. 낱말 퀴즈가 아니기 때문에 사전을 사용해도 무방하다.

1. 책방

2. 백주(白晝)

3. 갹출

4. 차례(茶禮)

5. 익살

(2) 매거적 정의

매거적 정의(枚擧的 定義, enumerative definition)란 정의항에서 피정의항이 언급하고 있는 단어들이 나열되고 있거나 피정의항이 정확하게 적용될 수 있는 사물, 속성, 관계, 개념 등의 실례를 실제로 제시하는 정의를 말한다. 예를 들어 특정한 맥락에서 사용되고 있는 '친척'이라는 단어의 의미를 명료하게 하기 위하여 아버지, 어머니, 아들, 딸, 아주머니, 아저씨, 할아버지, 할머니 등등의 단어들을 나열하는 경우이다. 정의항이 제시되는 방식에 따라서 매거적 정의는 다시 즉물적 정의와 외연적 정의로 나누어진다. 즉물적 정의는 '보여주는' 정의이고 외연적 정의는 '말로 하는' 정의라고 특징지을 수 있다.

1) 즉물적 정의

즉물적 정의(卽物的 定義, ostensive definition)란 피정의항의 의미가 구체적인 실례들에 의하여 제시되는 정의를 말한다. 예를 들면 어린이에게 '코'라는 단어를 정의해 주기 위하여, 그 어린이가 코가 무엇인가에 대한 관념을 형성할 때까지 여러 사람의 코를 직접 가리켜 보이는 경우이다. 마찬가지로 '노랗다'라는 개념도 노란색의 옷이나 꽃잎, 레몬 등등을 직접 가리켜 보여줌으로써 정의할 수 있을 것이다. 정의항이 가시적인 범위 내에 있을 때에는 그것을 가리키기 위하여 손가락을 사용하는 대신에 말로 할 수도 있다. 예를 들어 우리는 손가락으로 가리키면서 "저것이 발가락이 셋인 나무늘보이다."라고 말할 수도 있고, 단순히 말로만 "이 나무에 거꾸로 매달려 있는 약간 더러워 보이는 저 동물이 발가락이 셋인 나무늘보이다."라고 할 수도 있을 것이다.

정의항이 눈으로만 지각되어야 할 필요는 없다. 우리는 비시각적인 감각적 경험들을 제공함으로써 '딱딱한', '둔주곡(푸가)', '달콤한', '악취' 등과 같은 용어들을 위한 즉물적 정의를 제공할 수 있다.

즉물적 정의에는 몇 가지 장점이 있다. 어린아이에게 코를 가리킬 때처럼, 즉물적 정의는 어떤 개념을 아직 모르고 있는 사람에게 그 개념을 가르치는 데 도움을 줄 수 있다. 즉물적 정의는 또한 어휘가 부족한 어린아이나 그 밖의 다른 사람들에게 의미를 전달하는 데 적합한 언어가 미리 존재하지 않을 경우에도 이해될 수 있다.

그 반면 즉물적 정의가 지니는 단점도 있다. 즉물적 정의는 정의항이 실제로 현존해 있어야만 가능하기 때문에, 지금까지 아무도 본 적이 없는 사물에 대해서는 즉물적 정의가 불가능하다. 보다 더 심각한 난점은 즉물적 정의가 다른 정의보다도 오해를 불러일으키기 쉽다는 점이다. 예를 들어 어린이에게 코를 즉물적으로 정의할 경우에 그 어린이는 '코'를 '얼굴'로 착각할 수도 있는 것이다. 혹은 우리가 '얼굴'을 즉물적으로 정의할 목적으로 어떤 사람의 얼굴의 한 복판을 가리킨다면, 어린아이는 '얼굴'이란 대부분의 사람들이 '코'라고 부르는 것이라고 생각할 수도 있는 것이다. 달리 말해서 즉물적 정의는 즉물적 정의항의 일부분과 피정의항을 결부시켜야 하는 경우에 정의항 전체를 결부시키거나, 정의항 전체를 피정의항과 결부시켜야 하는 경우에 정의항의 일부분을 결부시키게 되는 난점을 피하기 어렵다. 더 나아가서 무작위로 선택된 정의항에는 각각 공통적인 특성을 가지고 있는 집합이 여러 개 포함될 수도 있는데, 이 때문에 의도되지 않은 집합이 의도된 집합인 것으로 간주되는 경우도 있다. 예를 들어 어린아이에게 '코'를 즉물적으로 정의하면서 가리킨 코가 모두 매부리코일 수 있는데, 이 경우에 어린아이는 넓적코는 코가 아니라고 생각할 수도 있는 것이다.

2) 외연적 정의

즉물적 정의와는 달리 **외연적 정의**(外延的 定義, denotative definition)는 정의항이 지시하는 것들이 실제로 함께 있을 것을 요구하지 않는다. 왜냐하면 외연적 정의는 피정의항이 적용되는 사물들의 실례 혹은 사물들의 유형이나 부류 등을 나열하는 정의이기 때문이다. 이렇게 나열된 정의항이 소위 피정의항의 **외연**(denotation 혹은 extension)이라고 하는 것이다. 만약 '육식동물'이라는 단어가 피정의항일 때 그 외연적 정의항을 '개'와 '고양이'라고 한다면 옳을 수도 있지만, 청자(聽者)는 피정의항이 '애완동물'인 경우도 생각할 수 있기 때문에 적절하다고 할 수 없을 것이다. 이것을 교정하기 위하여 '호랑이', '늑대', '여우', '하이에나' 등을 추가하기로 하자. 청자는 이제 '육식동물'에 가까이 왔을 지도 모른다. 다른 한편으로 그는 '포유동물'이라는 개념을 생각해 낼지도 모른다. 또 다른 오해를 방지하기 위해서 우리는 정의항에 '상어', '올빼미', '독수리' 등을 보탤 수 있다. 만약 우리가 지금까지 제시된 외연적 정의항 중에서 '개', '고양이', '하이에나' 등을 제외시킨다면 청자는 피정의항이 '포식동물'과 동의어라고 추론할 수도 있다.

외연적으로 정의하기란 쉬운 일이다. 그리고 외연적 정의는 적어도 정의항에서 피정의항의 외연이 남김없이 열거되었을 때는(즉 피정의항에 적용되는 **모든** 사물의 이름이 정의항에서 열거되고 있다면) 쉽고 올바르게 이해될 수 있다. '남한'을 '경기도', '충청북도', '경상남도', '전라북도', '제주도' 등이라고 정의한다면, 독자 혹은 청자가 '등'이라는 말의 의미를 이해할 수 있을 때에만 그러한 정의가 유용한 외연적 정의가 될 것이다.

극단적 사례는 캘리포니아 주 의회가 간식용 음식에 세금을 부과하는 법안을 통과시켰던 1993년에 발생했다. 의원들은 자기들이 세금을 부과하고 싶지 않았던 품목은 제외하고 세금을 부과하고 싶었던 모든 품목을 포함시키는 방식으로 '간식용 음식'이라는 말을 정의하고자 했다. 의원들은 다음과 같은 결론을 내렸다. 그렇게 할 수 있는 유일한 방법은 새로운 법에 하나하나의 품목을 열거하는 것이었다. 그렇게 하여 그들이 통과시켰던 법에는 '간식용 음식'으로 정의된 4,000개의 품목이 장장 87쪽을 차지하고 있었다. (목록에 나오는 품목 중에는 생강 빵 케이크, 씹는 캔디, 박하사탕, 슬라임 슬러프, 굿멘 마쪼 5가 있었다. 목록에 포함되지 않았던 품목, 따라서 세금이 부과되지 않았던 품목에는 아이스크림 케이크, 레몬 알사탕, 통밀 크래커, 튀긴 돼지껍데기가 있었다.)

적절한 외연적 정의를 제공하기 어려울 뿐만 아니라 실제로 외연적 정의가 불가능한 단어들도 있다. '존재', '이해하다', '무한성', '추리하다' 등과 같은 단어들을 위해서 우리는 어떤 종류의 외연적 정의를 제공할 수 있겠는가?

연습문제 4-2

다음의 각 단어를 외연적으로 정의하고, 어떻게 하면 즉물적 정의가 가능한지를 설명해 보라. 다의어인 경우에는 한 가지만 제시해도 된다. 낱말 퀴즈가 아니기 때문에 사전을 사용해도 무방하다.

1. 개

2. 실수하다

3. 강도

4. 융통성 없는

5. 한글자모

연습문제 4-3

다음의 용어를 외연이 증가하는 순서로 배열하라. 즉 외연이 가장 작은 용어를 맨 앞에 오게 하고 외연이 가장 용어를 마지막에 오게 하라.

1. 진돗개, 포유동물, 개, 애완동물

2. 교향곡, 음악, 고전음악, 소리

3. 운송수단, 화물차, 자동차, 승용차

(3) 내포적 정의

논리학에서는 피정의항이 명명하거나 언급하고 있는 것의 본질적 특성 혹은 본질적 특성들의 총화(總和)를 가리키기 위하여 **내포**(內包, connotation 혹은 intension)라는 용어를 사용한다. 내포적 정의에서 정의항은 피정의항이 바르게 적용될 수 있는 모든 사물(혹은 유일한 사물)에 공통하는 일련의 속성들을 나열함으로써 피정의항의 의미를 정확하게 묘사한다. 예를 들어 '병원'이라는 말은 내포적으로 '아픈 사람이나 다친 사람을 내외과적으로 치료하고, 일정기간 동안 입원시키고, 일정기간 동안 격리시켜 치료할 수 있는 의료진과 장비를 갖추고 있는 기관'이라고 정의될 수 있다. 여기에서 제시된 각각의 속성은 속성들의 총화가 전적으로 그리고 배타적으로 특정의 피정의항에만 적용될 때까지 피정의항이 지닐 수 있는 의미들의 범위를 좁혀 주는 역할을 한다. **피정의항의 본질적 속성들의 총화**가 바로 피정의항의 **내포**이다.

위에서 제시된 정의에서 정의항을 구성하고 있는 말 중에 '기관'이라는 말은 피정의항에 의해서 언급된 사물이 **아닌** 사물 중에 단지 일부만 제거한다. 예를 들어 '기관'이라는 말이 있음으로 해서 '병원'이라는 용어가 어떤 생물이나 자연적으로 발생한 일이나 제조된 물품에 적용될 가능성이 배제된다. 그리고 피정의항에 의해서 명명된 사물들의 목적을 자세하게 진술함으로써(아픈 사람과 다친 사람을 위하여 봉사한다고 함으로써), 주로 재정적이거나 정치적이거나 법률적이거나 교육적인 것을 목적으로 하는 모든 기관들을 제거한다. 또 '병원'이라고 불리는 것이 입원할 수 있는 곳이라는 진술을 추가함으로써 단순한 진료소나 의원을 제거한다. 그 밖에도 일정기간 동안 입원할 수 있는 곳이라고 함으로써 '병원'이라는 단어가 바르게 적용될 수 있는 것들의 집합으로부터 노약자를 장기적으로 수용하는 곳이나 만성질환을 치료하기 위해 장기간 머물면서 요양하는 곳이 배제된다. 다른 한편으로 정의항에서 질병과 의료에 관한 언급이 없었다면, '병원'을 '호텔'이나 '하숙집'이나 '기숙사'와 동의어로 생각되지 않을 이유가 없을 것이다. '격리치료'에 관한 언급은 다른 모든 서비스는 제공되지만(가령 환자의 가족들이 음식을 지어 먹거나 세탁을 하는 것 등등은 허용해 주지만) 격리치료는 제공되지 않는 특정 지역의 어떤 기관들에 '병원'이라는 용어가 적용되는 것을 막아 준다. 만약 우리가 그와 같은 편의시설들이 갖추어져 있는 곳을 병원이라고 부르고자 한다면, 정의항에서 격리치료에 관한 언급이 제거되어야 한다.

정의의 내포량의 증가(속성들을 부가시키는 것)가 피정의항의 외연을 증가하게 할 수는 없다. 내포에 어떤 속성이 부가되면 외연이 감소하거나 변화되지 않은 채로 있을 것이다. 반대로 내포가 줄어들게 되면(즉 정의항에 의해서 명명된 속성들 중의 일부를 제거하게 되면), 어떤 용어의 외연은 증가되기만 하거나 변화되지 않은 채로 남는다. 다시 말해서 외연이 감소하는 일은 일어날 수 없다. 그러므로 '여성'이라는 단어의 외연을 전인구의 약 절반으로 본다면, '젊은 여성'이라는 말의 외연은 '젊음'이라는 속성이 추가됨으로써 '여성'의 외연 보다는 훨씬 적어질 것이다. 만약 여러분들이 여기에 '지성적'이라는 속성을 부가시켜 '젊고 지성적인 여성'이라고 한다면, 그 외연은 다시 감소하게 될 것이다. 계속해서 내포를 증가시켜 '젊고 지성적인 여류소설가'라고 한다면, 그 외연은 현격하게 감소할 것이다. 애초의 '여성'이라는 단어와 비교해 볼 때, '젊고 지성적인 여류소설가'라는 표현은 내포량이 약간 증가되면서 외연은 엄청나게 감소하게 되었음을 보여준다.

내포적으로 정의하는 것은 가능하지만, 외연적으로 정의하는 것은 전혀 불가능한 단어들도 있다. '드래곤', '늑대인간', '유니콘', '뱀파이어'가 좋은 예이다. 대부분의 사람은 이러한 동물이 존재한다거나 존재했다고 믿지 않는다. 그렇다고 해서 사람들이 이 단어들을 사용할 때 마음속으로 그리고 있는 것을 설명하지 못하게 되는 것은 아니다. 예를 들어 우리는 '유니콘'을 '말처럼 생겼으며 이마의 중앙에 한 개의 뿔이 있는 동물'이라고 (이런 동물이 과거에 존재했다는 것을 의미하지 않으면서) 정의할 수 있다. 심지어 우리는 정의항에 '신화에 나오는'이라는 표현을 포함시킬 수도 있다. (다음을 명심하기 바란다. 진짜 유니콘을 유니콘의 그림이나 유니콘에 대한 관념과 명석하게 구별하는 것이 중요하다. 우리는 '유니콘의 그림'에 대해서는 즉물적 정의를 쉽게 할 수 있다.)

연습문제 4-4

다음의 내포적 정의를 각 문항에서처럼 변화시켰을 때 외연에는 어떤 변화가 일어나는지를 설명하라.

1. a. 포유동물
   b. 다리가 네 개인 포유동물
   c. 갈색의 다리가 네 개인 포유동물
   d. 갈색의 다리가 4개인 암컷 포유동물

2. a. 책
   b. 논리학 책
   c. 두꺼운 표지의 논리학 책
   d. 두꺼운 표지의 재미있는 논리학 책

3. a. 그림
   b. 수채화
   c. 정밀 수채화
   d. 100년 된 정밀 수채화

(3-1) 유와 종차에 의한 정의

유(類)와 종차(種差)에 의한 정의(a definition by genus and difference)는 내포적 정의의 한 유형이다. **이 정의는 피정의항이 속하는 사물의 일반적 부류를 먼저 명시한 다음에, 이 일반적 부류에 속하는 다른 많은 사물로부터 피정의항을 구별시켜 주는 속성을 명시하는 정의이다.** 전통적으로 일반적 부류는 유개념(the genus)이라고 알려져 있으며, 일반적 부류에 속하는 다른 많은 사물로부터 피정의항을 구별시켜주는 속성은 종차(라틴어로는 differentia 영어로는 difference)라고 명명된다.

유와 종차에 의한 정의는 그 용도가 과학적 맥락에 한정되는 것은 아니지만, 일반적으로 자연과학과 관계되는 개념을 정의하는 데 사용된다. 예를 들어 생물학에서는 '고릴라'에 대한 유와 종차에 의한 정의를 '고릴라는 사람과 닮은 원숭이, 즉 유인원(類人猿)이다.'라고 진술하면서 시작할 것이다. 그리고 난 다음에 '유인원'이라는 유개념에는 고릴라뿐만 아니라 침팬지나 오랑우탄이나 기번(긴팔원숭이) 등도 포함되기 때문에, '고릴라'라는 종(種)을 고릴라와 동일한 유(類)에 속하는 다른 종들로부터 구별시켜 주는 특성 혹은 일련의 특성들을 지적해 주는 것이 필요하다. 이 경우에 우리는 고릴라가 유인원 중에서 가장 덩치가 큰 원숭이라고 명시하면 될 것이다.

유와 종차에 의한 정의의 방법은 생물학처럼 고도로 형식화되어 있는 체계의 한 부분이 아닌 용어들을 정의하는 데 사용될 수도 있다. 사실 유와 종차에 의한 정의는 우리들이 일상생활에서 사용하는 많은 어휘들을 위해서 사용될 수 있다. 예를 들어 '프라이팬'은 '금속을 재료로 하여 만들어진 얕은 용기이면서 긴 손잡이가 부착되어 있는 요리기구'라고 정의될 수 있으며, '침대'는 '수평으로 누워 있는 사람의 몸을 지탱해 주기 위하여 만들어진 가구의 일종'이라고 정의될 수 있을 것이다.

연습문제 4-5

다음의 각 단어를 내포적으로(아마도 유와 종차에 의해서) 정의하라. 단어의 의미가 여러 가지인 경우에는 한 가지만 선택하라.

1. 영화

2. 곤충

3. 선거

4. 자유

5. 독재자

(4) 조작적 정의

조작적 정의(操作的 定義, operational definition)는 **피정의항이**

어떤 사물에 적용될 수 있는지 없는지를 결정하기 위하여 수행되어야 할 검사방법이나 형식적 절차가 정의항에 제시되어 있는 정의이다. 예를 들어 '알칼리성 용액'을 조작적으로 정의하면 다음과 같이 될 것이다. '만약 여러분이 리트머스 시험지를 그 용액에 담갔을 때, 리트머스 시험지가 푸른색으로 변하면 그 용액은 알칼리성이다.' 이와 유사하게 '두뇌활동'을 조작적으로 정의하면 다음과 같이 될 것이다. '두뇌활동은 뇌파전위기록기(腦波電位記錄器)를 머리에 잘 부착시켰을 때 눈으로 볼 수 있는 진동을 생기게 한다.'

다음의 예는 물리학 교재에 나오는 조작적 정의의 한 예이다. "만약 어떤 물체를 산(酸) 등으로 처리하면서 전류를 흘려보내 1,000도씨의 열을 가했는데도 그 물체가 파괴되지 않는다면, 그 물체는 '원소'이다." 행동과학에서도 관찰 가능한 행동 패턴과 관련되는 시험절차를 수립할 때에 조작적 정의를 자주 사용한다.

일상적인 가정교육에도 조작적 정의가 포함되어 있다. 빵을 구울 때 이쑤시개로 찔러 보고 밀가루반죽이 묻어나오지 않으면 우리는 오븐으로부터 빵을 꺼낼 준비를 해야 하며, 아보카도(열대과일의 일종)를 흔들었을 때 안에 있는 씨가 달그락거리면 그 아보카도는 잘 익은 아보카도이다.

연습문제 4-6

다음의 각 단어를 조작적으로 정의하라.

1. 자석

2. 가연성(可燃性) 물체

3. 독극물

4. 천재

5. 투명한 물체

Was the king entrapped by a definition? If so, what kind? How might he have avoided this predicament?

> 다음부터 '임금님은 기분 나쁜 놈이다.'라고 말하는 사람은 철창 안에 갇히게 될 것이다!
> 뭐라고 말하는 사람이라고요?
> '임금님은 기분 나쁜 놈이다.'라고 말하는 사람
> 내가 속아 넘어갔군!

임금은 정의에 의하여 함정에 걸려들었는가? 만약 그렇다면 그 정의의 종류는? 어떻게 했다면 임금이 곤경을 피할 수 있었을까?

연습문제 4-7

다음의 각 정의가 동의어적 정의인지, 매거적 정의(즉물적 정의 혹은 외연적 정의)인지, 내포적 정의(아마 유와 종차에 의한 정의)인지, 조작적 정의인지를 결정하라.

1. '초식성'이란 '식물을 먹고 사는'을 의미한다.

2. 소수(素數)는 1, 2, 3, 5, 7, 11, 13, 17, 19, 23 등이다.

3. 20면체는 20개의 면을 가지고 있는 다면체이다.

4. 자유무역 : 국제무역에 적용되는 말로서, 수입세 및 수출세가 없고 무역을 막거나 무역량을 감소시키려는 규제도 없음.(Sloan과 Zurcher의 <경제학 사전>에서)

5. '퀴에르쿠스 알바'는 미국산 흰 참나무의 학명(學名)이다.

6. 카드 한 벌에 있는 그림은 잭과 퀸과 킹이 전부이다.

7. 스태미나는 지구력(持久力)과 같은 것이다.

8. 정오란 태양이 동쪽 지평선과 서쪽 지평선의 중앙에 위치하게 되는 시각이다.

9. 정삼각형 : 어떤 삼각형이 주어져 있다고 할 때, 그 삼각형의 둘레에

가장 긴 변을 지름으로 하는 원을 그려 보라. 만약 그 삼각형의 세 꼭짓점이 모두 그 원 위에 있게 된다면, 그 삼각형은 정삼각형이다.

10. 라틴어 동사의 주요 변화형에는 1인칭 단수 현재 직설법 능동태, 현재 부정법 능동태, 1인칭 단수 완료 능동태, 완료 수동 분사 등이 있다.

11. 만약 여러분들이 자외선 등 아래에 어떤 물체를 갖다 놓았을 때 자외선 등의 불빛이 꺼진다면, 그 물체는 형광물체이다.

12. 국민총생산이란 정해진 연도(年度)에 한 국가에서 생산된 모든 재화와 서비스를 감가상각비 및 기타비용을 공제하기 전에 시가(時價)로 환산하여 모두 합친 가치이다.

13. 화투치기에서 고돌이는 한 사람이 새가 그려져 있는 화투 3장을 동시에 쥐고 있는 것이다.

14. '사시안인'(斜視眼人)이란 '사팔뜨기'를 의미한다.

15. 저기 보이는 조그마한 섬이 바로 독도이다.

16. 유대류동물(有袋類動物)이란 캥거루, 웜뱃(호주산이며 곰과 비슷한 동물), 캥거루쥐, 주머니쥐 등과 같은 동물이다.

17. 탱고는 부에노스아이레스에서 시작된 춤이며 절제된 리듬과 긴 휴식, 일정한 양식에 맞춰진 체위 등으로 특징지어지는 4/4박자의 현대사교춤이다.

18. 람다(λ)는 희랍어 알파벳의 11번째 문자이다.

19. 만약 어떤 사람에게서 어떤 약을 빼앗아 버리거나 어떤 활동을 하지 못하도록 했을 때 그 사람이 매우 괴로워하는 반응을 보인다면, 그 사람은 그 약물에 중독되었거나 그 활동에 몸과 마음을 내맡긴 사람이다.

20. 그림의 법칙은 독일의 언어학자 야코브 그림(Jakob Grimm, 1785-1863)이 형식화한 것으로서, 단어들이 원시 인도-유럽언어로부터 초기 게르만어로 넘어갈 때 일어나는 자음변화의 패턴을 기술하고 있는 언어법칙이다.

제2절 정의의 용도

모든 언어적 정의는 여러 가지의 일을 수행하기 위하여 다양한 방식으로 사용될 수 있는 문장의 형식으로 표현된다. 정의는 진술을 표현하기 위하여 사용될 수 있지만, 언제나 진술을 표현하기 위하여 사용되는 것은 아니다. 그리고 정의의 참 혹은 거짓을 결정하기 위한 기준은 사례마다 현저하게 다를 수 있다. 그러므로 정의의 보다 더 일반적인 용도들 중의 몇 가지를 간단하게 검토해 두는 것이 중요하다.

(1) 의미전달

때때로 정의는 **어떤 용어에 대하여 특정한 어떤 집단에 속해 있는 대부분의 구성원들**(가령 모든 한국인이나 모든 생물학자)**이 정상적으로 이해하고 있고 정상적으로 사용하고 있는 의미를 전달하기 위하여** 사용된다. 이와 같은 용도로 사용되는 정의를 보통 **의미를 전달하는 정의**(reportive definition) 혹은 **사전적 정의**(辭典的 定義, lexical definition)라고 한다. 우리는 이러한 정의를 사전에서 발견하리라고 기대할 수 있다.

사전적 정의는 매거적일 수도 있고 내포적일 수도 있고 동의어적일 수도 있고 조작적일 수도 있다. 예를 들어 '민들레'는 '노란 꽃을 피우는 복합식물(타락사쿰 속(屬), genus Taraxacum) : 잡초처럼 전 세계에 분포하며 특히 다 자랐을 때 간혹 약재로도 사용되는 초목'(웹스터 사전)이라고 정의될 수도 있고, '저기 잔디 사이에서 싹트고 있는 식물들 중의 하나'라고 정의될 수도 있다. 첫 번째 정의는 내포적 정의이고, 두 번째 정의는 매거적(즉물적) 정의이다. '총각'은 'A, B, C, D, E를 포함하는 단체의 한 구성원' – 여기에서 A, B, C, D, E는 청자(聽者)가 알고 있는 총각들의 이름이다 – 이라고 정의될 수 있을 것이다. 이러한 정의는 매거적(외연적) 정의이다. 이상의 세 정의는 각각 상이한 종류의 정의이긴 하지만, 모두 동일한 것을 위해서, 즉 어떤 단어에 대하여 사람들이 일반적으로 수용하고 있는 의미를 전달하기 위해서 사용되고 있다.

사전적 정의는 특정한 어떤 집단의 구성원들에 의하여 어떤 단어가 실제로 사용되는 방식을 정확하게 전달해 주고 있는지 혹은 그렇지 않은지에 따라서, 참인 것으로 판단될 수도 있고 거짓인 것으로 판단될 수도 있다. 따라서 "'총각'은 '미혼남성'을 의미한다."는 참인 사전적 정의이다. 왜냐하면 일상적인 언어사용에서 '총각'에 일반적으로 주어지는 의미가 바로 '미혼남성'이기 때문이다.

사전적 정의에 의하여 어떤 단어에 귀속된 의미가 특정한 집단의 구성원들이 정상적으로 연상할 수 있는 의미가 아니라면, 그 사전적 정의는 물론 거짓이다. 그러나 사전적 정의가 참이지만 쓸모없게 될 수도 있다. 즉 사전적 정의는 어떤 단어에 대하여 정상적으로 연상될 수 있는 모든 의미를 제공하지 못할 수도 있으며, 그 단어가 특수한 의미를 가지게 되는 문맥을 나타내 보여주지 못할 수도 있다. 따라서 '키'(key)를 '보통 금속으로 만들어지며 자물쇠의 조임을 푸는 도구'(웹스터 사전)라고 정의하는 것은 ('키'가 자물쇠에 관계하는 것인 한에 있어서는) 참이지만, 음악교과서에 나오는 '키'나 혹은 '키워드'(key word)라는 단어에서의 '키'의 의미를 이해하고자 하는 학생에게는 거의 도움이 되지 않을 것이다. '키'를 사전적으로 완벽하게 정의하기 위해서는 그 밖에도 '키'라는 말이 지니고 있는 공통적인 용법들을 모두 다루어야 할 뿐만 아니라, 각각의 용법이 적용되는 문맥을 나타내 보여주어야 한다.

사전적 정의가 어떤 언어그룹 전체(가령 영어를 사용하는 모든 사람들)가 어떤 단어를 사용하는 방식을 보고할 필요는 없다. 다시 말해서 사전적 정의는 그 범위를 적절하게 제한하여 전문적인 문맥, 혹은 그렇지 않으면 제한된 문맥 내에서 어떤 용어가 사용되는 방식을 전달할 수도 있다. 예를 들어 어떤 단어는 **특정 이론의 문맥 내에서 그 단어가 담고 있는 의미에 의해서 정의될 수도 있다.** 이러한 경우에 우리는 **이론적 정의**(theoretical definition)를 가지게 된다. 이론적 정의들은 특정한 어떤 이론 내에서 사용된 어떤 용어의 의미가 내포 혹은 외연에 있어서 그 용어의 일상적인 사전적 의미와 상응하지 않을 때에 유용하게 쓰인다. 우리는 이러한 경우를 학문적 어법에서 흔히 볼 수 있다. 따라서 '에고'(ego)가 정신분석학적인 용어로 사용될 때, 그 용어는 이론적 정의를 필요로 한다. 왜냐하면 프로이드적인 이론의 문맥 내에서의 그 용어의 의미는 그 용어가 일반적으로 사용될 때의 의미와는 다르기 때문이다. 실제로 '에고'는 상이한 정신분석학 이론들 내에서 전혀 상이한 몇 개의 의미를 가지고 있으며, 여러 철학적 체계들에서는 또 다른 의미를 가진다.

다른 단어들, 가령 '양자'(量子)나 '미토콘드리아'와 같은 단어들은

color, colour. (1) The visual sensation caused by light. (2) Light of a definite wavelength or group of wavelengths which is emitted, reflected, refracted, or transmitted by an object. A c. is defined by three properties; *hue*, the wavelength of the monochromatic light, i.e., shade; *saturation*, the percentage of the light of the above wavelength present, i.e., strength; *brightness*, the amount of light reflected as compared with a standard under the same conditions, i.e., luminosity.

collision. Interaction between material systems (molecule, atom, or electron), or electromagnetic induction, resulting in a change in molecular energy.

Hackk's Chemical Dictionary, *4th ed., 1969.*

Is knowledge of chemical theory necessary for understanding these definitions?

색 : (1) 빛에 의해서 야기된 시감각(視感覺) (2) 어떤 사물에 의해서 내뿜어진, 반사된, 굴절된, 전달된 뚜렷한 파장 혹은 파장그룹의 빛. 색은 세 가지 속성에 의해서 정의된다. 1) 색깔 : 단색 빛의 파장, 즉 색의 농도 2) 포화도 : 위에서 말한 파장의 빛이 현전하는 비율, 즉 색의 강도 3) 밝기 : 동일한 조건 하에서 표준적인 것과 비교했을 때 반사된 빛의 양, 즉 색의 광도.

충돌 : 물질적 체계(분자, 원자 혹은 전자) 간의 상호작용, 혹은 분자에너지의 변화로 말미암는 전자기적인 감응.

핵크의 화학사전(제4판), 1969

이 정의들을 이해하는 데 화학이론에 관한 지식이 필요한가?

오로지 이론적으로만 정의되어야 할 단어들이다. 왜냐하면 그러한 단어들은 지금까지 특정한 이론들과 연관해서 이해되어 왔기 때문이며, 또한 그러한 단어들의 일반적 용법이 무엇이든 간에 그 용법들은 그러한 이론들과 연관해서 그 단어들이 사용됨으로써 발전되어 왔기 때문이다.

이론적 정의가 교과서에 포함되어 있을 때나 강의실에서 제시될 때는 특정한 이론 내에서 사용되고 있는 단어의 의미를 정확하게 제공하고 있는지 혹은 그렇지 않은지에 따라 이론적 정의는 참이 되기도 하고 거짓이 되기도 한다. 그러나 교과서에 명시되거나 다른 표준적인 용도로 굳어지기 전에, 이론적 정의는 그 누군가에 의해서 특정한 이론 내에서 그 정의의 유용성과 적절성을 결정하는 점진적인 평가 과정을 거쳐야 한다. 이러한 과정을 거치는 동안에는 이론적 정의가 약정적으로 사용되고 있다. 정의의 용도 중의 한 종류인 이 약정적 정의에 대해서는 잠시 후에 논의할 것이다.

의미를 제한적으로 전달해 주는 정의의 또 다른 경우는 **법률적 정의**(legal definition)이다. 법률적 정의는 **입법부 혹은 사법부 혹은 행정부가 만든 법조문에 명시되어 있는 정의**이다. 만약 어떤 자동차 운전자가 고속도로에서 정지당하고 난 다음에 '속도위반'으로 벌금

통지서를 받게 된다면, 이 때 '속도위반을 하다'라는 동사는 '떠나는 손님에게 속도를 위반하게 해서는 안 된다'(즉 떠나는 손님을 재촉해서는 안 된다)라는 속담에서의 '속도를 위반하다' 혹은 '속도를 위반해서' 암페타민을 분비하고 있는(즉 암페타민의 분비를 촉진시키고 있는) 약물 중독자에 있어서의 '속도를 위반하다'라는 말과 동일한 의미로 사용되고 있는 것이 아니다. 도로의 특정 구간에 적용되는 도로교통법의 문맥에서 '속도위반을 하다'라는 말은 '시속 x km를 초과하는 비율로 주행을 하다'를 의미하는 것으로 정의된다. 법률사전에 나와 있는 '타당한'이라는 말의 정의는 본서에서 제시된 '타당한'이라는 말에 대한 이론적 정의와는 매우 다르다.

법률적 정의가 법정에서 사용될 때나 이미 존재하고 있는 법률이나 일반적으로 받아들여지는 정의와 관련하여 다른 어떤 상황에서 사용될 때, 법률적 정의는 의미를 전달하는 방식으로 사용되고 있다. 그러나 제안된 법률이 입법부에서 토론 중에 있을 때에는, 그 법률 안에 들어 있는 정의들의 용도는 의미의 전달일 가능성이 많다.

VALID. Having legal strength or force, executed with proper formalities, incapable of being rightfully overthrown or set aside. Edwards v. O'Neal, Tex.Civ.App., 28 S.W.2d 569, 572. Of binding force; legally sufficient or efficacious; authorized by law. Anderson, L.Dict.; Morrison v. Farmers' & Traders' State Bank, 70 Mont. 146, 225 P. 123, 125. Good or sufficient in point of law; efficacious; executed with the proper formalities; incapable of being rightfully overthrown or set aside; sustainable and effective in law, as distinguished from that which exists or took place in fact or appearance, but has not the requisites to enable it to be recognized and enforced by law. Thompson v. Town of Frostproof, 89 Fla. 92, 103 So. 118; United States v. McCutchen, D.C.Cal., 234 F. 702, 709.

Black's Law Dictionary, *Rev. 4th ed., 1968.*

Compare this legal definition with the definition in logic given in Chapter 2 of this book, and with the definitions of 'valid' given in any standard dictionary.

> **타당한** : 법률적 힘을 가지는, 반드시 거쳐야 할 형식상의 절차와 함께 실행된, 정당하게 뒤집히거나 파기될 수 없는; 구속력이 있는; 법률적으로 충분하거나 효과적인; 법에 의해서 권위를 부여받는; 법적으로 훌륭하거나 충분한; 사실적으로 혹은 현상적으로 존재하거나 발생했던 것이지만 법률적으로 인식되도록 하거나 강화되도록 할 필요는 없는 것과는 구별되는 것으로서 법률적으로 지속가능하거나 효과적인.
>
> 블랙의 법률사전(제4판 수정본), 1968

"타당한"(valid)에 대한 이와 같은 법률적 정의를 이 책의 제2장에 제시된 정의, 즉 논리학에서의 정의 및 다른 표준사전에 나오는 정의와 비교해 보라.

연습문제 4-8

의미를 전달하는 방식으로 다음의 각 단어를 정의하라. 다의어인 경우에는 한 가지 의미만 정의하기 바란다.

1. 랩뮤직

2. 전멸(全滅)

3. 작업

4. 신속한

5. 신(神)

(2) 새로운 의미의 소개

새로운 의미를 소개하는 것이 필요가 있을 때가 있다. 때때로 이러한 일은 '신조어(新造語)'에 의하여 수행된다. 예를 들어 영어권 최고의 니체 해석자였던 철학자 발터 카우프만(1921-1980)은 그의 저서 『범죄와 정의가 없는 사회』에서 사람들이 치명적인 의사결정을 회피하기 위하여 채택하는 전략들을 분석하고 나서, 사람들이 이와 같은 의사결정을 회피하는 이유가 각 개인의 자율성에 대한 두려움에 있다고 가정한다. 그리고 "자율성에 대한 두려움이란 그것에 이름을 부여하는 것이 전적으로 나에게 맡겨져 있는 익명의 공포, 즉 의사결정공포증이다."[1]라고 카우프만은 적고 있다. 이와 같이 정의하는 가운데, 그리고 새로운 개념을 명명하는 가운데 카우프만은 소위 **약정적 정의**(約定的 定義, stipulative definition)를 하고 있었던 것이다.

약정해서 정의된 단어가 반드시 신조어일 필요는 없다. 일반적으로 받아들여지는 의미가 있지만 화자(話者)가 새로운 의미로 사용하고자 하는, 따라서 화자가 자기 나름대로 사용할 의미를 약정하고자 하는 단어가 있다면, 그러한 단어도 약정해서 정의될 수 있다. 입법부에서는 새로운 법률을 제정하면서 새로운 의미를 약정하는 경우가 흔히 있으며, 법정에서는 새로운 상황에 대처하기 위하여 기존의 법률용어들의 의미를 확장시키는 경우가 흔히 있다.

훨씬 더 명백한 약정적 정의의 예들은 여러 학문들에서 종종 제공

---

1) Walter Kaufman, *Without Guilt and Justice*. New York: Wyden Press, 1973.

된다. 왜냐하면 명명될 필요가 있는 새로운 개념들을 발전시키는 데에는 학문이 가장 적합하기 때문이다. 정신분석학적인 전문용어들은 원래 프로이드와 그의 후계자들 중의 일부에 의한 약정적 정의들을 거쳐 도입되었다. 이 용어들 중의 일부(가령 '노이로제'나 '승화' 등과 같은 용어들)는 완전히 새로운 단어들이었지만, 다른 용어들(가령 '전이'나 '억압' 등과 같은 용어들)은 이미 존재하고 있던 언어에 새로운 의미가 부여된 단어들이었다.

일단 새로운 단어나 기존의 단어에 새로운 의미가 도입되고 나면, 그 새로운 단어나 새로운 의미는 일반적 용법으로 혹은 특정학문분야의 표준어휘로 흡수될 수도 있다. 그렇게 되면 약정적 정의로서 시작되었던 것이 사전적 정의로 되며, 사전적 정의로서 적절하게 인용될 수도 있다.

연습문제 4-9

다음의 각 단어를 약정적으로 정의하라.

1. 합격점수

2. 올드(old)

3. 작업

4. 괴짜

(3) 애매성이나 모호성의 제거

두 개 혹은 그 이상의 명백한 의미를 지니는 단어 혹은 구가 어떤 문맥에서 그 의미들 중에서 어느 의미로 사용되고 있는지가 분명하지 않을 때, 애매성(曖昧性, ambiguity)이 존재한다고 말해진다. 예를 들어 어떤 사람이 '나는 밤을 좋아한다.'라고 종이 위에 적어놓았을 경우에, 우리는 그 사람이 '밤'이라는 단어에 의하여 '낮과 밤'이라고 할 때의 '밤'을 의하는지 혹은 먹는 '밤'을 의미하는지를 즉각적으로 알아내기가 힘들 것이다. '밤'이라는 단어는 명백한 의미를 두 개 이상 가지고 있으나 단순히 종이 위에 적혀 있는 문장만으로는 어느 의미로 사용되고 있는지가 분명하지 않은 것이다. 이런 경우 '밤'이라는 단어는 '애매하게' 사용되고 있다고 말해진다. 이와 유사하게 '잔디밭에 차가 있다'고 할 경우에도 '차'는 '실제의 자동차'를 의미할 수도 있고 '장난감 자동차'를 의미할 수도 있고 '장기놀이에서의 차(車)'를 의미할 수도 있다.

어떤 용어가 경계선상의 사례들에 적용되는지 혹은 적용되지 않는지를 말하기가 불가능하기에 충분할 정도로 그 용어의 의미가 부정확할 때는 **모호성**(摸湖性, vagueness)이 존재하게 된다. 예를 들어 '언덕'이라는 용어는 그 의미가 아주 명백한 것처럼 보일 수도 있겠지만, 지표로부터 어느 정도 돌출되어야 언덕이 될까? 내가 한 번에 한 삽씩 모래를 떠서 작은 제방 위에 쌓는다고 가정해 보자. 그렇게 하다 보면 언젠가는 그 제방이 언덕으로 될 것이다. 그러나 언덕이 되기 전의 상태와 언덕을 구분하는 경계선은 어디일까? 만약 4,987,523삽의 모래가 언덕을 만들지 않는다면, 4,987,524삽의 모래가 언덕을 만들까? 약 4,987,525삽의 모래는 어떤가? 제방에 어느 정도의 모래가 쌓였다고 하더라도 아직 '언덕'의 정의에는 적합하지 않다고 대부분의 사람들이 동의하게 될 규모의 모래더미들이 있을 것이다. 제방에 어느 정도의 모래가 쌓여서 '언덕'의 정의에 적합하다고 대부분의 사람들이 동의하게 될 규모의 모래더미들도 있을 것이다. 그러나 또한 제3의 규모, 즉 대부분의 사람들로부터 동의를 얻어내기가 본질적으로 불가능한 중간규모의 모래더미들도 있다. 이 마지막 규모에 속하는 모래더미들이 경계선상의 사례들(borderline cases)이라고 알려져 있는 것이다. 그러므로 만약 어떤 단어가 경계선상의 사례들을 가진다면, 그 단어는 모호하게 된다.

우리가 일상적으로 사용하는 단어들 중의 거의 대부분은 다소 모호하다. 만약 그렇지 않다면 우리는 일상적으로 의사소통할 때 정확성으로 말미암아 거의 감당할 수 없을 정도의 부담을 안게 될 것이다. 가령 우리는 '나는 풀어 익힌 계란으로 아침식사를 했다.'라고 말할 수 없을 것이다. 왜냐하면 우리는 정확성을 위해서 계란이 큰 것이었는지 작은 것이었는지 혹은 중간크기의 것이었는지, 신선한 것이었는지 혹은 덜 신선한 것이었는지, 갈색이었는지 혹은 흰색이었는지, 딱딱하게 풀어 익혔는지 혹은 부드럽게 풀어 익혔는지에 따라서 각각 다른 단어들을 사용할 필요가 있었을 것이기 때문이다. 우리는 또한 아침식사를 할 때 포함되어 있었던 다른 음식들이 무엇이었는지, 그리고 아침식사를 했던 정확한 시간이 몇 시였는지 등등도 밝혀야 했을 것이다. 사실 우리는 마음만 먹으면 이와 같은 세목들을 일일이 밝혀 줄 수도 있다. 그러나 그와 같은 세목들이 그 순간에 우리가 의사소통을 하고자 했던 것과 무관하다면, '계란'이나 '풀어 익힌'이나 '아침식사' 등의 용어들이 지니고 있는 모호성이 우리들로 하여금 그와 같은 세목들을 일일이 밝히지 않더라도 무방하도록 해 준다. 그렇다면 일정한 정도의 모호성과 부정확성은 가치가 크다. 그러나 너무 큰 모호성과 부정확성은 약점이 될 수 있다. 이런 경우에 중심단어들의 의미를 보다 더 정확하게 하기 위해서는 정의가 제공되어야 한다.

애매성 혹은 모호성을 제거하기 위하여 사용된 정의는 **의미를 정확하게 하는 정의**(precising definition)라고 명명된다. 의미를 정확하게 하는 정의는 동의어적일 수도 있고 내포적일 수도 있으며 혹은 지금까지 논의되었던 다른 어느 한 종류의 정의일 수도 있다. 이와 동시에 의미를 정확하게 하는 정의는 일반적으로 받아들여지는 의미나 이론적 의미를 전달할 목적으로 사용될 수 있으며, 약정적일 수도 있다. 반드시 그런 것은 아니지만 의미를 정확하게 하는 정의는 특정한 문맥에 제한된다는 것을 명시하는 경우가 흔하다.

이 책 전체를 통하여 'sound(견실한) 논증'라는 단어는 '참인 전제들을 가지고 있는 타당한 논증'을 의미하기 위하여 사용될 것이다. (이렇게 정의함으로써 몇 가지 상이한 의미를 가지고 있는 'sound'의 애매성이 제거된다.)

본 논의의 목적상 '노인'이라는 단어는 '적어도 75세인 사람'을 의미하기 위하여 사용될 것이다. (이렇게 정의함으로써 그렇게 하지 않았을 경우에 경계선상의 사례들을 가지게 되는 '노인'이라는 말의 모호성이 제거된다.)

의미를 정확하게 하는 정의들은 엄격하게 참 혹은 거짓으로 평가되지 않는다. 우리는 의미를 정확하게 하는 정의들이 애매성이나 모호성을 적절하게 제거해 주는지와 일반적으로 받아들여지고 있는 의미를 왜곡함이 없이 그렇게 하는지에 따라서 그 정의들의 참 혹은 거짓을 판단해야 한다. 일반적으로 받아들여지고 있는 피정의항의 경계를 심각하게 변화시키는 정의 – 즉 어떤 단어가 이전에는 명백하게 적용될 수 없었던 사례들에 적용되는 것을 허용하거나 이전에는 명백하게 허용되었던 경우들에 적용되는 것을 배제하는 정의 – 는, 만약 그 정의가 의미를 정확하게 하는 정의로서 제공되고 있다면,

"B.C." by permission of Johnny Hart and Creators Syndicate, Inc.

If the universe were like this, there would be very few vague concepts.

꿍! 잎이 몽땅 떨어진 걸 보니 확실하게 가을이군.

우주에서 일어나는 일이 이런 식이라면, 모호한 개념은 매우 적을 것이다.

거짓이라고 말해질 수 있다. 이런 이유로 해서 다음의 정의는 거짓이라고 간주될 수 있다.

일상적으로 '노인'이라는 단어는 '적어도 10세인 사람'을 의미한다.

이 정의는 분명히 모호성을 제거해 주고 있지만, 우리 문화권에서 일반적으로 받아들여지고 있는 '노인'이라는 단어의 의미를 왜곡시키고 있다. 왜냐하면 이 정의는 '노인'이라는 단어가 일반적인 용법에서는 명백하게 적용될 수 없는 사례들에 적용되는 것을 허용하고 있기 때문이다.

연습문제 4-10

의미를 정확하게 하는 방식으로 다음의 각 단어를 정의하라. 여러분의 정의가 왜 합리적인지를 설명하라. 단어의 의미가 여러 가지일 경우에는 의미를 정확하게 하는 정의를 제공하기에 가장 적절한 한 가지의 의미를 선택하라.

1. 천재

2. 올드(old)

3. 성공적인

4. 외설적인

5. 폭력적인

(4) 설 득

동의어적 정의, 매거적 정의, 내포적 정의, 조작적 정의 등은 설득적으로도 사용될 수 있다. **설득적 정의**(persuasive definition)는 특정한 문제나 일에 대한 사람들의 태도 혹은 감정을 변화시키기 위하여 사용된다. 따라서 우리는 '척추지압치료사'를 내포적으로 '의학박사학위가 없는데도 여러분들의 척추를 손으로 만지작거려 병을 치료할 수 있다고 주장하는 어떤 사람'이라고 정의할 수도 있고 '전통적인 의학이 도움을 줄 수 없었던 사람들을 치료함에 있어서 자주 성공을 거두며 고도로 훈련된 손놀림을 구사하는 사람'이라고 정의할 수도 있다. 이 중에서 첫 번째 정의의 의도는 아마 어떤 사람으로 하여금 척추지압치료사에게 진료를 받지 않도록 하는 것이고, 두 번째 정의의 의도는 아마도 어떤 사람으로 하여금 척추지압치료사에게 진료를 받도록 하는 것이다. '실업자'(失業者)는 매거적으로 '백수건달, 폐인, 너무 게을러서 일을 하지 않는 사람, 해고된 사람'이라고 정의될 수도 있고 '취업 준비 중인 사람, 자본주의적 경제가 일할 기회를 제공하지 않은 사람'이라고 정의될 수도 있다. 이 중에서 첫 번째 정의는 사회복지혜택의 수혜자를 증가시키는 데 반대하도록 어떤 사람을 설득하기 위하여 인용될 수 있을 것이고, 두 번째 정의는 사회주의적 경제프로그램에 찬동하도록 어떤 사람을 설득하기 위하여 인용될 수 있을 것이다. 그러므로 설득적 정의는 보통 다른 어떤 사람의 마음속에 피정의항에 대한 자기 자신의 평가내용을 심어주고 다른 사람들의 행동에 심대한 영향을 미치는 것과 맞물려 있다.

설득적 정의를 참 혹은 거짓의 방식으로 평가하는 것은 일반적으로 부적절하다. 설득적 정의는 만약 그것에 의하여 의도되었던 것이 성공을 거둔다면 좋은 정의라고 말하고, 성공을 거두지 못한다면 나쁜 정의라고 말하는 편이 오히려 더 나을 것이다.

(5) 사회적·정치적 목적의 달성

어떤 사회적 목적이나 정치적 목적을 달성하기 위해서 단어들이 정의되거나 재정의 되는 것은 보기 드문 일이 전혀 아니다. 사회적·정치적 목적을 위해서 사용된 정의들은 동의어적 정의, 매거적 정의, 내포적 정의, 조작적 정의 중의 어느 한 가지일 수 있으며, 사회적·정치적 목적과는 다른 목적들을 달성할 수도 있다. 비교적 단순하고 간단한 예를 하나 들어보기로 하자. 우리 사회의 많은 사람은 알코올중독문제에 매우 관심이 많다. 그 이유는 알코올중독이 많은 사람에게 직접적으로 영향을 미치기 때문이거나 알코올중독이 사회 전반에 미치는 영향 때문이다. 두 개의 근본적인 문제가 '알코올중독'이라는 말의 정의와 관련되어 있다.

한 가지 문제는 알코올중독이라는 말의 정의가 전혀 정확하지 않으며 누가 알코올중독자인지에 대해서 의견차이가 많다는 것이다. 그동안 여러 가지 정의가 있었다. 모든 알코올성 음료의 소비를 불법화하려는 미국의 기독교여성금주협회는 알코올중독자를 '알코올을 마시는 모든 사람. 그들은 알코올을 마시기 시작하는 순간 길바닥에 쓰러진다.'라고 정의하고 있다. 럿거스 대학교의 알코올연구센터는 알코올중독자를 '알코올을 마실 것인지 혹은 마시지 않을 것인지를 일관성 있게 선택할 수 없는 사람, 그리고 만약 마신다면 그만 마실 것인지 혹은 계속해서 마실 것인지를 일관성 있게 선택할 수 없는 사람'으로 정의한다. 연방알코올위원회는 조작적 정의를 제공한다. 연방알코올위원회는 26문항의 설문지를 작성하고 나서, '잠재적 알코올중독자'를 26문항 중에서 최소한 어느 한 문항에 긍정적인 대답을 하는 사람으로 정의했다. 26문항 중에는 '실패를 경험한 후에 과음하십니까?'라는 문항과 '당신이 술을 마시는 것에 대해서 가족이나 친구들이 의논을 해올 때 은근히 화가 치밀었습니까?'라는 문항이 포함되어 있었다. 다른 조사자들은 알코올중독에 대해서 매우 정확한 정의를 내리는 것이 가능하다고 믿지 않는다. 만약 그런 정의가 있다면, 위에서 제시된 정의들 중에서 어느 정의가 올바른 정의일까?

'알코올중독'이라는 말의 정의와 연관되는 두 번째의 어려운 문제는 알코올중독이 정신적인 질병의 범주에 속해야 하는지 육체적인 질병의 범주에 속해야 하는지 혹은 도덕적인 약점의 범주에 속해야 하는지를 결정하는 문제이다. 알코올중독이 정의되는 방식은 매우 중대한 영향을 미칠 수 있다. 예를 들어 만약 알코올중독이 육체적인 질병으로서 정의된다면, 어떤 사람이 알코올중독을 치료하기 위해서 들어가는 비용은 정규적인 의료보험정책의 혜택을 받을 수 있을 것이다. 만약 알코올중독이 정신적인 질병으로서 정의된다면, 어떤 사람이 알코올중독을 치료하기 위해서 들어가는 비용은 정신적인 질병의 치료를 위해서 제공하는 보험금에 의해서만 혜택을 받을 수 있을 것이다. 그리고 만약 알코올중독이 도덕적인 약점을 드러내는 것으로서 정의된다면, 어떤 사람이 알코올중독을 치료하기 위해서 들어가는 비용은 어떠한 종류의 건강보험정책에 의해서도 혜택을 받을 수 없을 것이다. 뿐만 아니라 알코올중독자에 대한 사회적인 태도도 알코올중독자가 육체적인 질병으로 말미암아 고통을 당하고 있는 것으로 생각되는지 혹은 그가 의지가 박약하고 도덕적으로 타락한 자인지에 따라서 전혀 달라질 것이다.

'알코올중독'에 대한 정의가 미치는 세 번째의 중대한 영향은 알코올중독을 어떻게 정의하는가에 따라 정부가 지원하는 연구 분야가 달라진다는 점이다. 만약 알코올중독이 육체적인 질병으로서 정의된다면, 연구기금의 대부분은 생리학자들과 내과의학자들에게로 흘러들어갈 것이다. 만약 알코올중독이 정신적인 질병으로서 정의된다면, 연구기금의 대부분은 심리학자들과 정신의학자들의 몫이 될 것이다. 만약 알코올중독이 도덕적인 약점이라고 간주된다면, 알코올중독에 대해서 연구비를 지원하는 것은 전혀 정당화될 수 없을 것이다. 따라서 '알코올중독'과 같은 개념들의 정의에 대한 논쟁은 궁극적으로 매우 실제적이고 매우 중대한 사회적·정치적 문제들에 대한 논쟁일 경우가 많다.

연습문제 4-11

다음의 각 단어 옆에는 각 단어가 어떤 용도로 사용될 것인지가 명시되어 있다. 명시된 용도에 따라 각 단어를 정의해 보라. 필요할 경우 각 정의의 문맥을 제공하라.

1. 예측(의미전달)

2. Z-레이(약정)

3. 종교(설득)

4. 친구(의미전달)

5. 애인(의미를 정확하게 함)

6. 부유한(의미를 정확하게 함)

7. 사회주의(설득)

8. 정치인(설득)

9. 속도(이론적 의미전달)

10. 보석금(법률적 의미전달)

연습문제 4-12

다음의 각 구절은 단어의 정의와 관련되어 있다. 그리고 어떤 경우들에 있어서는 특정한 문맥이 제공되어 있다. 각각을 조심스럽게 읽어보고 나서 정의가 어떤 용도로 사용되었는지를 결정하라. 각 정의는 (a) 사전적 의미를 전달하고 있는가, (b) 제한적으로 의미를 전달하고 있는가(아마 이론적이거나 법률적인 의미를 전달하고 있을 것이다), (c) 의미를 정확하게 하고 있는가, (d) 의미를 약정하고 있는가, 동시에(혹은) (e) 청자를 설득하고 있는가?

1. 뉴턴의 만유인력의 법칙에 대하여 말하면서 '중력'을 정의하고 있는 어느 물리선생님 : 우주 안에 있는 모든 물체는 다른 모든 물체를 끌어당기는데, 이 때 작용하는 힘은 두 물체의 질량의 곱에 정비례하고 두 물체 간의 거리의 제곱에 반비례한다.

2. 앞으로 산업체에서 일하게 될 사람들을 효과적으로 훈련시키기 위한 프로그램에 대하여 서술하고 있는 E. I. 듀퐁사의 임원인 어빙 S. 샤피로 씨가 1974년에 했던 진술 : 2,000년에 일할 나이가 될 사람들의 거의 80퍼센트는 이미 직장에 다니고 있거나 재학 중이다. 이들은 직접 21세기와 연결되어 있다. 그들은 우리가 앞으로 '인간교각'이라고 부르게 될 사람들이다.(뉴욕 타임스, 1974년 12월 15일)

3. 음악선생님이 수업시간에 다음과 같이 말한다. 음질(音質)은 악보의 속성들 중의 하나이다. 동일한 음조와 음량을 가지고 있는 악보들도 그것들의 음질에 따라 구별될 수 있다. 음질은 기본적으로 상음(上音)이 나타나는 정도에 의존한다.

4. 로스쿨의 교수가 학생들에게 다음과 같이 말한다. 조건부날인증서란 제3자에게 일정한 의무를 이행하도록 하기 위해서 어떤 사람이 다른 어떤 사람 혹은 신탁회사에 맡긴 재산이다.

5. 사회 문제 전문가인 어느 교수가 학생들에게 다음과 같이 말한다. 빈곤에 대한 정의에는 여러 가지가 있습니다. 내가 '빈곤'이라는 말로 의미하는 것은 5인 가족을 기준으로 해서 가족의 연간소득이 1,500만 원이하인 경우입니다.

6. 절도죄로 기소된 13세의 피고를 변론하고 있는 변호사에게 판사가 다음과 같이 말한다. 이 지역에서 기소된 16세 이하의 모든 피고는 청소년입니다. 따라서 그들은 본 법정의 사법권에 따르지 않아도 됩니다. 오히려 그들은 소년법원의 사법권에 따라야 합니다.

7. 초등학교 선생님이 6학년 학생들에게 다음과 같이 말한다. 여러분들이 방금 이 책에서 읽은 '노약자'라는 단어는 '늙거나 약한 사람'을 의미합니다.

8. 마리화나 복용 금지법 폐기에 반대하는 국회의원이 다음과 같이 말합니다. 마리화나는 악마의 잡초입니다. 마리화나는 사용자의 정신을 약화시키고 한국사회의 구조를 파괴합니다.

9. 한 사업가가 다른 사업가에게 다음과 같이 말한다. 우리는 스미스 빌에 있는 연방교도소와의 '계약체계'에 따라 일하고 있습니다. 우리는 죄수들의 노동력을 이용하기 위하여 연방정부와 계약을 체결했습니다. 연방정부와의 계약은 비용을 절감하는 하나의 방편이며, 사회적으로도 가치 있는 체계입니다. 왜냐하면 우리는 죄수들에게 실무교육을 하기 때문입니다.

10. 어떤 정신착란자가 모든 스페인 사람이 자기를 죽이고 싶어 한다는 것을 확신하고 있었다. 그의 친구들은 자기들이 찾아낼 수 있는 가장 온화하고 가장 품행이 바른 스페인 사람들을 그에게 소개한다. 스페인 사람들이 모두 퇴장한 후에 친구들은 다음과 같이 말한다. "자네도 보았듯이, 그들은 사실 자네를 죽이고 싶어 하는 것이 아니야. 그들은 자네에게 가장 예의바르게 행동했지 않은가, 이제 자네는 안심해도 되는 것이 확실하지?" 그러나 정신착란자는 다음과 같이 대답한다. "그

래, 하지만 그들의 행동은 악마적인 잔꾀일 뿐이었어, 다른 스페인 사람들과 마찬가지로 그들은 사실 내내 나를 죽일 음모를 꾸미고 있었어." ...... 이 정신착란자로부터 우리를 구별시켜주는 것을 우리들 각자의 '블릭'이라고 명명하기로 하자. 정신착란자는 스페인 사람들에 대하여 제정신이 아닌 블릭을 가지고 있고, 우리는 제정신의 블릭을 가지고 있다.(R. M. Hare, in Anthony Flew and Alasdair MacIntyre, *New Essays in Philosophical Theology*)

제3절 좋은 정의를 위한 기준

여러분들이 관심을 두고 있는 단어가 무엇이든 간에 모든 상황에서, 그리고 모든 목적을 위해서 최선의 것이 될 하나의 정의는 결코 존재하지 않는다. 그렇다고 해서 정의를 한다는 것이 헛된 일인 것은 아니다. 정의는 인간의 의사소통과정의 한 부분이다. 따라서 정의는 그것이 제공되는 목적에 부합하도록 행해져야 하며, 또한 정의에 관심을 가지는 청자를 고려해서 행해져야 한다.

'구리는 무엇인가?'라는 어린아이의 질문에 대답하면서 지금까지 밝혀진 구리의 모든 속성을 열거해 주는 것은 부적절할 것이다. 마찬가지로 화학을 전공하는 학생이 강의실에서 '구리는 무엇인가?'라고 질문할 때 구리의 겉모양이나 녹이 슨다든가 녹이 슬지 않는다고 '구리'를 정의하는 것도 부적절할 것이다. 만약 한국어를 거의 모르는 화학전공의 일본인 교환교수가 동일한 질문을 했다면, 앞의 정의들은 둘 다 부적절했을 것이다. 이 경우에는 상세한 내포적 정의가 아무 쓸모없이 성가시기만 할 것이며, 겉모양에 의한 정의도 불필요하게 모호하기만 할 것이다. 그리고 이러한 정의들은 둘 다 일본인 교수에게 한국어에 대한 지식을 억지로 강요하는 것이 될 것이다. 일본인 교수가 가장 좋아하는 정의는 아마 'Cu'일 것이다. 왜냐하면 'Cu'는 '구리'와 동의어적으로 사용되는 과학적 단어이며, 구리라는 원소를 나타내는, 그리고 국제적으로 인정되어 있는 화학적 약식기호이기 때문이다.

주어진 어떤 문맥에서 어떤 유형의 정의가 적절한지는 문맥 그 자체에 의해서 결정될 것이지만, 어떤 유형의 정의이든 상관없이 (즉 동의어적 정의이든, 매거적 정의이든, 내포적 정의이든, 조작적 정의이든 혹은 그 밖의 다른 어떤 종류의 정의이든) 그 정의가 좋은 정의인지 아닌지를 분별하기 위해서 적용될 수 있는 몇 개의 일반적인 기준이 있다.

(1) 비순환성

만족스럽게 정의하기 위해서 우리는 우리에게 친숙하지 않은 피정의항을 이미 우리가 알고 있고 이해하고 있는 어떤 것과 관련시킴으로써 우리에게 친숙하지 않은 것과 우리에게 친숙한 것 사이의 틈을 메워 주어야 한다. 정의항에 정의되어야 할 단어가 포함되어 있거나 정의되어야 할 단어가 문법적으로 변화한 것이 포함되어 있을 때, 정의는 **순환적**(circular)이라고 말해진다. 우리는 이것을 토끼를 잡는 대신 자기 자신의 꼬리를 쫓아다니는 개에 비유할 수 있다.

‘영지수여자’(領地授與者)를 ‘영지수여를 하는 사람’으로서 정의하는 것은 순환적이고 비계몽적이다. 왜냐하면 ‘영지수여자’라는 용어를 모르는 사람들은 마찬가지로 ‘영지수여’라는 단어에 대해서도 무지하다고 가정될 수 있기 때문이다. 이 순환적 정의가 ‘영지수여자’에 대해서 유일하게 드러내 보여주는 것은 그 단어가 사람을 언급한다는 것이다. 이것은 우리들에게 그 단어가 실제로 의미하는 것에 대해서 무한한 선택의 여지를 남겨 준다. 우리는 이런 종류의 정의를 사전에서 흔히 볼 수 있다. 사전에서 단어를 이렇게 정의하는 이유는 지면을 아끼기 위해서이다. 그러나 좋은 사전에서는 이 순환적 정의가 ‘영지수여: 다스릴 땅을 나누어 주는 것’이라는 보조적 정의에 의하여 보완될 것이다. 두 정의를 결합하면 순환성이 제거된다.

(2) 긍정성

어떤 백화점에 1,000벌의 스웨터가 있고 그 중에서 여러분들이 구입하고자 하는 스웨터를 마음속으로 결정했다고 가정해 보자. 여러분들은 판매원에게 여러분들이 원하는 스웨터가 크기는 중간사이즈이며 색상은 초록색이고 옷감은 올론이며 목 부분은 배의 바닥 모양이라고 말할 수도 있고 혹은 ‘내가 원하는 스웨터는 크기가 아주 작은 사이즈, 작은 사이즈, 큰 사이즈 등등이 아닌 것이며 색상은 푸른색, 분홍색, 흰색 등등이 아닌 것이고 옷감은 털, 면, 데이크론이 아니며 모양은 목 부분까지 치올라 있는 것, V자형 등등이 아니다. 등등 … ’이라고 말할 수도 있을 것이다.

여러분들이 정의하고자 하는 거의 모든 단어에는 적용할 수 없는 속성이나 외연이 수없이 많다. 적용할 수 있는 속성이나 외연은 단지 몇 가지일 뿐이다. 따라서 일반적으로 적용될 수 있는 속성이나 외연을 진술하는 **긍정적**(affirmative) 정의항이 적용될 수 없는 속성이나 외연을 진술하는 부정적 정의항보다 정의의 본질에 훨씬 더 가깝다.

이 규칙의 예외는 그 자체적으로 어떤 것의 부재(不在)를 의미하는 단어들, 가령 대머리(머리카락의 없음)나 무일푼(돈의 없음) 및 미혼(결혼의 없음)이나 죽음(생명의 없음) 등등을 위한 정의항이다.

우리는 얼핏 '그 단어의 반의어(反意語)는 적용될 수 없다.'라고 말함으로써 구성되는 부정적 정의가 피정의항의 핵심을 찔러 준다고 생각할 수도 있을 것이다. 그러나 그 결과는 보통 애매하다. 예를 들어 '낙천주의자'를 '염세주의자가 아닌 어떤 사람'이라고 정의하거나 ('낙천주의자'가 '염세주의자'와 친근하지 않을 것임을 아무도 모른다고 가정한다면) '자포자기적인 사람이 아닌 사람, 그리고 최악의 상태를 예상하지 않거나 기대하지 않는 것이 습관화되어 있는 사람'이라고 정의한다면, 우리는 '낙천주의자'는 '만사에서 선과 악을 동시에 보며, 어떤 일들은 잘 될 것이고 어떤 일들은 잘 되지 않을 것이라고 예상하는 어떤 사람'을 의미한다고 추리하는 것을 막을 도리가 없다.

모든 수는 짝수이어야 하거나 홀수이어야 하듯이 피정의항이 분류될 수 있는 범주가 상호 배타적인 두 개의 범주뿐일 때에는, '짝수'를 '홀수가 아닌 수'로서 정의하는 부정적 정의가 (만약 '홀수'가 이미 긍정적으로 정의되어 있다면) 만족스러운 정의가 된다.

What, if anything, is wrong with the definition of 'crisis' being used in this scene? Is there some way that 'energy crisis' could be defined that would prevent the bureaucrat/politician from being justified in announcing the end of the energy crisis?

끝났다고요?! 에너지 위기가 **끝났다고요?!**

그래, 홍보 비서관, 까놓고 말해서 더 이상 **위기**라고 할 수도 없어. 모든 사람이 위기에 익숙하다는 뜻이야.

결과적으로 에너지 부족은 현 상황의 일부요, 일은 정상적으로 돌아가고 있지! 그러므로 좀 더 정확하게 말하자면 위기 그 자체가 없다는 거지. 현 상태는 **더 이상 불안한 상태가 아니야!**
우아!

당장 언론에 알려야 해.
예, 국장님. 발표할까요, 언론에 흘릴까요?

이 장면에서 사용되고 있는 '위기'라는 말의 정의에 문제가 있다면, 어떤 문제일까? 행정 관료나 정치인이 에너지 위기가 끝났다고 공표하지 못하도록 하기 위해서는 '에너지 위기'라는 말을 어떤 방식으로 정의해야 하는가?

(3) 정확성

정의는 너무 넓어서도 안 되고 너무 좁아서도 안 된다. 만약 정의가 너무 넓으면, 그 정의는 피정의항이 언급하는 사물들에 대해서 뿐만 아니라 다른 사물들에도 적용된다. 만약 정의가 너무 좁으면, 그 정의는 피정의항에 의하여 정상적으로 지시되는 사물들이나 개념들 중의 일부가 정의항에 의하여 언급되지 않을 것이다.

'피아노'를 '건반이 있는 악기'로서 정의하는 것은 너무 넓다. 왜냐하면 그 정의는 오르간, 하프시코드, 아코디언 등을 제거하지 못하기 때문이다. 만약 '피아노'를 '공이와 연결된 건반(이 건반은 공이를 침으로써 현에 반응을 일으키도록 한다)에 의하여 소리를 내는 다리가 세 개 달린 악기'로 정의한다면, 오르간과 하프시코드 및 아코디언을 성공적으로 제거할 수 있을 것이다. 그러나 불행하게도 이 정의는 수직형 피아노까지도 제거해 버린다.

No man, not even a doctor, ever gives any other definition of what a nurse should be than this—'devoted and obedient.' This definition would do just as well for a porter. It might even do for a horse. It would not do for a policeman.

FLORENCE NIGHTINGALE

On what grounds is the definition of 'nurse' being criticized? What are the social and political implications of the definition and what is the political message of the criticism?

지금까지 어떤 사람도, 심지어는 의사조차도, 간호사가 어떻게 행동해야 하는가에 대해서 '헌신하고 순종해야 한다.'라는 정의와 다른 정의를 제공한 적이 없었다. 이 정의는 짐꾼에 대해서도 마찬가지로 적용될 것이다. 이 정의는 심지어 말(馬)에 대해서도 적용될 것이다. 그러나 이 정의는 경찰관에 대해서는 적용되지 않을 것이다.

— 플로렌스 나이팅게일 —

어떤 이유에서 '간호사'에 대한 정의가 비판되고 있는가? 이 정의가 사회적으로, 그리고 정치적으로 함의하고 있는 것은 무엇이며, 비판의 정치적 메시지는 무엇인가?

동일한 정의가 너무 넓은 정의이면서 동시에 너무 좁은 정의일 수도 있다. '칼'을 '음식용 기구'로서 정의하는 경우처럼 짧은 정의가 특히 그렇다. 이 정의는 너무 좁다. 왜냐하면 이 정의는 목각용 칼이나 연필깎이용 칼 등을 제외하기 때문이다. 그리고 이 정의는 너무 넓기도 하다. 왜냐하면 이 정의는 포크와 숟가락도 포함하기 때문이다. 정의가 피정의항에 의하여 명명된 사물의 가장 두드러진 특성(칼의 경우에 '절단하는 데 사용되는 도구'라는 것이 이러한 특성이다)을 언급하지 못할 때, 그와 같은 착오가 생긴다.

(4) 명료성

사기(詐欺)의 개념에 대한 다음의 정의는 아주 좋은 사전으로부터 인용된 것인데, 좋은 정의를 위한 기준으로서 지금까지 우리가 언급했던 모든 것을 준수하고 있다.

> 간사한 마음가짐, 혹은 의식적으로 거짓진술을 함으로써 다른 사람들에게 오류를 받아들이도록 하는 것, 혹은 참된 사실의 은폐[2)]

이 정의와 관련하여 다음과 같은 주장이 있어 왔다. 다른 모든 점에 있어서 아무리 좋은 정의라 할지라도, 정의는 또한 그것을 지향하고 있는 사람들에게 이해될 수 있어야 한다. 이런 관점에서 위의 정의는 **명료성**(clarity)을 결여하고 있다. 따라서 우리는 언제나 우리가 목표로 하고 있는 청중의 지식수준과 어휘력을 측정하고자 노

---

2) 크나우어의 담화사전(*Knaurs Konversationslexikon*)

력해야 하며 그 결과를 고려하여 정의하고자 노력해야 한다. 잘 알려져 있지 않거나 친숙하지 않은 용어들로 표현된 정의항은 순환적 정의의 정의항과 마찬가지로 비계몽적이다.

연습문제 4-13

다음의 각 정의가 좋은 정의를 위한 기준들(비순환성, 긍정성, 정확성, 명료성) 중에서 어느 것을 위반하고 있는지를 지적하라.

1. 초등학교 선생님이 5학년 학생들에게 다음과 같이 말한다. 시위자는 시위하는 사람이다.

2. 초등학교 과학 선생님이 5학년 학생들에게 다음과 같이 말한다. 속도는 가속도와 시간의 곱과 같다.

3. 의사가 환자에게 다음과 같이 말한다. 진정제는 흥분제가 아닙니다.

4. 검사가 배심원단을 향해 다음과 같이 말한다. 피고는 범죄를 저질렀기 때문에 심리(審理) 중에 있는 사람입니다.

5. 국문과 학생이 다른 과 학생에게 다음과 같이 말한다. '허영심이 많은 사람'이란 허영심이라는 성격 결함이 있는 사람을 가리킨다.

6. 논리학 교수가 학생들에게 다음과 같이 말한다. 모호함이란 모호한 성질 혹은 모호한 상태를 가리킨다.

7. 만능재주꾼이 직조에 대해서는 아무 것도 모르는 그의 친구에게 다음과 같이 말한다. 날실은 씨줄과는 정반대되는 것이라네.

8. 한 대구시민이 한국어를 거의 모르는 프랑스인 방문객에게 다음과 같이 말한다. 교회는 보통 기독교도라고 불리는 종교집단에 의해서 예배의 장소로 사용되는 건물입니다.

요약

1. 우리들로 하여금 단어들이 품고 있는 의미에 의해서 참 혹은 거짓이 결정되는 진술들을 확인하고 다루도록 해주는 것이 바로 정의이다. 정의는 또한 일상적인 문맥에서 논증을 평가하거나, 주어진 어떤 문장이 명제를 표현하고 있는지, 따라서 주어진 어떤 문장이 분석될 수 있는지를 결정하거나, 두 개 혹은 그 이상의 표현들이 동일한 의미를 가지는지를 결정함에 있어서도 중요하다. 단어의 의미와 정의는 또한 실제로 인간의 삶의 과정에 강력한 영향을 미칠 수도 있다.

2. 논리학에서 모든 정의는 일차적으로 개념이나 관념을 정의하기 위하여 사용되는 것이 아니라, 단어를 정의하기 위하여 사용된다. 정의되어야 할 용어는 **피정의항**(definiendum)이라고 불리고, 그것을 정의하기 위하여 사용된 단어 혹은 단어들은 **정의항**(definiens)이라고 불린다. 정의를 행할 때에는 피정의항이 사용되고 있는 문맥을 분명히 나타내 주는 것이 중요하다. 사용되고 있는 정의항의 유형에 따라 정의는 몇 가지 종류의 정의 중에서 어느 하나로 분류될 수 있다.

3. **동의어적 정의**는 정의항이 적절한 문맥에서 피정의항과 상호 교환적으로 사용될 수 있는 한 단어 혹은 한 어구로만 구성되는 정의이다. 여기에서 우리는 '동의어적'이라는 용어를 특수한 의미로 사용하고 있다. 왜냐하면 '동의어적'이라는 용어가 일상적 담화에서 사용될 때의 의미에 비추어 볼 때 어떤 정의이든 그 정의가 적절한 정의라면 정의항은 피정의항과 동의어적이기 때문이다.

4. **매거적 정의**는 정의항이 제시되는 방식에 따라 두 개의 범주로 나누어진다. 그 중의 하나는 구체적인 예들이나 적절한 감각적 경험내용들을 제공함으로써 피정의항의 의미를 제시하는 **즉물적 정의**이고, 다른 하나는 정의항이 물리적으로 현존할 것을 요구하지 않고 피정의항이 적용되는 사물들의 이름을 예로 들어주는 **외연적 정의**이다.

5. **내포적 정의**에서는 피정의항이 정확하게 적용될 수 있는 모든 사물들에 공통적인, 그리고 오로지 그 사물들에만 공통적인 속성들의 집합을 정의항에 명기(明記)함으로써 피정의항의 의미를 밝혀 준다. 피정의항의 본질적 속성들의 총화(總和)는 피정의항의 **내포**라고 불린다. 어떤 정의의 내포를 증가시키면(즉 속성들을 추가시키면), 외연은 감소하거나 변화되지 않고 그대로 있을 것이다. 어떤 정의의 내포를 감소시키면(즉 정의항에 의해서 명명된 속성들 중의 일부를 제거시키면), 외연은 증가하거나 변화되지 않고 그대로 있을 것이다.

6. **유와 종차에 의한 정의**는 내포적 정의의 한 유형으로서 피정의항이 귀속하는 사물들의 일반적 부류(유, genus)를 명기하고 그 다음에 동일한 부류에 속하는 다른 사물들로부터 피정의항이 구별될 수 있는 속성들(종차, 라틴어로는 differentia 영어로는 difference)을 명기함으로써 구성된다. 이런 유형의 정의는 특히 완벽하게 분류가 되어 있는 연구 분야에서 유용하다. 내포적 정의는 피정의항의 **본질적 속성들**을 명기해야 한다. '본질적 속성들'이라는 말은 '정의항에 포함되었을 때, 피정의항에 관하여 가장 정확한 정보를 제공해 주며 피정의항의 특성을 가장 잘 나타내 주고 피정의항이 잘못 해석될 소지를 가장 적게 남기는 속성들'이라고 정의될 수 있는 상대적 용어이다.

7. **조작적 정의**에서는 피정의항의 적용가능성을 결정하기 위하여 수행되어야 할 시험이나 형식적 절차가 정의항에 제공된다.

8. 정의는 여러 가지 기능을 수행할 수 있다. **의미전달적(알리기 위한) 정의 혹은 사전적 정의**는 어떤 용어가 특수한 어떤 집단에 의해서 사용되고 이해되는 의미를 전달하기 위하여 사용된다. 의미를 전달하기 위하여 사용되는 이런 정의는 매거적일 수도 있고 내포적일 수도 있고 동의어적일 수도 있고 혹은 조작적일 수도 있다. 그리고 이런 정의는 그 단어가 그 집단에 의해서 실제로 사용되고 해석되는 방식을 정확하게 전달하고 있는가에 따라 참 혹은 거짓으로 판단될 수 있다. 제한적인 의미전달적 정의는 어떤 용어가 전문적인 문맥 혹은 그렇지 않으면 제한된 문맥에서 사용되는 방식을 전달해 준다. 예를 들어 **이론적 정의**는 어떤 단어가 특정한 어떤 과학적 이론에서 가지는 의미의 측면에서 그 단어를 정의한다. 어떤 단어들은 사전적 정의도 가지고 이론적 정의도 가진다. 다른 어떤 단어들은 이론적 정의에 의해서만 사용되고 이해된다. **법률적 정의**는 입법부나 사법부 혹은 행정부에 의해서 만들어진 법조문에 명기되어 있는 정의이다. 법률적 정의는 이미 존재하고 있는 법조문이나 일반적으로 받아들여지고 있는 정의와 관련하여 사용될 때 제한적인 의미전달적 기능을 수행한다.

9. **약정적 정의**는 새로운 의미를 소개한다. 약정적 정의는 신조어를 정의할 수도 있고 일반적으로 받아들여지고 있는 의미를 가지고 있지만 현재 새로운 의미로 사용되고 있는 단어를 정의할 수도 있다. 어떤 단어에 대해서 새로이 약정된 용도를 위한 전례(前例)는 전혀 없기 때문에, 약정적 정의는 참 혹은 거짓일 수가 없다. 만약 약정적 정의가 도입되었던 목적이 성취된다면 약정적 정의는 좋은 정의라고 판단될 수 있고, 그렇지 않다면 나쁜 정의라고 판단될 수 있다.

10. 두 가지 혹은 그 이상의 상이한 의미를 가지는 어떤 단어 혹은 어구가 문맥상으로는 그 중의 어느 의미가 의도되고 있는지를 분명히 알 수 없는 방식으로 사용되고 있을 때에 **애매성**이 존재한다고 말해진다. 어떤 용어가 일정한 **경계선상의 사례**들에 적용되는지 혹은 그렇지 않은지를 말하는 것이 충분히 불가능할 정도로 그 용어의 의미가 부정확할 때는 **모호성**이 존재하게 된다. 애매성이나 모호성을 제거하기 위하여 사용되는 정의는 **의미를 정확하게 하는 정의**라고 명명되며, 지금까지 말한 어떤 종류의 정의로도 가능하다. 의미를 정확하게 하는 정의는 어떤 단어의 일반적으로 받아들여지고 있는 의미를 왜곡함이 없이 얼마나 잘 애매성이나 모호성을 제거하는가에 따라 평가된다.

11. 동의어적 정의, 매거적 정의, 내포적 정의, 그리고 조작적 정의는 또한 설득적으로 사용될 수도 있다. **설득적 정의**는 보통 화자(話者)의 신념 혹은 설득적 의향을 반영한다. 설득적 정의는 보통 피정의항에 대한 다른 어떤 사람의 평가에 영향을 주고 중요한 어떤 방식으로 다른 사람들의 행동에 영향을 미치기 위하여 행해진다. 따라서 설득적 정의는 흔히 여러 가지의 사회적·정치적 목표를 성취하기 위하여 사용된다.

12. 좋은 정의를 위한 몇 가지의 일반적인 기준이 있는데, 이 기준들은 어떠한 정의항에도 적용될 수 있다. 좋은 정의는 **순환적**이지 않다. 즉 좋은 정의는 정의항에 정의되어야 할 단어가 포함되어 있지 않으며, 동일한 단어의 문법적 변형도 포함되어 있지 않다. 일반적으로 피정의항의 의미를 정확하게 밝히는 데 있어서 **긍정적** 정의항(정의되고 있는 단어에 적용될 수 있는 속성들을 진술하는 정의항)이 부정적 정의항(정의되고 있는 단어에 적용될 수 없는 것을 진술하는 정의항) 보다도 더 효과적이다. 정의는 **정확해야** 한다. 즉 정의는 너무 넓어서도 안 되고 너무 좁아서도 안 된다. 또한 정의항은 **명료해야** 한다. 즉 정의항에는 합리적으로 제거될 수 있는 모호성이나 애매성이 전혀 없어야 한다. 그리고 만약 정의가 설득적 정의가 아니라면, 정의항은 피정의항이 함축하고 있는 긍정적이거나 부정적인 의미를 전달하거나 기술(記述)해야 한다.

‖ 연습문제 해답 ‖

서 론

연습문제 1-1

1. ④ 2. ⑤ 3. ④ 4. ③ 5. ④ 6. ⑤ 7. ⑤ 8. ①

연습문제 1-2

* 생략.

연습문제 1-3

1. ______은(는) 행복하다.
2. 성훈이는 ______에 들어갔다.
3. 종찬이는 ______에 갔고 지환이는 ………에 갔다.
4. 백두산은 한라산보다 높은데 나는 백두산을 등반했기 때문에 ______한 사람이다.
5. 장미꽃이 ______(이)거나 제비꽃이 ………이다.
6. 나는 후식으로 ______을(를) 마셨거나 ………을(를) 마셨다.
7. ______이(가) 공을 놓쳤다면 기아 타이거즈가 ……… 것이다.
8. 당신이 ______다면 ………은(는) ******했을 것이다.

연습문제 1-4

1. ① 2. ③ 3. ① 4. ②

제 1 장 비형식적 분석 : 진술

연습문제 1-1

* 생략.

연습문제 1-2

1. 결혼식에서 신부가 신랑에게 약속하는 것

* 2번 이하는 생략

연습문제 1-3

* 생략.

연습문제 1-4

1. 인식적　2. 비인식적　3. 인식적　4. 비인식적
5. 인식적　6. 인식적　7. 비인식적　8. 비인식적

연습문제 1-5

1. 1　2. 2　3. 10　4. 11　5. 9　6. 5　7. 8　8. 7

연습문제 1-6

1. 의미상　2. 문장구조상　3. 의미상
4. 의미상　5. 문장구조상

연습문제 1-7

1. 종합명제　2. 의미상　3. 종합명제　4. 종합명제
5. 문장구조상　6. 종합명제　7. 의미상　8. 문장구조상

연습문제 1-8

1. 정합적　2. 정합적　3. 비정합적
4. 비정합적　5. 비정합적

연습문제 1-9

1. 정합적　2. 정합적　3. 정합적
4. 비정합적　5. 비정합적

연습문제 1-10

1. 외견상의 의견불일치(두 진술이 동시에 참일 수 있다)
2. 외견상의 의견불일치(가난하다는 말의 불일치)
3. 외견상의 의견불일치(장황하다와 재미없다는 말의 불일치)
4. 외견상의 의견불일치
5. 진정한 의견불일치
6. 진정한 의견불일치

7. 외견상의 의견불일치
8. 외견상의 의견불일치(우수한 학생이라는 말의 불일치)

연습문제 1-11

1. A가 B를 함의	2. 무관
3. B가 A를 함의	4. 무관
5. A가 B를 함의	6. 논리적 동치
7. 논리적 동치	8. 무관

연습문제 1-12

* 생략.

제 2 장 비형식적 분석 : 논증

연습문제 2-1

* 생략.

연습문제 2-2

1. ⑤ 2. ② 3. ② 4. ⑤ 5. ④ 6. ③

연습문제 2-3

* 생략.

연습문제 2-4

1. 결론: 어떤 거미도 곤충이 아니다.
   전제: 모든 곤충은 다리가 6개뿐인 동물이다.
2. 결론: 동수는 결코 경찰관이 될 수 있는 사람이 아니다.
   전제: 동수는 키가 겨우 150cm밖에 되지 않으며 몸무게가 겨우 50kg인 사람이다.
3. 결론: 정화는 결코 그 암벽을 기어오를 수 있는 사람이 아니다.
   전제: 정화는 암벽등반 훈련을 받은 적이 한 번도 없는 사람이다.
4. 결론: 약간의 포유동물은 날 수 있는 동물이다.
   전제: 모든 박쥐는 날 수 있는 동물이다.
5. 결론: 이 도형은 내각의 합이 540도인 도형이다.

전제: 이 도형은 5각형이다.

6. 결론: 그것은 좋은 불어사전이 아니다.

   전제: 그것은 각 단어가 어떻게 발음되어야 하는지를 보여주지 않는 불어사전이다.

7. 결론: 모든 커피는 틀림없이 각성제를 포함하고 있는 식품이다.

   전제: 모든 커피는 잠을 못 자게 하는 식품이다.

8. 결론: 그 바위는 낙하하는 데 2초가 소요되는 물체이다.

   전제: 그 바위는 64피트를 낙하해야 하는 물체이다.

9. 결론: 이 용액은 산성이다.

   전제: 이 용액은 리트머스 시험지를 붉은 색으로 변하게 하는 용액이다.

10. 결론: 지구상의 어디에선가 기아현상은 불가피하게 일어날 것이다.

    전제: 세계의 인구팽창이 마침내는 세계의 총 농업자원의 급식능력을 능가할 것이다.

11. 결론: 우리의 산업체계는 마침내 그 확장을 멈출 것이다.

    전제: 산업체계의 확장이 제구실을 다할 수 있는가는 원자재의 풍부성에 달려 있다. 원자재는 고갈되고 있다.

12. 결론: 피고는 그 범죄를 저지른 사람이 아니다.

    전제: 피고는 범죄현장에 없었던 사람이다.

13. 결론: 인간은 자기가 자유롭게 행한 행동에 대해서 스스로 책임을 져야 한다.

    전제: 인간은 자유롭다.

14. 결론: 피고를 포함해서 5초라는 짧은 시간 내에 3발을 발사할 수 있는 사람은 한 명도 없을 것이다.

    전제: 그 소총의 노리쇠를 작동시키는 데는 3초가 걸린다.

15. 결론: '어떠한 진술도 절대적으로 확실하게 증명될 수는 없다' 라는 진술은 절대적으로 확실하게 증명될 수 없다.

    전제: 어떠한 진술도 절대적으로 확실하게 증명될 수는 없다.

연습문제 2-5

1. (a) 아니다.

   (b) 조건언이기 때문에

2. (a) 아니다.

   (b) 조건언이며 또한 '진실이에게 전화해라' 고 하는 명령을 표현하고 있기 때문에

3. (a) 아니다.

(b) '~이래로' 가 아마도 시상적 의미로 사용되고 있기 때문에

* 이 문장에서 만약 '~이래로' 가 '~때문에' 로 해석된다면 논증을 표현할 수도 있다.

4. (a) 아니다.

(b) "꽃들을 꺾지 마세요!' 는 진술을 표현하는 것이 아니라 명령을 표현하기 때문에

5. (a) 그렇다.

(c) 결론: 당신은 이상주의자이다.

전제: 모든 철학도는 이상주의자이다.

6. (a) 아니다.

(b) '~이래로' 가 시상적 의미로 사용되고 있기 때문에

7. (a) 그렇다.

(c) 결론: 소크라테스는 죽는다.

전제: 모든 사람은 죽는다.

소크라테스는 사람이다.

8. (a) 그렇다.

(c) 결론: 우리나라의 모든 사람들에게 그들의 의견을 자유롭게 표현하는 것이 허용되어야 한다.

전제: 만약 우리나라의 모든 사람들에게 그들의 의견을 자유롭게 표현하는 것이 허용되지 않는다면, 그들의 언론의 자유는 침해될 것이다.

9. (a) 그렇다.

(c) 결론: 불화수소산은 납으로 만든 용기에 저장된다.

전제: 불화수소산은 유리를 용해시킨다.

10. (a) 아니다.

(b) '~이래로' 가 시상적 의미로 사용되고 있기 때문에

11. (a) 아니다.

(b) '만약 ~이라면, ~이다' 라는 문장은 조건적 진술을 표현하는데 사용되기 때문에

12. (a) 그렇다.

(c) 결론: 불어는 로만스어라고 불린다.

전제: 불어는 라틴어로부터 유래되었다.

13. (a) 아니다.

(b) '~이래로' 가 시상적 의미로 사용되고 있기 때문에

14. (a) 아니다.

(b) '시험 칠 때 너는 그 책을 사용하지 마라1' 라는 표현은 명령을 나타내기 때문에

15. (a) 그렇다.

(c) 결론: 이 바위는 수정이 아니다.

전제: 만약 바위가 수정이라면, 바위는 유리를 할퀼 수 있을 것이다.
이 바위는 유리를 할퀼 수 없을 것이다.

16. (a) 그렇다.

(c) 결론: 나는 당신이 스킨너의 저서 <자유와 존엄의 피안>에서의 그의 결론에 동의할 것이라고 생각하지 않는다.

전제: 스킨너는 결정론자이다.

17. (a) 아니다.

(b) 몇 가지 사실을 전람시키고 있으며 '~이래로' 가 시상적 의미로 사용되고 있기 때문에

연습문제 2-6

* 생략.

연습문제 2-7

1. ③ 2. ③ 3. ② 4. ③ 5. ③

연습문제 2-8

* 다음의 예들은 각 논증에 대하여 만들어질 수 있는 수없이 많은 예들 중의 하나에 불과합니다.

1. 만약 2 + 2 = 3이라면, 노무현은 대한민국의 대통령이었다. 노무현은 대한민국의 대통령이었다. 그러므로 2 + 2 = 3이다.
2. 모든 원숭이는 포유동물이다. 어떤 인간도 원숭이가 아니다. 그러므로 어떤 인간도 포유동물이 아니다.
3. 모든 고래는 포유동물이다. 원숭이는 고래가 아니다. 그러므로 원숭이는 포유동물이 아니다.
4. 토마토 주스는 매우 맛이 좋은 음료수이다. 커피는 매우 맛이 좋은 음료수이다. 그러므로

토마토 주스에 커피를 혼합한 음료수는 매우 맛이 좋은 음료수이다.

5. 어떤 영국인도 러시아인이 아니다. 어떤 영국인도 미국인이 아니다. 그러므로 모든 러시아인은 미국인이다.
6. 만약 2 + 2 = 3이라면, 노무현은 대한민국의 대통령이었다. 2 + 2 = 3이 아니다. 그러므로 노무현은 대한민국의 대통령이 아니었다.
7. 모든 침팬지는 포유동물이다. 약간의 포유동물은 인간이다. 그러므로 약간의 침팬지는 인간이다.
8. 물은 불을 꺼지게 하는 것이다. 물은 수소와 산소로 구성되어 있다. 그러므로 수소는 불을 꺼지게 하는 것이다.

연습문제 2-9

1. 귀납적 논증이다. 왜냐하면 이 논증을 구성한 사람이 날지 않는 새를 결코 본 적이 없다는 사실은 그런 새가 존재하지 않는다는 것을 의미하는 것이 아니며, 따라서 전제가 참이라 하더라도 결론은 거짓일 수가 있기 때문이다.
2. 연역적 논증이다. 왜냐하면 두 전제가 모두 참일 때 결론은 거짓일 수가 없기 때문이다.
3. 귀납적 논증이다. 왜냐하면 전제들은 참이고 결론은 거짓인 것이 가능하기 때문이다.
4. 귀납적 논증이다. 왜냐하면 전제가 참이라고 해서 결론도 반드시 참이 되는 것은 아니기 때문이다.
5. 연역적 논증이다.
6. 귀납적 논증이다. 왜냐하면 이 논증에 '미숙이는 이 회사의 구내식당에서 청소부로 일하고 있다'라는 전제를 부가시키면 이 논증은 약화되기 때문이다.
7. 연역적 논증이다. 왜냐하면 전제들이 참이라면 결론도 반드시 참이기 때문이다.
8. 연역적 논증이다. 왜냐하면 전제들이 참이라면 결론도 반드시 참이기 때문이다.
9. 귀납적 논증이다. 왜냐하면 이 논증에 '철수의 부모는 둘 다 갈색 눈이다'라는 전제를 부가시키면 이 논증은 약화될 수 있기 때문이다.
10. 귀납적 논증이다. 왜냐하면 전제들은 참이고 결론은 거짓인 것이 가능하기 때문이다. (이 논증은 전혀 논증이 아닐 수도 있다. 왜냐하면 전제들은 결론을 뒷받침하기 위한 근거를 전혀 제공하고 있지 않기 때문이다.)
11. 귀납적 논증이다. 왜냐하면 전제들은 참이라 할지라도 결론은 여전히 거짓일 가능성이 있기 때문이다. 용의자가 아닌 어떤 사람이 그 범죄를 저질렀을지도 모르는 것이다.
12. 귀납적 논증이다. 왜냐하면 전제는 이성적 사고를 할 수 있는 다른 어떤 종의 동물이 장래에 관찰될 가능성을 남겨 두고 있기 때문이다.
13. 연역적 논증이다. 왜냐하면 전제들이 참이라면 결론은 반드시 참이기 때문이다.

연습문제 2-10

1. (a) 잘 수립된다. (b) 견실한 논증이다.
2. (a) 잘 수립된다. (b) 견실한 논증이다.
3. (a) 잘 수립된다. (b) 견실한 논증이다.
4. (a) 잘 수립되지 않는다. (b) 견실한 논증이 아니다.
5. (a) 잘 수립된다. (b) 견실한 논증이다.
6. (a) 잘 수립되지 않는다. (b) 견실한 논증이 아니다.
7. (a) 잘 수립되지 않는다. (b) 견실한 논증이다.
   (두 번째 전제가 거짓이다).
8. (a) 잘 수립된다. (b) 견실한 논증이다.
9. (a) 잘 수립된다. (b) 견실한 논증이다.

연습문제 2-11

* 보충될 수 있는 전제는 다음에 제시된 것 이외에도 있을 수 있습니다.

1. 결론: 그것은 장미나무가 아니다.
   진술된 전제: 그것은 가시가 없는 나무이다.
   보충된 전제: 가시가 없는 어떤 나무도 장미나무가 아니다.

2. 결론: 죽음은 삶의 완성이다.
   진술된 전제: 삶의 끝은 삶의 완성이다.
   보충된 전제: 죽음은 삶의 끝이다.

3. 결론: 그 술은 소주가 아니다.
   진술된 전제: 그 술은 붉은색의 술이다.
   보충된 전제: 붉은색의 술은 어떤 술도 소주가 아니다.

4. 결론: 야구경기는 너무 재미없었다.
   진술된 전제: 양 팀이 모두 빈약한 공격을 했다.
   보충된 전제: 양 팀이 모두 빈약한 공격을 한다면, 야구경기는 너무 재미없을 것이다.

5. 결론: B교수는 괴벽스러운 사람이다.
   진술된 전제: 모든 형이상학자는 괴벽스러운 사람이다.
   보충된 전제: B교수는 형이상학자이다.

6. 결론: 명호는 그 돈을 훔치지 않았을 것이다.
   진술된 전제: 명호는 그 회사에 근무하지 않았다.
   보충된 전제: 만약 어떤 사람이 그 회사에 근무하지 않았다면, 그 사람은 그 돈을 훔치지 않았을 것이다.

7. 결론: 원길이는 실수를 저지를 수 있는 존재이다.
   진술된 전제: 모든 사람은 실수를 저지를 수 있는 존재이다.
   보충된 전제: 원길이는 사람이다.

8. 결론: 그는 틀림없이 거짓말을 했다.
   진술된 전제: 그는 합격했다.
   보충된 전제: 만약 그가 합격했다면, 그는 틀림없이 거짓말을 했다.

9. 결론: 국회의원 L모씨는 국민당원이다.
   진술된 전제: 그는 여당후보이며 민주당원이 아니다.
   보충된 전제: 모든 여당후보는 민주당원이거나 혹은 공화당원이다.
   (즉 민주당과 공화당 중의 어느 한 당의 당원이다.)

연습문제 2-12

* 다음에 제시된 해답 중에서 결론을 보다 더 강화시킬 전제(c)와 결론을 보다 더 약화시킬 전제(d)는 다른 것도 얼마든지 가능합니다.

1. 전제: 나는 내가 마셨던 1992년산 안동소주를 좋아했다.
   나는 내가 마셨던 1993년산 안동소주를 좋아했다.
   나는 내가 마셨던 1994년산 안동소주를 좋아했다.
   결론: 나는 내가 마시게 될 1995년산 안동소주를 좋아하게 될 것이다.
   (c): 나는 내가 마셨던 1990년산 안동소주를 좋아했다.
   (d): 나는 내가 마셨던 1991년산 안동소주를 좋아하지 않았다.

2. 전제: 철수는 여태까지의 수학시험에서 줄곧 좋은 점수를 받아 왔다.
결론: 철수는 오늘 치르게 될 마지막 수학시험에서도 좋은 점수를 받을 것이다.
(c): 철수는 오늘 치르게 될 마지막 수학시험을 위해서 열심히 공부했다.
(d): 철수는 오늘 치르게 될 마지막 수학시험에 대비하는 공부를 전혀 하지 않았다.

3. 전제: 오늘과 마찬가지로 내일도 청명한 날씨가 계속될 것이라는 일기예보가 있었다.
결론: 우리는 부분일식을 볼 수 있게 될 것이다.
(c): 당시의 일기예보는 90%정도로 정확했다.
(d): 당시의 일기예보는 90%정도로 부정확했다.

4. 전제: 나는 사닥다리 아래를 걸어가고 있었다.
검은 고양이 한 마리가 내 앞을 가로질러 갔다.
결론: 무시무시한 일이 나에게 닥쳐올 것만 같다.
(c): 내가 사닥다리 아래를 걸어가고 있었고 검은 고양이 한 마리가 내 앞을 가로질러 갔던 과거의 모든 경우들에 있어서, 나에게는 무시무시한 일이 일어났었다.
(d): 내가 사닥다리 아래를 걸어가고 있었고 검은 고양이 한 마리가 내 앞을 가로질러 갔던 과거의 모든 경우들에 있어서, 나에게는 무엇인가 반가운 일이 일어났었다.

5. 전제: 지방신문사의 편집인들은 대개 개혁주의자들이다.
오 씨는 지방신문사의 편집인이다.
결론: 오 씨는 아마 개혁주의자일 것이다.
(c): 오 씨는 개혁을 정강으로 하는 정당의 당원이다.
(d): 오 씨는 생애의 대부분을 보수적인 색채가 짙은 어느 지방에서 살아 왔으며 지금도 그 지방에 있는 어느 신문사의 편집인이다.

6. 전제: 외국전쟁에 참전했던 대부분의 병사들은 병역기피자들을 비난한다.
로빈슨 씨는 외국전쟁에 참전했던 사람들 중의 한 사람이다.
결론: 로빈슨 씨는 아마 병역기피자들을 비난할 것이다.
(c): 로빈슨 씨는 언제나 외국전쟁에 참전했던 병사들의 다수의견에 동의한다.
(d): 로빈슨 씨는 외국전쟁에 참전했던 병사들의 다수의견에 결코 동의하지 않는다.

7. 전제: 오늘의 경기에 출전하는 삼성 라이온스의 선수들 중에는 어젯밤 돼지꿈을 꾼 선수가

7명이나 된다.

결론: 나는 오늘 대구에서 벌어지는 프로야구경기에서 삼성 라이온스가 이길 것임을 알고 있다.

(c): 돼지꿈을 꾼 선수가 많은 팀이 이긴다는 나의 예측은 언제나 잘 들어맞았다.

(d): 돼지꿈을 꾼 선수가 많은 팀이 이긴다는 나의 예측은 들어맞은 적이 거의 없었다.

8. 전제: 현재의 소비율에 비추어 볼 때, 전 세계가 보유하고 있는 원유가 2005년에는 고갈될 것이다.

결론: 마침내는 자동차가 다른 수송수단으로 대체되어야 할 것이다.

(c): 갈수록 연료소비량은 증가할 것이다.

(d): 원유에 대체될 수 있는 새로운 에너지가 개발될 가능성도 있다.

연습문제 2-13

* 생략.

제 3 장 비형식적 오류

연습문제 3-1

1. 애매어의 오류(well done)
2. 선결문제요구의 오류
3. 애매문의 오류
4. 선결문제요구의 논증
5. 선결문제요구의 오류
6. 선결문제요구의 오류
7. 허수아비의 오류

연습문제 3-2

1. 성급한 일반화의 오류
2. 무지로부터의 논증
3. 무지로부터의 논증
4. 분해의 오류
5. 거짓 딜레마
6. 분해의 오류
7. 무지로부터의 논증
8. 성급한 일반화의 오류
9. 거짓 딜레마

연습문제 3-3

1. 권위자에게 호소하는 오류
2. 피장파장 논증
3. 대인논증(정황적), 허수아비의 오류, 애매어의 오류(살인하다)

4. 대인논증(정황적)
5. 대인논증(정황적)
6. 힘에 호소하는 논증

연습문제 3-4

* 연습문제에 나오는 문장들은 제법 복잡 미묘하다. 대다수의 문장은 아래에 제시된 답과는 다른 오류를 범하고 있는 것으로 해석될 수도 있다.

1. 거짓 원인의 오류
2. 성급한 일반화의 오류
3. 결합의 오류
4. 분해의 오류
5. 대인논증(인신공격)
6. 대인논증(정황적)
7. 대인논증(정황적)
8. 분해의 오류
9. 무지로부터의 논증
10. 성급한 일반화의 오류
11. 힘에 호소하는 논증
12. 결합의 오류
13. 힘에 호소하는 논증
14. 선결문제요구의 오류
15. 애매문의 오류
16. 거짓 딜레마
17. 애매어의 오류(발견하기 어렵다)
18. 무지로부터의 논증
19. 대인논증(인신공격)
20. 결합의 오류
21. 결합의 오류
22. 거짓 원인의 오류
23. 대인논증(피장파장)
24. 권위자에게 호소하는 오류
25. 대인논증(인신공격)
26. 거짓 딜레마
27. 선결문제요구의 오류
28. 거짓 딜레마
29. 대중에 호소하는 논증
30. 거짓 딜레마
31. 애매어의 오류(굶다)
32. 거짓원인의 오류 혹은 성급한 일반화의 오류
33. 분해의 오류
34. 대인논증(정황적)
35. 거짓 원인의 오류
36. 애매어의 오류(무겁다)
37. 권위자에게 호소하는 오류
38. 분해의 오류
39. 거짓 원인의 오류
40. 거짓 원인의 오류

제 4 장 정 의

연습문제 4-1

* 생략.

연습문제 4-2

* 생략.

연습문제 4-3

1. 진돗개, 개, 애완동물, 포유동물
2. 교향곡, 고전음악, 음악, 소리
3. 화물차, 승용차, 자동차, 운송수단

연습문제 4-4

* a에서 d로 갈수록 외연이 감소한다.

연습문제 4-5

* 생략.

연습문제 4-6

* 생략.

연습문제 4-7

1. 내포적 정의
2. 매거적(외연적) 정의
3. 내포적(유와 종차에 의한) 정의
4. 내포적 정의
5. 내포적(유와 종차에 의한) 정의
6. 매거적(외연적) 정의
7. 동의어적 정의
8. 내포적(유와 종차에 의한) 정의
9. 조작적 정의
10. 매거적(외연적) 정의
11. 조작적 정의
12. 내포적 정의
13. 내포적 정의
14. 동의어적 정의
15. 매거적(즉물적) 정의
16. 매거적(외연적) 정의
17. 내포적(유와 종차에 의한) 정의
18. 내포적(유와 종차에 의한) 정의
19. 조작적 정의
20. 내포적(유와 종차에 의한) 정의

연습문제 4-8

* 생략.

연습문제 4-9

* 생략.

연습문제 4-10

* 생략.

연습문제 4-11

* 생략.

연습문제 4-12

1. 이론적 의미전달
2. 약정
3. 이론적 의미전달
4. 법률적 의미전달
5. 의미를 정확하게 함(동시에 약정일 수도 있음)
6. 법률적 의미전달
7. 사전적 의미전달
8. 설득
9. 법률적 의미전달 및 설득
10. 약정

연습문제 4-13

1. 비순환성
2. 명료성
3. 긍정성
4. 정확성(너무 좁은 정의)
5. 비순환성
6. 비순환성
7. 명료성
8. 명료성